Dinosaurier

Das große Buch der Urzeitriesen

Michael K. Brett-Surman

Dinosaurier

Das große Buch der Urzeitriesen

cbj

cbj ist der Kinder- und Jugendbuchverlag
in der Verlagsgruppe Random House

Umwelthinweis:
Dieses Buch wurde auf chlorfrei gebleichtem Papier
gedruckt.

Gesetzt nach den Regeln der Rechtschreibreform

1. Auflage 2009
© 2009 für die deutschsprachige Ausgabe cbj, München
Alle deutschsprachigen Rechte vorbehalten
© 2008 Weldon Owen Pty Ltd
Die amerikanische Originalausgabe erschien 2008 unter
dem Titel »Children's Encyclopedia of Dinosaurs«
Übersetzung: Manfred Wolf
Umschlagkonzeption: init.büro für gestaltung, Bielefeld
Umschlagfotos: Tim Wimborne/Reuters/Corbis;
Jim Zuckerman/Corbis; Olga Axyutina/istockphoto
AR • Herstellung: SH
Produktionsbetreuung: Print Company Verlagsges.m.b.H.,
Wien
Druck: SNP Leefung Printers Ltd
ISBN: 978-3-570-13730-7
Printed in China

www.cbj-verlag.de

Futalongkosaurus

Stegosaurus

Kryptops

Inhalt

Wegweiser durch das Buch 8

Die Welt der Urzeit 10

Die Erdzeitalter 12
Vor den Dinosauriern 14
Die Trias 16
Der Jura 18
Die Kreidezeit 20
Die ersten Reptilien 22
    Reptilien der Luft und des Meeres 24
Dinosaurier: Federn und Flugfähigkeit 26
Aussterben der Dinosaurier 28
    Nach den Dinosauriern 30

Dinosaurier: Einführung 32

Was ist ein Dinosaurier? 34
Verschiedene Dinosaurier 36
    Unterschiedliche Beckenknochen 38
    Dinosauriergruppen 40
    Pflanzenfresser 42
    Fleischfresser 44
Körperbau eines Dinosauriers 46
    Skelette und Schädel 48
    Gehirn und Sinne 50
    Verdauung 52
    Temperaturregulierung 54
Die nächste Generation 56
Herdenleben 58
Raubtiere und Aasfresser 60
Überlebensstrategien 62
    Kraft und Größe 64
    Haut und Farbe 66
    Panzer, Platten und Hörner 68
    Klauen und Stacheln 70

Dinosaurierforschung 72

Entstehung von Fossilien 74
Suche nach Hinweisen 76
Fundstellen 78
Dinosaurierjäger 80
An der Ausgrabungsstätte 82
Rekonstruktion der Dinosaurier 84
Mythen und Legenden 86

Dinosaurier von A–Z 88

Abelisaurus–Albertosaurus	90
Allosaurus	92
Alvarezsaurus–Anchisaurus	94
Ankylosaurus–Apatosaurus	96
Argentinosaurus–Avimimus	98
Bambiraptor–Baryonyx	100
Beipiaosaurus–Byronosaurus	102
Camarasaurus–Caudipteryx	104
Centrosaurus–Chasmosaurus	106
Coelophysis–Cyrolophosaurus	108
Dacentrurus–Deinonychus	110
Dilong–Diplodocus	112
Dracorex–Edmontonia	114
Edmontosaurus–Eocursor	116
Eoraptor–Erketu	118
Euoplocephalus–Eustreptospondylus	120
Fabrosaurus–Fukuisaurus	122
Futalongkosaurus–Gallimimus	124
Gargoyleosaurus–Giganotosaurus	126
Gigantoraptor–Guanlong	128
Herrerasaurus–Hypsilophodon	130
Iguanodon	132
Incisivosaurus–Juravenator	134
Kentrosaurus–Lambeosaurus	136
Leaellynasaura–Majungasaurus	138
Mamenchisaurus–Megalosaurus	140
Mei–Minmi	142
Mononykus–Nomingia	144
Ornitholestes–Ouranosaurus	146
Oviraptor–Parasaurolophus	148
Pelecanimimus–Prosaurolophus	150
Protoceratops–Qantassaurus	152
Rugops–Saurolophus	154
Scelidosaurus–Segnosaurus	156
Shunosaurus–Sinocalliopteryx	158
Sinornithomimus–Sinovenator	160
Sinraptor–Spinosaurus	162
Stegosaurus	164
Struthiomimus–Styracosaurus	166
Talenkauen–Torosaurus	168
Triceratops	170
Troodon–Turiasaurus	172
Tyrannosaurus	174
Unaysaurus–Utahraptor	176
Velociraptor–Yinlong	178
Auf einen Blick	180
Glossar	184
Register	186
Bildnachweis	192

Wegweiser durch das Buch

Das Buch ist in vier Kapitel unterteilt. Das erste Kapitel ordnet die Dinosaurier zeitlich in die Erdgeschichte ein. Das zweite Kapitel erklärt, wie die Dinosaurier aussahen und wie und wann sie gelebt haben. Im dritten Kapitel erfahren wir, wie Dinosaurier zu Fossilien wurden und wie wir sie finden und untersuchen. Das letzte Kapitel listet bekannte Dinosaurierarten in alphabetischer Reihenfolge auf. Du findest dort ein Bild und eine genaue Beschreibung von jedem Dinosaurier.

ABKÜRZUNGEN

mm	Millimeter	t	Tonnen
cm	Zentimeter	kg	Kilogramm
m	Meter	g	Gramm
km	Kilometer	Mio.	Million
km²	Quadratkilometer		
km/h	Kilometer pro Stunde		

Kapitelüberschrift
Hier steht der Name des jeweiligen Kapitels.

Einführungstext
Der Text stellt das Thema des Kapitelabschnitts vor.

Wusstest du das?
Das Kästchen wird weiter unten auf dieser Seite erklärt.

Farbcode
Jedes Kapitel ist mit einer bestimmten Farbe gekennzeichnet.

Zusatzkästchen
Beschriftete Abbildungen oder Diagramme stellen verwandte Themen vor.

Hauptbild
Es bezieht sich auf das Thema der Seite und wird von einem Bildtext begleitet.

DINOSAURIER-ZEITTAFEL

Im Kapitel »Die Welt der Urzeit« findet man Zeittafeln, die zeigen, in welchen Perioden die urzeitlichen Tiere auftauchten.

WUSSTEST DU DAS?

Das Kästchen erscheint auf vielen Seiten und erzählt interessante Dinge über Dinosaurier und deren Umwelt.

WUSSTEST DU DAS?

Paläontologen erfahren vieles über ausgestorbene Tiere, indem sie lebende Tiere erforschen. Straußenbeine unterscheiden sich kaum von den Beinen fleischfressender Dinosaurier. Paläontologen beobachten Strauße beim Gehen und schließen daraus auf die Gangart der Fleischfresser.

LEBEN IN DER KREIDEZEIT
In der Kreidezeit verbreiteten sich neuartige Tiergruppen in allen Lebensräumen und besiedelten das Land, das Meer und die Luft.

	Iguanodon	Erketu	Spinosaurus	Cretoxyrhina	Protoceratops	staatenbildende Biene	Parasaurolophus
ZEIT (in Mio. Jahren)	140–110	100	100–97	87	87–78	84–74	83–65

WEGWEISER DURCH DAS BUCH 9

Kapitelabschnitt
Jedes Kapitel ist in einzelne Abschnitte unterteilt.

Wissenswertes
Interessante Aspekte werden in eigenen Kästchen beschrieben.

Fotografien und Bildtexte
Fotografien mit erklärenden Texten veranschaulichen die auf der jeweiligen Seite behandelten Themen.

Kolumnentitel
Am rechten oberen Rand steht der Titel der einzelnen Kapitel.

Informationen zu den Abbildungen
Bei jeder Abbildung findet man eine kurze Beschreibung.

Expertenwissen
Auf manchen Seiten liefert ein Sonderbeitrag zusätzliche Informationen zum Thema.

Verbreitungskarte
Die Verbreitungskarten werden weiter unten genauer beschrieben.

Dinosaurierzeichnungen
Illustrationen zeigen, wie die Dinosaurier nach Ansicht der Wissenschaftler ausgesehen haben.

Fakten
Die Tabelle wird weiter unten näher beschrieben.

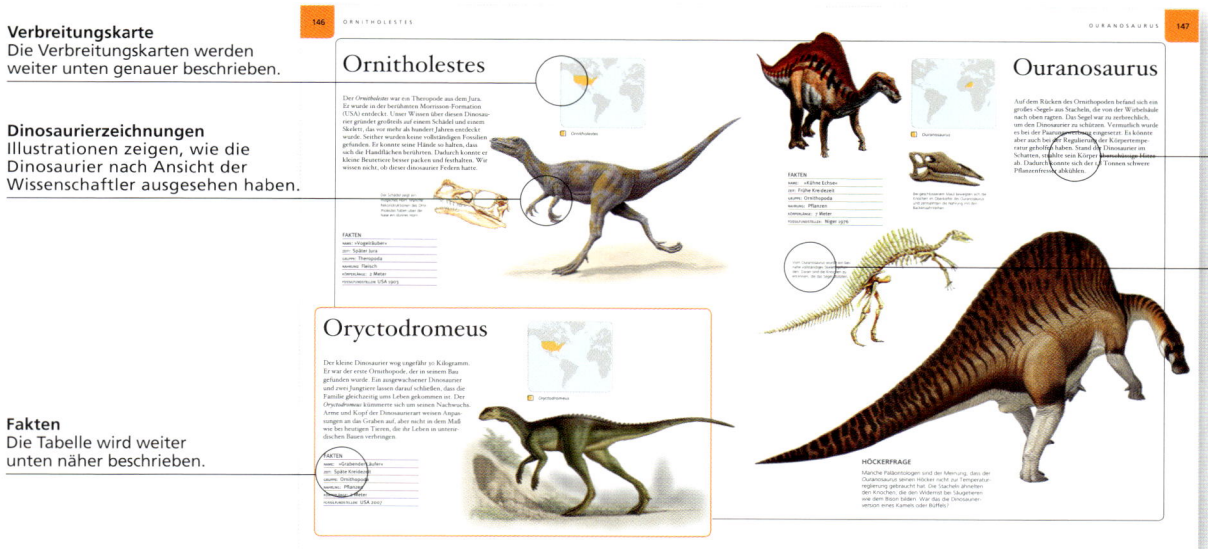

Dinosaurierprofil
Hier wird der Dinosaurier genauer beschrieben.

Zusätzliche Informationen
Manche Dinosaurier werden auf ein oder zwei Seiten besonders ausführlich vorgestellt.

VERBREITUNGSKARTE

Bei jedem der von A–Z aufgelisteten Dinosaurier zeigt eine sogenannte Verbreitungskarte an, wo seine Fossilien entdeckt wurden.

Agustinia

DINOSAURIERFAKTEN

Die Tabelle liefert alle Fakten über einen Dinosaurier: die Bedeutung seines Namens, wann er lebte, zu welcher Gruppe er gehörte, was er fraß, wie lang er war und wo seine Fossilien gefunden wurden.

FAKTEN

NAME: Benannt nach Agustin Martinelli
ZEIT: Frühe Kreidezeit
GRUPPE: Sauropodamorpha
NAHRUNG: Pflanzen
KÖRPERLÄNGE: 15 Meter
FOSSILFUNDSTELLEN: Argentinien 1999

Deltatheridium	Maiasaura	Velociraptor	Struthiomimus	Euoplocephalus	Tyrannosaurus	Pachycephalosaurus	Triceratops
80–75	80	80–70	73	73	68–65	68–65	67–65

Die Welt der Urzeit

Die Erdzeitalter

KONTINENTE IN BEWEGUNG

Die Erdkruste ist wie ein in einzelne Teile zerbrochenes Puzzlespiel. Die Puzzleteile werden Kontinentalplatten genannt und sind seit über vier Milliarden Jahren ständig in Bewegung. Deshalb veränderte sich die Erdoberfläche im Verlauf von ungefähr 250 Millionen Jahren vollständig. Die »Kontinentalverschiebung« ist für die großen Gebirgszüge, die Größe und Form der Ozeane und alle starken Erdbeben und Vulkanausbrüche verantwortlich. Die Erforschung der Kontinentalverschiebung erklärt auch, warum Dicynodonten, kleine, pflanzenfressende Tiere, sowohl in Südamerika als auch in Afrika und in der Antarktis gefunden wurden, obwohl diese Kontinente durch Ozeane getrennt sind. Im Zeitalter des Perm, als die Dicynodonten lebten, bildeten diese Kontinente den Superkontinent Pangea. Die gewaltige Landmasse brach später auseinander und wurde zu den heutigen Kontinenten.

Vor 200 Millionen Jahren Der Superkontinent Pangea beginnt, in die Landmassen Laurasia (Norden) und Gondwana (Süden) zu zerbrechen.

Vor 90 Millionen Jahren Die Landmassen zerbrechen weiter. Im Norden entstehen Nordamerika, Asien und Europa, im Süden Südamerika und Afrika. Sehen sie nicht aus wie Puzzleteile?

Gegenwart Der Atlantik verbreitert sich und wird einmal so groß sein wie der Pazifik. Neue hawaiianische Inseln werden entstehen, wenn die Platten über Hotspots, Zentren vulkanischer Aktivität, gleiten.

In 60 Millionen Jahren Das Mittelmeer verschwindet allmählich, die Alpen werden höher und die nordamerikanischen Appalachen sind nur noch Hügel.

Die Wissenschaftler glauben, dass die Erde vor 4,6 Milliarden Jahren entstand. Vor 3,8 Milliarden Jahren tauchten die ersten Bakterien auf, aber erst vor 550 Millionen Jahren, in der »kambrischen Explosion«, kam es zu einer sprunghaften Zunahme an Tieren. Ab diesem Zeitpunkt wird die Erdgeschichte in drei Epochen unterteilt: Paläozoikum, das Zeitalter des frühen Lebens, Mesozoikum, das Zeitalter der Dinosaurier, und Känozoikum, das Zeitalter der Säugetiere.

WAS IST EIN PALÄONTOLOGE?

Ein Paläontologe ist ein Wissenschaftler, der anhand von fossilen Pflanzen und Tieren das Leben der Urzeit erforscht. Paläontologen arbeiten mit Geologen zusammen, um Gesteine, Mineralien und Fossilien zu untersuchen, die von der Geschichte der Erde erzählen. Paläontologen und Geologen befassen sich mit der geologischen Zeit, die von der Entstehung der Erde bis in die Gegenwart reicht. Die geologische Zeit ist in Äonen, Zeitalter, Perioden, Epochen und Phasen unterteilt. Bei der Erforschung der Dinosaurier wollen die Paläontologen herausfinden, welchen Einfluss Dinosaurier auf ihre Umgebung und andere Tiergruppen ausübten.

ZEITTAFEL
Die Karte zeigt, wann viele Tiergruppen das erste Mal aufgetaucht sind. Dinosaurier beherrschten die Erde 160 Millionen Jahre lang. Sie starben vor 65 Millionen Jahren aus und bilden gemeinsam mit den Vögeln die vielfältigste Gruppe von Landtieren auf der Erde.

ARCHAIKUM*	PROTEROZOIKUM*	KAMBRIUM	ORDOVIZIUM	SILUR	DEVON	KARBON
4600–2500 Mio. Jahre	2500–542 Mio. Jahre	542–488 Mio. Jahre	488–444 Mio. Jahre	444–416 Mio. Jahre	416–359 Mio. Jahre	359–299 Mio. Jahre
PRÄKAMBRISCHE ZEIT			PALÄOZOIKUM			

*Archaikum und Proterozoikum sind Äonen. Alle anderen sind Perioden.

GESTEINSSCHICHTEN

GESTEIN IM GRAND CANYON

Wird Gestein von der Kraft der Wellen zerbrochen oder von anderen Steinen zertrümmert, entstehen winzige Bruchstücke. Diese lagern sich in Schichten ab und werden zu Sedimentgestein. Am Sedimentgestein kann man erkennen, welches Klima zu der Zeit herrschte, als es abgelagert wurde. Die im Gestein erhaltenen Fossilien zeigen, welche Tiere und Pflanzen damals lebten. Der Grand Canyon besteht aus Sedimentgesteinsschichten, die über Jahrmillionen entstanden sind.

Der Grand Canyon in Arizona (USA) ist der größte Wüstencanyon der Welt. Er wurde im Lauf der Zeit vom Colorado River gegraben.

Vor 265 Mio. Jahren
Kaibab-Kalkstein – enthält die Überreste von Meerestieren.

Vor 270 Millionen Jahren
Toroweap-Sandstein – aus Sand, der vom Meer abgelagert wurde.

Vor 275 Millionen Jahren
Coconino-Sandstein – enthält die Überreste einer großen Wüste.

Vor 280 Millionen Jahren
Hermit-Schiefer – aus in einem Flusssystem abgelagertem Schlick.

Vor 300 Millionen Jahren
Supai-Gruppe – aus von Meeren und Flüssen abgelagertem Sandstein.

Vor 340 Millionen Jahren
Redwall-Kalkstein – enthält die Überreste älterer Meereslebewesen.

Vor 375 Millionen Jahren
Temple-Butte-Kalkstein – entstand, als immer mehr Lebewesen die Meere bevölkerten.

Vor 540 Millionen Jahren
Bright-Angel-Schiefer – aus Schlick und Schlamm, die im Meer abgelagert wurden.

Vor 560 Millionen Jahren
Tapeats-Sandstein – entstand aus dem Strand, als das Meer ein abgetragenes Gebirge überflutete.

Vor mehr als zwei Milliarden Jahren
Vishnu-Schiefer – umgewandeltes Gestein eines einstigen hohen Gebirgszugs.

PERM	TRIAS	JURA	KREIDEZEIT	PALÄOZÄN	NEOZÄN
299–251 Mio. Jahre	251–200 Mio. Jahre	200–146 Mio. Jahre	146–65,5 Mio. Jahre	65,5–23 Mio. Jahre	23 Mio. Jahre bis jetzt
	MESOZOIKUM			KÄNOZOIKUM	

Vor den Dinosauriern

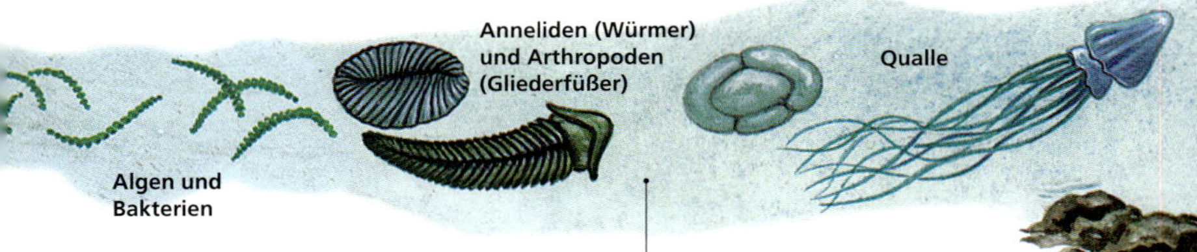

Schalentiere
Schalentiere hinterlassen vollständigere Fossilien. An fossilen Trilobiten sind deutlich Beine, Fühler und Augen zu erkennen.

Algen und Bakterien

Anneliden (Würmer) und Arthropoden (Gliederfüßer)

Qualle

Ammonit

Organismen mit weichen Körpern
Organismen mit weichen Körpern hinterlassen nur ganz selten Fossilien.

Trilobit

Pteraspis

Kieferloser Fisch
Gepanzerte Lebewesen wie der *Drepanaspis* sammelten ihre Nahrung mit einer Raspelzunge vom Boden seichter Meere.

Drepanaspis

Seeskorpione
Aktive Räuber wie der Seeskorpion *Pterygotus* zählten zu den ersten Tiergruppen, die an Land gingen.

Pterygotus

Als die ersten Tiere an Land gingen, mussten sie die Schwerkraft überwinden. Mit der Notwendigkeit, den Körper zu tragen und Luft zu atmen, veränderte sich der Körperbau der Wirbeltiere. Sie mussten ihre Eier an Land ablegen und vor dem Austrocknen bewahren. Sobald die Reptilien nicht mehr im Wasser oder in seiner Nähe brüteten, spalteten sie sich in zwei Gruppen auf. Aus den Synapsiden entwickelten sich schließlich die Säugetiere. Die Hauptgruppe waren jedoch die Sauropsiden, die zu Reptilien und Vögeln wurden. Die Trias wurde zu Beginn von den Synapsiden beherrscht, aber am Ende dieses Zeitalters übernahmen die Sauropsiden, die besser an die trockenen Bedingungen angepasst waren, für 140 Millionen Jahre die Herrschaft über die Erde.

Fossile Quallen wie diese, die in südaustralischem Sandstein erhalten geblieben ist, sind äußerst selten.

Ammoniten waren Fleischfresser, die im Meer lebten und vor 65 Millionen Jahren ausstarben. Heute sind sie wertvolle Fossilien.

KOHLE AUS DEM KARBON

Die großen Wälder des Karbonzeitalters wurden zu riesigen Kohlelagerstätten. Heute wird die Kohle zur Elektrizitätserzeugung verbrannt. Im Appalachengebirge liegen die größten Kohlevorkommen der USA.

Das *Seymouria*-Fossil ist ein wichtiges Bindeglied zwischen Amphibien und Reptilien.

Trilobiten waren die erfolgreichsten Meeresorganismen des frühen Paläozoikums.

Frühe Reptilien
Reptilien wie der *Hylonomus* jagten Insekten. Sie suchten in hohlen Bäumen Schutz vor größeren Reptilien und Amphibien.

VOR DEN DINOSAURIERN 15

DIE WELT DES PALÄOZOIKUMS

Das Paläozoikum (vor 542–251 Millionen Jahren) ging dem Mesozoikum voraus. Das vielfältige Leben im Meer brachte die ersten Landlebensformen hervor. Pflanzen tauchten auf, danach Gliederfüßer, Fische, Amphibien und Reptilien. Am Ende des Paläozoikums ermöglichte das größte Massensterben der Erdgeschichte, dass die Reptilien die Herrschaft übernehmen konnten.

Dunkleosteus
Der Panzerfisch konnte die Panzer von anderen gepanzerten Fischen durchstoßen.

Amphibien
Die ersten Amphibien hatten Flossenbeine, mit denen sie an Land nach Nahrung suchen konnten.

Insekten
Insekten waren die ersten Tiere, die fliegen konnten. *Meganeura*, eine Libelle, hatte eine Flügelspannweite von einem Meter.

Synapsiden
Synapsiden waren die vorherrschenden Raubtiere des Perm. Das *Dimetrodon* hatte auf dem Rücken ein auffälliges »Segel«.

Pseudosuchia
Pseudosuchia waren die Vorfahren der Dinosaurier und Krokodile. Sie lebten im frühen Triaszeitalter.

DIE WELT DER URZEIT

Die Trias

Die Trias war der erste Abschnitt des Mesozoikums und begann vor 251 Millionen Jahren. Das Klima war trocken, dennoch gab es dichte Wälder aus blütenlosen Pflanzen wie Kiefern, Palmfarnen und Farnen. Die heutigen Kontinente bildeten die große Landmasse Pangea, die von einem einzigen Ozean umgeben war. Gegen Ende der Trias waren die Archosaurier oder »Herrscherreptilien« die vorherrschende Tiergruppe, zu der die Krokodile, Pterosaurier und Dinosaurier gehörten. Zu dieser Zeit tauchten auch die ersten Säugetiere auf.

DIE WELT DER TRIAS
Im Zeitalter der Trias waren die Kontinente in einer einzigen Landmasse vereint (Pangea), die von einem Ozean (Panthalassa) umgeben war.

WUSSTEST DU DAS?

Die ersten Dinosaurier tauchten vor 228 Millionen Jahren auf. Sie waren Fleischfresser und etwa so groß wie ein Kaninchen. Sie konnten schneller laufen als ihre Beutetiere und wurden in der Trias zur vorherrschenden Tiergruppe. Danach erschienen die ersten pflanzenfressenden Dinosaurier, die die Größe eines Lastwagens erreichten.

Plateosaurus

LEBEN IN DER TRIAS
Im Zeitalter der Trias tauchten sowohl riesige vierbeinige Pflanzenfresser (Prosauropoden und Sauropoden) als auch zweibeinige Fleischfresser (Theropoden) auf.

	Marasuchus	Alwalkeria	Euskelosaurus	Melanosaurus	Nothosaurus	Coelophysis
ZEIT (in Mio. Jahren)	230	228–221	227–210	227–210	227–210	225

DIE TRIAS 17

LEBEN IN DER TRIAS

Dinosaurier und andere Archosaurier bildeten in der Trias eine Minderheit. Damals lebten andere Reptilien wie Schildkröten, Eidechsen, Panzerfische, Ichthyosaurier, Nothosaurier, Ätosaurier und Phytosaurier. Die vorherrschenden Pflanzen waren Nadelholzgewächse, Palmfarne und Farne.

Die Wüste Painted Desert liegt inmitten des Nationalparks Petrified Forest in Arizona (USA). Hier wurden zahlreiche fossile Pflanzen und Tiere aus der Trias entdeckt.

Tiere wie *Kannemeyeria* waren in der ersten Hälfte der Trias weitverbreitet. *Kannemeyeria* ernährte sich von Pflanzen und war so groß wie ein Ochse.

SEITE AN SEITE

Die Abbildung zeigt eine Szene aus der späten Trias. Ein 8,5 Meter langer *Plateosaurus* frisst Farne, unbeeindruckt von den beiden viel kleineren *Coelophysis*, die mehr daran interessiert sind, Eidechsen zu fangen.

Gojirasaurus	*Revueltosaurus*	*Plateosaurus*	*Liliensternus*	*Eocursor*	*Jingshanosaurus*
221–210	221–210	200	215–200	208–196	205–194

Der Jura

Pangea begann, in die Urkontinente Gondwana und Laurasien auseinanderzubrechen. Das Klima auf der Erde war feucht und warm. Es gab weder Gras noch Blüten und die dichten Wälder waren mit Nadelholzgewächsen, Palmfarnen und Farnen bewachsen. Saurischia oder »Echsenbeckendinosaurier« wie die Sauropoden und Theropoden verbreiteten sich auf der ganzen Erde. Sauropoden waren große Pflanzenfresser, die die Blätter der Baumwipfel abweideten. Einige waren so groß, dass sie in die Fenster im fünften Stockwerk eines Hauses schauen könnten, wenn sie heute leben würden. Die fleischfressenden Theropoden waren die schnellsten Tiere. Sie fraßen Dinosaurier und andere Reptilien. Im Jura entwickelten sich auch die ersten Federn.

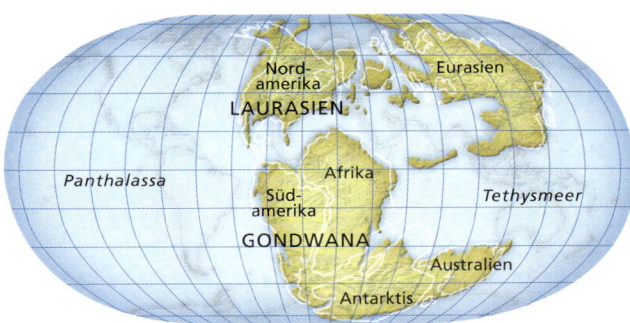

DIE WELT IM ZEITALTER DES JURA
Nordamerika trieb von Eurasien und Afrika weg, wodurch sich der Atlantik öffnete. Die Landmasse Gondwana im Süden blieb zum Großteil unversehrt.

Allosaurier

KAMPF UMS ÜBERLEBEN

Der Sauropode *Diplodocus* stellt sich auf die Hinterbeine, um drei fleischfressende Allosaurier zu verscheuchen. Ein ausgewachsener *Diplodocus* ist zu groß, um von Allosauriern getötet zu werden, aber das Jungtier an seiner Seite hat genau die richtige Größe für die Raubtiere. Können die flinken Allosaurier dem peitschenden Schwanz des *Diplodocus* ausweichen? Ein Fossilfund in Wyoming (USA) zeigt, dass der *Diplodocus* mit seinem Schwanz den Körper eines Allosauriers zerquetschen konnte. Jede schwere Verletzung konnte tödlich sein.

LEBEN IM JURA
Im Jura waren die Bedingungen für Dinosaurier ideal. Im späten Jura tauchten viele neue Arten auf und verbreiteten sich über die beiden Urkontinente.

	Megazostrodon	Limulidae	Scelidosaurus	Dilophosaurus	Brachytrachelopan	Shunosaurus	Guanlong
ZEIT (in Mio. Jahren)	über 200	200–144	202–195	202–190	200	169–159	160

DER JURA 19

Diplodocus

LEBEN IM JURA

Die Landschaft des Jura war nicht so trocken wie im Zeitalter der Trias. In dem feuchtwarmen Klima wuchsen größere und dichtere Wälder.

Nadelholzgewächse

Palmfarne

Farne

Im Stair Hole im englischen Dorset kann man sehen, wie das Meer das harte Gestein aus dem Jura in der Klippenwand abgetragen hat.

Im Zeitalter des Jura gab es für Dinosaurier Nahrung im Überfluss. Fleischfresser ernährten sich von Schildkröten, Krokodilen, Eidechsen und Insekten.

Junger *Diplodocus*

Liopleurodon	Tuojiangosaurus	Archaeopteryx	Sinraptor	Brachiosaurus	Mamenchisaurus	Diplodocus	Stegosaurus
160–155	156	156–150	154–150	153–113	151–144	150	150

Die Kreidezeit

Die Kreidezeit dauerte 80 Millionen Jahre. Zu Beginn wurden die Wälder von Nadelholzgewächsen und Palmfarnen beherrscht, am Ende tauchten die Blütenpflanzen auf. Blüten waren eine neue Nahrungsquelle für Pflanzenfresser. Die Kontinente brachen auseinander und die Dinosaurier entwickelten sich isoliert weiter. Auf der Nordhalbkugel herrschten Tyrannosaurier, auf der Südhalbkugel Abelisaurier. Gegen Ende der Kreidezeit waren bis auf die Vögel alle Dinosaurierarten ausgestorben.

DIE WELT DER KREIDEZEIT
In der Kreidezeit zerbrach Gondwana in zwei Landmassen. Das Klima änderte sich, die Sommer wurden heiß und feucht und die Winter kalt.

LEBEN IN DER KREIDEZEIT
In der Kreidezeit verbreiteten sich neuartige Tiergruppen in allen Lebensräumen und besiedelten das Land, das Meer und die Luft.

	Iguanodon	Erketu	Spinosaurus	Cretoxyrhina	Protoceratops	staatenbildende Biene	Parasaurolophus
ZEIT (in Mio. Jahren)	146–110	100	100–97	87	87–78	84–74	83–65

DIE KREIDEZEIT

LEBEN IN DER KREIDEZEIT

Das Auftauchen von Blütenpflanzen brachte bedeutende Veränderungen mit sich. Am Ende der Kreidezeit gab es viele verschiedene Arten wie Seerosen, Magnolien und Bergahorn. Aufgrund der neuen Nahrungsquellen entwickelten die Dinosaurier eine größere Artenvielfalt als je zuvor.

Die Blütenpflanzen lieferten Bienen und anderen Insekten Nahrung. Im Austausch wurden sie dafür von ihnen bestäubt.

Die Seven-Sisters-Klippen im englischen Essex sind typische weiße Kreideklippen, die in der Kreidezeit entstanden.

DINOSAURIER DER KREIDEZEIT

Die Szene zeigt verschiedene kreidezeitliche Dinosaurier. Theropoden wie der *Carnotaurus* beobachten Abelisaurier, die sich von links nähern. Im Hintergrund flüchtet eine Herde entenschnäbliger Hadrosaurier der Art *Parasaurolophus*. Fliegende Reptilien oder Pterosaurier gleiten durch die Luft. Im Vordergrund ist ein gepanzerter *Nodosaurus* zu sehen, der zur Gruppe der Ankylosaurier gehört.

Deltatheridium	Maiasaura	Velociraptor	Struthiomimus	Euoplocephalus	Tyrannosaurus	Pachycephalosaurus	Triceratops
80–75	80	80–70	73	73	68–65	68–65	67–65

Die ersten Reptilien

Reptilien gab es schon 100 Millionen Jahre vor dem Auftreten der ersten Dinosaurier. Der größte Fortschritt in ihrer Evolution war das amniotische Ei. Ein amniotisches Ei hat seine eigene Nahrungsversorgung und kann an Land abgelegt werden. Dadurch konnten sich Reptilien über das ganze Land verbreiten. Die zweite Gruppe von Landtieren waren die Synapsiden, die Vorfahren der Säugetiere, die jedoch viel mehr Wasser zum Überleben brauchten. Reptilien konnten mehr Lebensräume bewohnen als Synapsiden und deshalb beherrschten Reptilien über 200 Millionen Jahre lang die Erde.

Gleitflugreptil aus dem Perm

Reptilienvorfahre aus dem Karbon

Schildkröte aus dem Mesozoikum

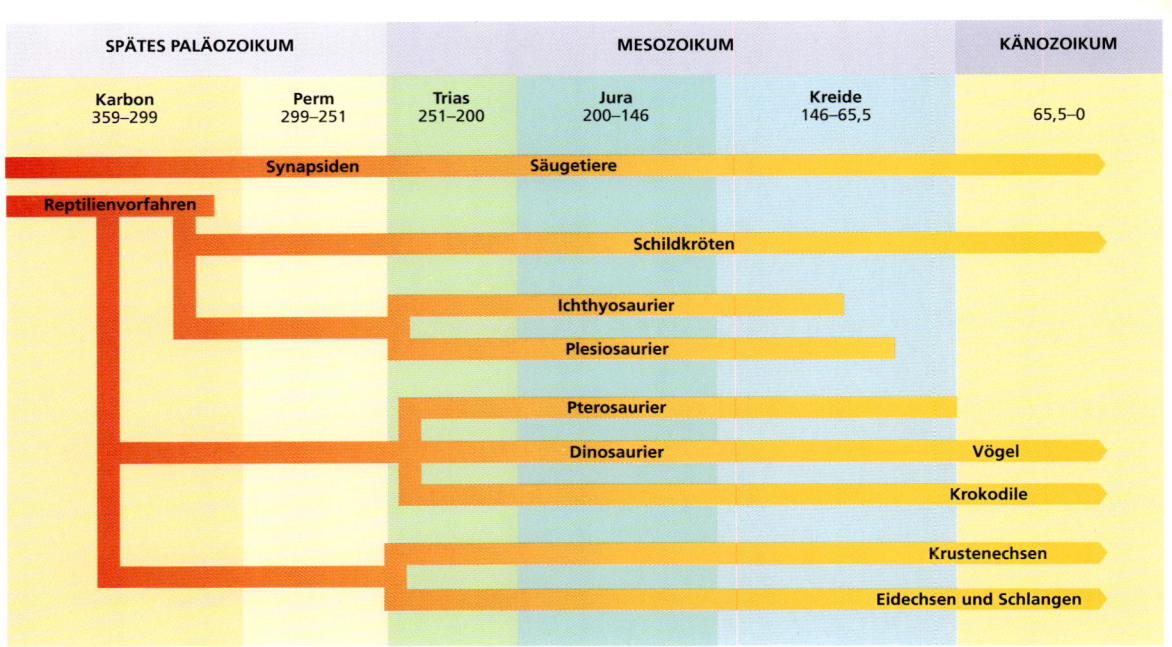

REPTILIEN: ZEITTAFEL

Die Tabelle zeigt die Verwandtschaft zwischen den Hauptreptiliengruppen. Der *Petrolacosaurus* lebte im Karbon und zählte zu den ersten richtigen Reptilien.

SYNAPSIDEN

Synapsiden wurden früher fälschlicherweise als »säugetierähnliche Reptilien« bezeichnet, aber sie waren keine Reptilien, sondern die Hauptkonkurrenten der echten Reptilien. Sie waren die vorherrschenden Fleischfresser des Perm und wurden in der Trias von den Reptilien abgelöst. Synapsiden waren vielleicht die erste Tiergruppe, die Haare auf dem Körper hatte.

Cynognathus war ein naher Verwandter des ersten Säugetiers. Er hatte die gleichen Zähne wie wir: Schneidezähne, Eckzähne, Vormahlzähne und Backenzähne.

VERSCHIEDENE EIER

Das Reptilienei (links) ist wie ein Koffer mit eigener Nahrungsversorgung. Ein Amphibienei (unten) muss im Wasser abgelegt werden.

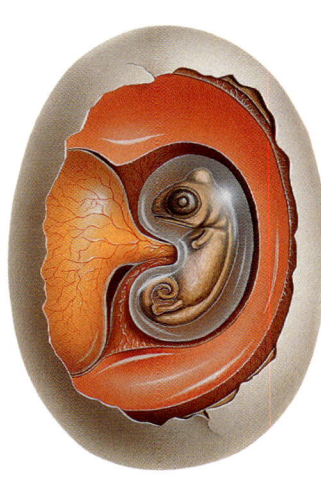

Reptilienei

Amphibienei

DIE ERSTEN REPTILIEN 23

Stegosaurus, ein Dinosaurier aus dem Jura

Fliegender Pterosaurier aus der Kreidezeit

Schlange aus dem Känozoikum

Eidechse aus der Trias

Krokodil aus dem Mesozoikum

Kreidezeitliche Meeresschildkröte

Kleiner Ichthyosaurier aus dem Mesozoikum

Langhalsiger Plesiosaurier aus dem Jura

Kreidezeitliche Meeresschildkröte

REPTILIEN AUS VERSCHIEDENEN ZEITEN

Nicht alle Reptilien haben zur selben Zeit und am selben Ort gelebt. Wie heute gab es viele Tiere nur in bestimmten Gebieten und Klimazonen. *Stegosaurus,* der im Jura lebte, hat den fliegenden *Pteranodon* der Kreidezeit nie gesehen.

Reptilien der Luft und des Meeres

Im Mesozoikum gab es über 40 große Reptiliengruppen, darunter aber nur zwei Dinosauriergruppen. Die Reptilien, die nicht zu den Dinosauriern zählten, lebten in Seen, im Meer und in der Luft. Die Pterosaurier waren in zwei Untergruppen aufgeteilt: die Rhamphorhynchoiden, die großteils in der Trias und im Jura lebten, und die kreidezeitlichen Pterodactyloiden. Die größten fliegenden Tiere aller Zeiten zählten zur Gruppe der Azhdarchiden – mit Flügelspannweiten von bis zu zwölf Metern. In der ersten Hälfte des Mesozoikums waren Ichthyosaurier weitverbreitet, die wie Delfine aussahen.

IN DER LUFT

Diese drei Rhamphorhynchoiden zählen zu den ersten Wirbeltieren, die aus eigenem Antrieb fliegen konnten. Sie besaßen Flügelspannweiten von bis zu vier Metern und ernährten sich von Insekten und anderen kleinen Tieren.

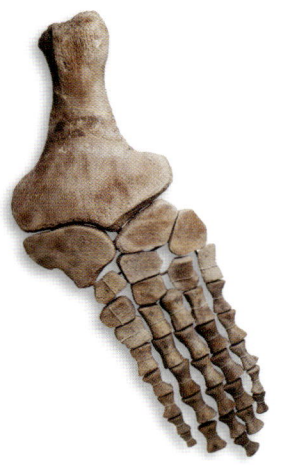

Fossile Gliedmaße eines Plesiosauriers. Im Wasser verwendeten die Plesiosaurier ihre Arme und Beine wie Paddel.

Das Pterodactylusfossil zeigt, dass die Flügel der Pterodactylen (Kurzschwanzsaurier) nur von den vierten Fingern gestützt wurden.

Pachypleurosaurier zählten zu den Plesiosauriern. Sie waren zwischen 20 Zentimeter und einem Meter lang.

DIE ERSTEN REPTILIEN 25

IN DEN MEEREN

Meeresreptilien standen im Mesozoikum an der Spitze der Nahrungskette. Heute wird ihre Aufgabe von Haien und Meeressäugetieren erledigt. Ichthyosaurier verwendeten ihren Schwanz als Antrieb, während Pliosaurier ihre Gliedmaßen als Ruder einsetzten. Langhalsreptilien lauerten in einem Hinterhalt, Kurzhalsreptilien waren flinke Jäger.

Ichthyosaurier · Meeresschildkröte · Pliosaurier · Mosasaurier · Deinosuchus

AUF DER JAGD NACH NAHRUNG

Der Pterosaurier *Rhamphorhynchus* kreist über einem fischenden Plesiosaurier. Er hofft darauf, Fische zu fangen, die dem Plesiosaurus nahe an der Oberfläche zu entkommen versuchen. Der kleine *Rhamphorhynchus* stellt keine Gefahr für große Meeresreptilien dar. Mit seinen nach vorn gerichteten Zähnen kann er Fische aufspießen.

Dinosaurier: Federn und Flugfähigkeit

ERSTER FLUG

Archaeopteryx verfolgt in einem Wald des Jura im heutigen Deutschland eine Libelle. Man kennt den »ersten Vogel« nur aufgrund von zehn fossilen Exemplaren.

Vor etwa dreißig Jahren glaubten die Wissenschaftler, dass Vögel die einzigen gefiederten Tiere seien, die je auf der Erde gelebt haben. Heute wissen wir, dass mindestens fünf Theropodengruppen Federn besaßen. Die ersten Daunenfedern dienten zur Temperaturregulierung. Danach entwickelten sich Körper- und Konturfedern und schließlich die Schmuckfedern. Lange dachten wir auch, dass Vögel die einzigen Tiere seien, deren Schlüsselbeine zu einem Gabelbein verwachsen sind und die einen halbmondförmigen Handwurzelknochen und ein nach hinten weisendes Schambein haben. Heute wissen wir jedoch, dass auch die nicht zu den Vögeln gehörenden Theropoden diese Merkmale besaßen. Der erste Theropode, der richtig fliegen konnte, war der im späten Jura lebende *Archaeopteryx*.

Fossile Feder eines *Archaeopteryx*

Caudipteryx lebte im kreidezeitlichen China. Er hatte Federn, war jedoch zu klein, um richtig fliegen zu können.

VOM ARM ZUM FLÜGEL

Mit der Zeit entwickelten sich die Arme von Dinosauriern zu Flügeln. Die kräftige Flugmuskulatur wanderte vom Oberarm zum Brustbein, um den Arm leichter zu machen. Die Armknochen wurden länger, um Raum für Federn zu schaffen. Die Armgelenke bewegten sich nur in eine Richtung, was die Beweglichkeit einschränkte, aber Stabilität gewährleistete.

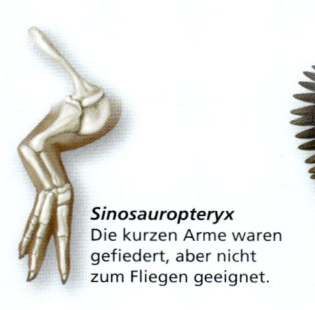

Sinosauropteryx
Die kurzen Arme waren gefiedert, aber nicht zum Fliegen geeignet.

Caudipteryx
Der Unterarm war doppelt so lang und auch die Federn waren länger.

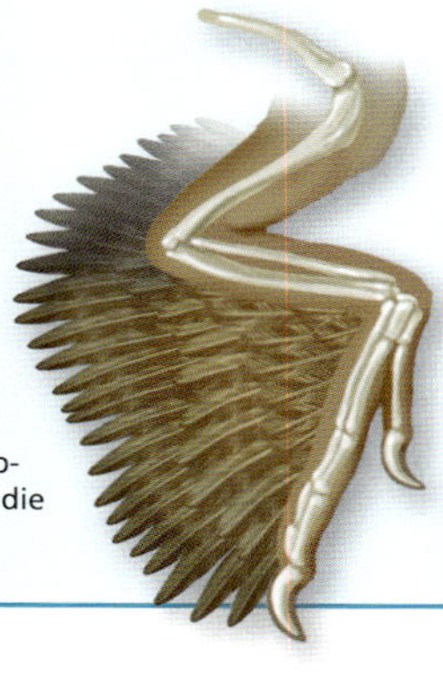

Microraptor
Arm und Federn sind zum Fliegen geeignet, die Muskeln jedoch zu schwach.

Confuciusornis
Unterarm- und Flugmuskulatur sind stark genug zum Fliegen.

EVOLUTION DER VÖGEL

MODERNE VÖGEL

Die Theropoden des Mesozoikums waren keine Vögel, besaßen aber viele Vogelmerkmale. Die Größe der Vögel reicht von dem heute lebenden 5,5 Zentimeter großen kubanischen Hummelkolibri bis zu den flugunfähigen kreidezeitlichen »Schreckensvögeln« – wie dem fleischfressenden *Phorusrhacos*, der im heutigen Südamerika lebte und eine Körperhöhe von drei Metern erreichte, oder dem Raubvogel *Teratorn* mit einer Flügelspannweite von sechs Metern.

SCHNEEGANS
Der Vogel kann auch bei schlechten Wetterbedingungen fliegen.

VOM DINOSAURIER ZUM VOGEL

Für einen stabilen Flug muss der Schwerpunkt in der Nähe des »Kraftzentrums« sein. Becken und Brustbein liegen übereinander. Das Brustbein ist vergrößert, die Arme sind länger, die Knochen hohl und der Schwanz ist kürzer und breiter.

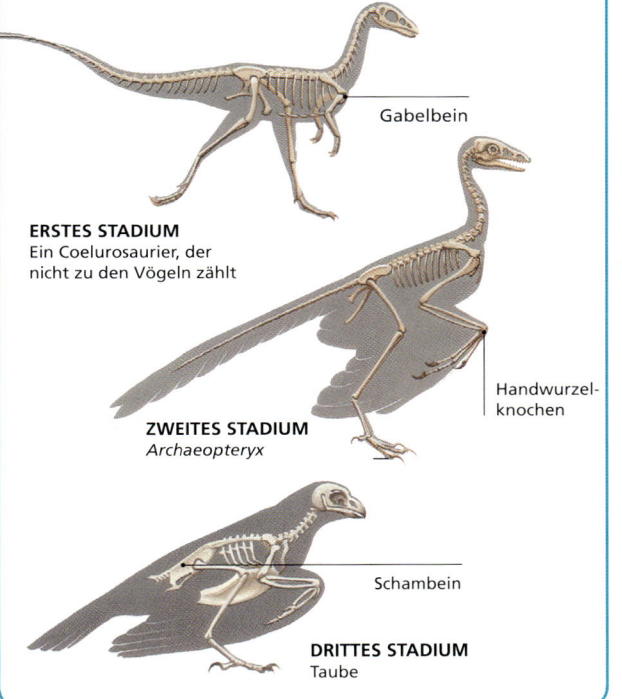

Gabelbein

ERSTES STADIUM
Ein Coelurosaurier, der nicht zu den Vögeln zählt

Handwurzelknochen

ZWEITES STADIUM
Archaeopteryx

Schambein

DRITTES STADIUM
Taube

ICHTHYORNIS
Im Gegensatz zu den heutigen Vögeln hatte der kreidezeitliche *Ichthyornis* Zähne.

FOSSILBEFUNDE

Die Entwicklung von den Theropoden zu den Vögeln lässt sich durch die Fossilbefunde sehr gut nachvollziehen.

ARCHAEOPTERYX
Trotz seiner Flugfedern konnte *Archaeopteryx* nicht gut fliegen.

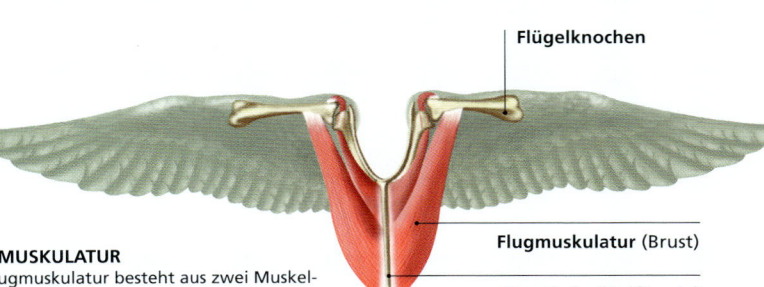

Flügelknochen

FLUGMUSKULATUR
Die Flugmuskulatur besteht aus zwei Muskelpartien zum Auf- und Abbewegen der Flügel.

Flugmuskulatur (Brust)

Brustbein (kielförmig)

THEROPODE
Lange Arme und ein Luftsacksystem waren bereits vorhanden.

Aussterben der Dinosaurier

Wird der Großteil des Lebens auf der Erde zerstört, spricht man von einem Massensterben. Im Verlauf der Erdgeschichte kam es fünfmal zu großen Massensterben. Am Ende des Mesozoikums wurden 66 Prozent aller Lebensformen ausgelöscht. Landlebende Tiere und große Arten waren stärker betroffen als kleine Tiere. Das Massensterben fand vor 65,5 Millionen Jahren statt. Die Wissenschaftler glauben, dass ein Asteroid auf die Erde prallte, aber sie wissen nicht, ob es ein einzelner Asteroid war oder ein großer und mehrere kleine Asteroiden. Ein Asteroid ist ein kleiner Himmelskörper aus Gestein, der um die Sonne kreist.

KAMPF UMS ÜBERLEBEN

Dinosaurier, die in einem Radius von 1000 km um die Einschlagstelle lebten, wurden sofort getötet. Möglicherweise dauerte es mehrere Jahrtausende, bis sich das Ökosystem der Erde von dem Einschlag erholte. Warum haben Frösche überlebt, primitive Vögel aber nicht, obwohl sie über die ganze Erde verbreitet waren und einfach hätten davonfliegen können?

KLIMAZEITTAFEL
Im Verlauf der langen Erdgeschichte hat sich das Klima mehrmals verändert. Je langsamer die Klimaveränderung vor sich geht, desto besser kann sich das Leben anpassen.

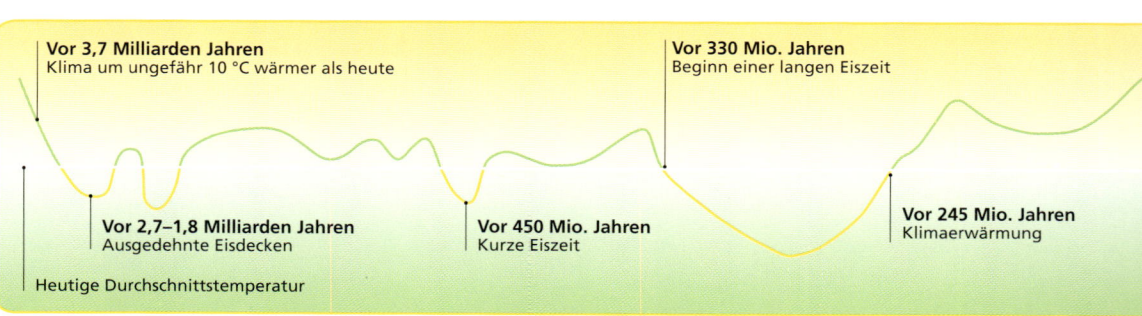

Vor 3,7 Milliarden Jahren
Klima um ungefähr 10 °C wärmer als heute

Vor 2,7–1,8 Milliarden Jahren
Ausgedehnte Eisdecken

Heutige Durchschnittstemperatur

Vor 450 Mio. Jahren
Kurze Eiszeit

Vor 330 Mio. Jahren
Beginn einer langen Eiszeit

Vor 245 Mio. Jahren
Klimaerwärmung

ASTEROIDENEINSCHLAG

Zahlreiche Asteroiden sind auf die Erde geprallt, aber nur einige wenige verursachten ein Massensterben. Der Asteroid Chicxulub schlug in einer Zeit ein, als ganze Kontinente von heftigen Vulkanausbrüchen heimgesucht wurden. Er besaß einen geschätzten Durchmesser von 12 000 m. Der Einschlag verursachte Erdbeben der Stärke 10 und riesige Tsunamiwellen. Die Aschewolke verdunkelte die Erdatmosphäre. Möglicherweise lösten der Asteroideneinschlag und die vulkanischen Aktivitäten eine Reihe von Kettenreaktionen aus, die zu dem Massensterben führten.

1. Feuerball
Der Asteroid wird zu einem Feuerball, der zum Zeitpunkt des Einschlags auf der Erdoberfläche weiß glüht.

2. Einschlag
Der Einschlag schleudert eine Wolke aus verdampftem Gestein in die Luft. Ein Teil des Materials gelangt in die Umlaufbahn.

Der Wolfe-Creek-Krater in Westaustralien ist durch einen Meteoriten entstanden, der vor 300 000 Jahren auf die Erde prallte. Der Krater ist einer von weltweit 18 Kratern, in denen man auch Bruchstücke des eingeschlagenen Meteoriten gefunden hat.

3. Mineralbruchstücke
Kühlt der Dampf aus, kondensiert er zu Mineralien, die über eine weite Fläche verstreut zu Boden fallen.

4. Einschlagskrater
Unabhängig vom Einschlagswinkel entsteht ein kreisförmiger Krater, in dessen Mitte sich meist ein Hügel befindet.

ANDERE THEORIEN ZUM MASSENSTERBEN

Es gibt über 40 Theorien, die das Massensterben zu erklären versuchen. Viele Theorien werden heute belächelt, wie die, dass das Aufkommen der Blütenpflanzen bei den Dinosauriern eine tödlichen Pollenallergie ausgelöst haben könnte. Andere sonderbare Theorien behaupten, die Dinosaurier seien aus Langeweile gestorben, in ihrem eigenen Kot erstickt oder einfach nicht intelligent genug gewesen, um zu überleben. Aber für solche Erklärungsversuche gibt es keine Beweise.

Hitzewelle Die Erwärmung der Atmosphäre ist eine mögliche Erklärung für das Massensterben, jedoch nicht für das Verschwinden der Dinosaurier in Polnähe.

Eiszeit Am Ende der Kreidezeit gab es keine Eiszeit. In diesem Zeitalter war es auf der Erde wärmer als in den letzten vier Millionen Jahren.

Vulkane Vulkane können Massensterben auslösen, wenn sie jahrtausendelang ausbrechen und dabei ganze Länder mit Asche und Lava bedecken.

Vor 65 Mio. Jahren Abkühlung, Dinosaurier verschwinden.

Vor 1,6 Mio. Jahren Weitere Abkühlung, etwa alle 100 000 Jahre tritt eine Eiszeit auf.

Kurze Wärmeperioden zwischen den Eiszeiten

Vor 18 000 Jahren Höhepunkt der letzten Eiszeit, Mammuts verschwinden.

Vor 6000 Jahren Warmes Klima ermöglicht die Entwicklung des Ackerbaus.

900–1100 n. Chr. Kurze Wärmeperiode

1450–1850 Kleine Eiszeit

Nach den Dinosauriern

Nach dem Massensterben zu Beginn des Paläozäns waren die meisten großen Landtiere ausgestorben. Durch das Verschwinden der großen Fleischfresser entwickelten sich die überlebenden Säugetiere zu Tausenden Arten weiter und lösten die Dinosaurier als vorherrschende Tiergruppe ab. Einige Vögel wie der *Phorusrhacos* wurden so groß wie die fleischfressenden Theropoden des Jura. Höhlenbären, Säbelzahntiger oder der *Canis dirus* (»düsterer« oder »schrecklicher« Wolf) tauchten vor weniger als einer Million Jahren auf. Sie verpassten das Mesozoikum um 64 Millionen Jahre.

OPFER UND ÜBERLEBENDE

Kleinere Tiere überlebten das Massensterben eher als größere. Nach dem Massensterben dauerte es 15 Millionen Jahre, bis die Tiere auf der Erde wieder so groß wurden wie die Dinosaurier.

OPFER	MASSENSTERBEN	ÜBERLEBENDE
Dinosaurier		
Pterosaurier		
Ichthyosaurier		
Mosasaurier		
Plesiosaurier		
Ammoniten		
Säugetiere		
Vögel		
Schlangen		
Eidechsen		
Krokodile		
Schildkröten		
Champsosaurier		

Phorusrhacos, der »Schreckensvogel«, war über 2,2 Meter hoch.

Das *Mastodon* des Paläozäns hatte »Schaufelstoßzähne« in seinem Unterkiefer.

Kleine Säugetiere wie *Purgatorius* überlebten das Massensterben.

Die Zähne des Säbelzahntigers waren zum Erdolchen geschaffen. Er starb kurz nach dem ersten Kontakt mit dem Menschen aus.

DIE ERSTEN MENSCHEN

Es gab mehrere Arten der Gattung *Homo*, zu der auch der moderne Mensch zählt. Die Entwicklung des Menschen fand innerhalb der letzten Jahrmillionen statt. Die Anthropologie ist die Wissenschaft von der Vergangenheit und Gegenwart des Menschen, von seiner Kultur und den Veränderungen seines Körperbaus. Die ersten Menschen lebten als Jäger und Sammler in der Savanne oder Grassteppe. Ihre Körper waren nicht mit natürlichen Waffen ausgestattet wie die der Dinosaurier, deshalb erfanden sie Werkzeuge.

Am Schädel des *Homo erectus* kann man den dicken Augenwulst erkennen. *Homo erectus* war die erste Art, deren Körper und Gehirn bereits so groß waren wie beim modernen Menschen.

Viele Tiere verwenden Werkzeuge, aber nur der Mensch kann Gegenstände, die in der Natur vorkommen, zu neuen Gegenständen umformen.

Ein Säbelzahntiger steckt in einer pleistozänischen Teergrube (vor etwa 12 000 Jahren) fest. In der Teergrube von La Brea in Kalifornien (USA) wurden Hunderte Skelette gefunden.

ÜBERLEBENDE VERWANDTE

DIREKTE NACHKOMMEN

Noch heute gibt es lebende Vertreter der Archosaurier, der »Herrscherreptilien«. Von den Hunderten Krokodilarten des Mesozoikums haben einige überlebt. Von sieben Dinosauriergruppen haben nur die Theropoden direkte lebende Nachkommen, nämlich die Vögel. Sie sind heute die zahlreichsten Landwirbeltiere, obwohl sie im Vergleich zu den Säugetieren kleiner sind. Sie kommen auf allen Kontinenten und in allen Lebensräumen vor. Sie können weiter wandern als alle Säugetiere und auch höher fliegen.

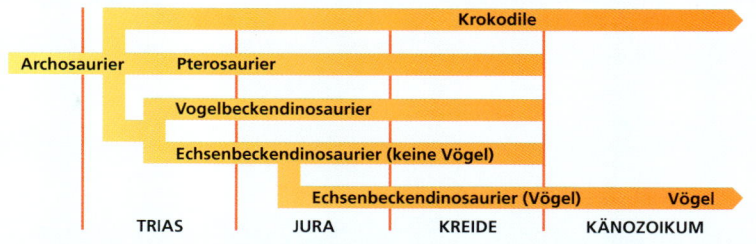

Die Gruppe der Saurischia bestand aus Sauropoden und Theropoden, die nicht zur Vogellinie gehören. Zu den fliegenden Saurischia zählen Deinonychosaurier und Vögel.

ENTFERNTE VERWANDTE

Krokodile und ihre Verwandten besiedelten im Mesozoikum mehr Lebensräume (auch das Meer) als Dinosaurier. Es gab viele Arten, von denen heute nur noch drei Gruppen leben: Krokodile, Alligatoren und Gaviale.

Die Beißkraft von Krokodilen kann man mit der des mächtigen Tyrannosaurus vergleichen. Krokodile können schneller zubeißen, als das Auge sehen kann. Unterschätze nie ein »Herrscherreptil«!

FLUGFÄHIGKEIT

Fliegende Theropoden, die heute Vögel genannt werden, entwickelten die perfekte Flugfähigkeit. Sie bevölkern alle Lebensräume und können von Pol zu Pol wandern. Aber wird sie das vor dem Aussterben bewahren können?

Wie der *Archaeopteryx* hat dieser junge Hoatzin an den Flügelenden drei Klauen. Wenn der Vogel älter wird, fallen sie ab.

Dinosaurier: Einführung

Was ist ein Dinosaurier?

Wir kennen ungefähr 800 verschiedene Dinosaurier und alle zwei Wochen wird eine weitere Dinosaurierart entdeckt. Das Wort *Dinosaurier* bedeutet »furchtbar große oder schreckliche Echse«, aber das trifft nicht auf alle Dinosaurier zu. Einige waren größer als ein Bus, andere so klein wie ein Huhn. Obwohl es verschiedene Dinosaurier gab, besaßen sie viele Gemeinsamkeiten. Sie hatten als einzige Reptilien die Beine direkt unter dem Körper und sie legten Eier. Die meisten Dinosaurier besaßen eine Schuppenhaut und einige Arten möglicherweise auch Federn.

AUS DEM EI GESCHLÜPFT
Alle Dinosaurier schlüpften aus einem Ei. Panzer, Dornen und Hörner entwickelten sich erst kurz bevor sie ausgewachsen waren.

Verwachsene Knochen
Der Hüftknochen war mit der Wirbelsäule zum sogenannten Kreuzbein verwachsen, um das Gewicht besser tragen zu können.

Hüftknochen
Der Hüftknochen stützt die Muskeln, die den Oberschenkelknochen halten. Andere Muskeln bewegen das Bein nach vorn und nach hinten.

GEMEINSAMKEITEN
Dinosaurier kamen in allen Größen, Formen und Farben vor. Es gab Dinosaurier mit und ohne Panzer, Hörner, Schnäbel und Klauen. Dennoch wurden sie derselben Tiergruppe zugeteilt wie die beiden ersten Dinosaurier, die einen wissenschaftlichen Namen erhielten (das *Iguanodon* und der *Megalosaurus*).

WAS IST EIN DINOSAURIER? 35

Kopf
Einige Dinosaurier hatten seltsame Kopfformen. Der Kamm diente entweder zum Anlocken von Partnern oder zum Vertreiben von Rivalen.

Aufrechter Stand
Die Beine befanden sich direkt unter dem Körper. Dadurch war die Schrittlänge größer und die Dinosaurier konnten schneller laufen als Reptilien mit gespreizten Beinen. Je länger die Beine waren, desto größer war die Schrittlänge.

Längster Finger
Theropoden verwendeten den längsten Finger der Hand zum Greifen. Andere Reptilien können das nicht.

DILOPHOSAURUS

Dieser Theropode war ein typischer zweibeiniger Dinosaurier der Trias. Die Arme trugen nicht länger das Gewicht wie bei vierbeinigen Dinosauriern, sondern waren an die Jagd angepasst. Der Schwerpunkt hatte sich nach hinten zum Becken verlagert, wodurch sie leichter das Gleichgewicht halten konnten.

WAS IST KEIN DINOSAURIER?

Im Mesozoikum gab es an die 40 Reptilgruppen, von denen nur zwei Dinosaurier waren. Im Meer gab es keine Dinosaurier, aber einige ihrer nahen Verwandten beherrschten die Ozeane der Urzeit. Mit Ausnahme der Pterosaurier hatten alle Gruppen gespreizte Beine. Die frühen Dinosaurier konnten nicht fliegen, im Gegensatz zu den Pterosauriern oder fliegenden Reptilien.

PTEROSAURIER
Pterosaurier waren nahe Verwandte der Dinosaurier. Sie waren in zwei Gruppen unterteilt: Rhamphorhynchoide (Jura) und Pterodactylen (Kreidezeit).

Scaphognathus

NOTHOSAURIER
Das Maul von im Meer lebenden Reptilien wie dem *Kronosaurus* (kreidezeitliches Australien) war so groß, dass sie einen Menschen im Ganzen hätten verschlingen können.

Kronosaurus

PELYCOSAURIER
Die Synapsiden, die man früher als »säugetierähnliche Reptilien« bezeichnete, standen den Säugetieren genetisch näher als die Reptilien. Das *Dimetrodon* lebte 75 Millionen Jahre vor den Dinosauriern.

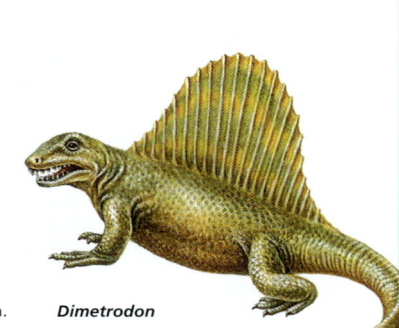

Dimetrodon

PLESIOSAURIER
Plesiosaurier waren im Meer lebende Raubtiere. Mit ihren paddelartigen Gliedmaßen konnten sie unter Wasser »fliegen«.

Peloneustes

KROKODILE
Heute gibt es nur noch wenige Krokodilarten, aber in der Vergangenheit gab es Dutzende. Einige lebten ausschließlich an Land, andere im Meer. Die kleinste Art *Bernissartia* war lediglich 60 Zentimeter lang.

Bernissartia

Verschiedene Dinosaurier

Es gab viele verschiedene Dinosaurier, darunter einige der größten und längsten Tiere, die je auf der Erde gelebt haben. In den 165 Millionen Jahren ihrer Geschichte passten sich viele Dinosauriergruppen an unterschiedliche Umgebungen an. Sie lebten in allen Gebieten und Klimazonen. Sie mussten sich an andere Tiere anpassen, auch an andere Dinosaurier, die mit ihnen um Nahrung und Brutplätze wetteiferten. Es gab zweibeinige fleischfressende Dinosaurier, langhalsige vierbeinige Pflanzenfresser, zweibeinige Pflanzenfresser mit Entenschnabel, vierbeinige Pflanzenfresser mit Hörnern und kurzen Schwänzen sowie vierbeinige gepanzerte Pflanzenfresser.

ENTENSCHNABELDINOSAURIER

Entenschnabeldinosaurier verwendeten ihre Schnäbel zum Abtrennen von Blättern und Stielen. Sie hatten Hunderte Zähne, um ihre Nahrung zu zermahlen. Ihre vier Kiefer waren mit je drei Reihen aus etwa 60 Zähnen (insgesamt 720) besetzt. Waren die Zähne abgenutzt, wurden sie durch neue ersetzt. So kamen sie während ihres Lebens auf Tausende von Zähnen.

Lambeosaurus Der entenschnäblige Dinosaurier konnte mit dem hohlen Kamm auf seinem Kopf hornähnliche Töne erzeugen, um mit der Herde zu kommunizieren.

Die Schnäbel der Entenschnabeldinosaurier waren in Knochen gehüllt und scharf genug, um die meisten Pflanzen zu durchschneiden.

WUSSTEST DU DAS?

Es gibt keinen typischen Dinosaurier, so wie es auch kein typisches Säugetier gibt. Auf jeden Dinosaurier, den man für einen Standarddinosaurier halten könnte, kommt einer, der ganz anders aussieht. Es gibt zu viele Dinosaurierarten, um eine durchschnittliche Höhe, Länge oder ein durchschnittliches Gewicht zu ermitteln.

STEGOSAURIER

Im Vergleich zum Körper war der Kopf des *Stegosaurus* sehr klein. Der *Stegosaurus* war ein gepanzerter Pflanzenfresser, der auf vier Beinen lief.

CERATOPSIA

Auf dem Kopf des *Albertoceratops* saßen Hörner und Stacheln. Der vierbeinige Pflanzenfresser hatte einen kurzen Schwanz.

VERSCHIEDENE DINOSAURIER 37

LANGHALSIGE SAUROPODEN

Futalongkosaurus war ein langhalsiger vierbeiniger Pflanzenfresser. Er war eines der größten Tiere, die je gelebt haben, und erreichte eine Länge von 33 Metern.

THEROPODEN

Theropoden waren zweibeinige Fleischfresser. Die meisten Arten hatten einen leichten Körper und einen großen Kopf. Sie besaßen messerscharfe gezackte Zähne, mit denen sie die Nahrung zerkleinerten, ehe sie sie verschlangen.

Dilong Theropoden waren die ersten Tiere, die auf zwei Beinen liefen und Federn hatten. *Dilong* war gefiedert, konnte aber nicht fliegen.

Eocarcharia Der gefährlich aussehende Theropode verwendete seine sägeartigen Zähne zum Zerreißen der Beute. Sein Name bedeutet »Dämmerungshai«.

PACHYCEPHALOSAURIER

Der *Dracorex* hatte Hörner und Beulen auf dem Kopf und war ein zweibeiniger Pflanzenfresser. Pachycephalosaurier bedeutet »dickköpfige Echse«.

ANKYLOSAURIER

Der *Gargoyleosaurus* war einer der kleinsten Ankylosaurier oder gepanzerten Pflanzenfresser. Er lief auf vier Beinen und war nur drei Meter lang.

DINOSAURIER: EINFÜHRUNG

Unterschiedliche Beckenknochen

Dinosaurier sind in zwei Hauptgruppen unterteilt: Saurischia (»Echsenbeckendinosaurier«) und Ornithischia (»Vogelbeckendinosaurier«). Die Hüfte oder das Becken besteht aus drei Knochen: Schambein, Darmbein und Sitzbein. Alle Dinosaurier hatten diese drei Knochen, aber in zwei unterschiedlichen Anordnungen. Das Schambein war durch Muskeln mit den Rippen verbunden, was beim Atmen half und als Stütze diente. Bei den Saurischia wies das Schambein nach vorn, bei den pflanzenfressenden Ornithischia jedoch nach hinten. Das Sitzbein hatte Muskeln, die die Beine und den Schwanz bewegten. Bei den Vogelbeckendinosauriern diente das Schambein mehr als Atemhilfe, als die Eingeweide zu stützen.

> **WUSSTEST DU DAS?**
>
> Obwohl Ornithischia ein »Vogelbecken« hatten, entwickelten sich die Vögel aus den Saurischia. Ornithischia sind schon lange ausgestorben, aber die Saurischia leben als Vögel weiter. Alle Becken, auch die des Menschen, bestehen aus drei Knochen, die jedoch unterschiedlich angeordnet sind.

Darmbein
Das Darmbein stützte die Beinmuskulatur. Es übertrug die Bewegungen der Beine auf den restlichen Körper.

Sitzbein
Nach hinten weisend. Es stützte die Muskeln, die den Schwanz über dem Boden hielten.

Schambein
Bei den Saurischia nach vorn gerichtet. Es stützte die kräftige Bauchmuskulatur.

SAURISCHIA

Allosaurus zählte zu den Saurischia. Achte auf das Loch in der Mitte des Beckens. Hier setzt sowohl bei Saurischia als auch bei Ornithischia der Oberschenkelknochen an. Die Verlängerung am Ende des Schambeins trug das Gewicht des räuberischen Theropoden, wenn er sich zum Ruhen auf den Boden legte.

VERSCHIEDENE DINOSAURIER 39

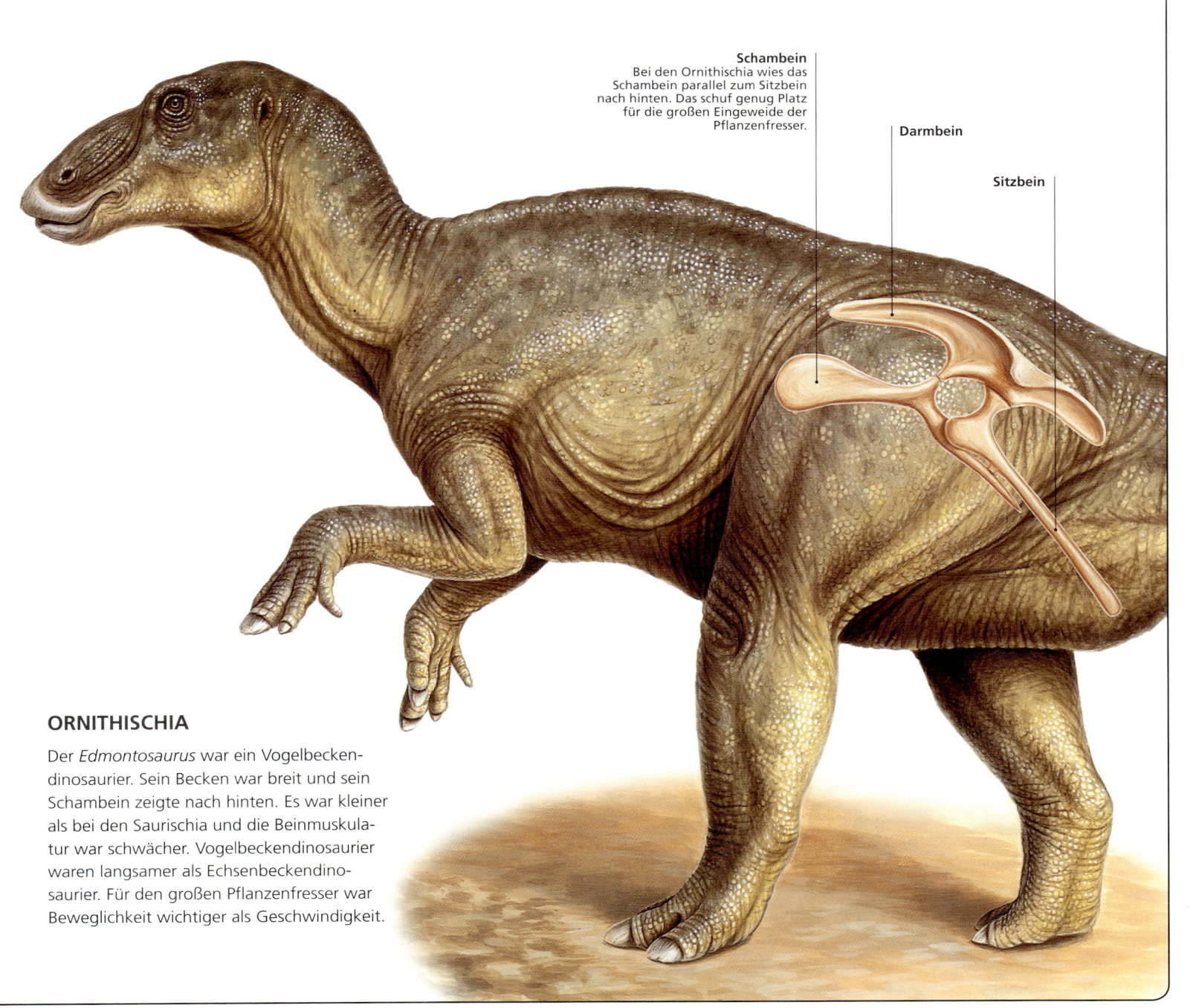

AUFRECHTES STEHEN

Die Hüftknochen aller Dinosaurier waren auf dieselbe Weise mit den Beinknochen verbunden. Dinosaurier standen aufrecht und verbrauchten weniger Energie. Sie konnten weiter gehen und schneller laufen als Tiere, deren Beine nach außen gespreizt waren.

Beine nach außen
Eidechsenbeine sind gespreizt. Zur Fortbewegung werden sie nach außen geschwungen. Dadurch ist das Gewicht, das sie tragen können, begrenzt.

Nach unten oder nach außen
Krokodilbeine sind halb gespreizt. Sie können mehr Gewicht tragen, sind aber an Land langsam.

Beine nach unten
Dinosaurier konnten die Beine unter dem Körper vor- und zurückschwingen. Das war eine wirksame Fortbewegungsart.

Schambein
Bei den Ornithischia wies das Schambein parallel zum Sitzbein nach hinten. Das schuf genug Platz für die großen Eingeweide der Pflanzenfresser.

Darmbein

Sitzbein

ORNITHISCHIA

Der *Edmontosaurus* war ein Vogelbeckendinosaurier. Sein Becken war breit und sein Schambein zeigte nach hinten. Es war kleiner als bei den Saurischia und die Beinmuskulatur war schwächer. Vogelbeckendinosaurier waren langsamer als Echsenbeckendinosaurier. Für den großen Pflanzenfresser war Beweglichkeit wichtiger als Geschwindigkeit.

DINOSAURIERGRUPPEN

Dinosaurier waren Archosaurier (»Herrscherreptilien«). Sie zählten entweder zu den Saurischia, der vorherrschenden Dinosauriergruppe der Trias und des Jura, oder zu den Ornithischia, die in der Kreidezeit die Erde beherrschten. Saurischia sind in Theropoden und Sauropoden unterteilt. Die Theropoden waren Fleischfresser wie der *Tyrannosaurus rex* und der *Deinonychus* – und später Vögel. Sauropoden waren langhalsige Pflanzenfresser wie der *Diplodocus*. Die zweite Hauptgruppe, die Ornithischia, waren Pflanzenfresser. Ornithischia sind in die gepanzerten Thyreophora und in die Cerapoden unterteilt. Zu den Cerapoden gehören die kuppelköpfigen und gehörnten Dinosaurier auf zwei Beinen, wie der *Triceratops*.

SAURISCHIA (»Echsenbeckendinosaurier«)

THEROPODEN

Theropoden waren die ersten Dinosaurier und auch die erfolgreichsten. Sie waren die ersten aufrecht gehenden Landtiere und die ersten Tiere mit Federn. Alle fleischfressenden Dinosaurier gehörten zu den Theropoden.

COELOPHYSOIDEN
Die kleinen, langen und schlanken Fleischfresser waren die ersten Theropoden. Sie tauchten erstmals in der Trias auf.

Coelophysis

COELUROSAURIA
Die Hauptgruppe der Theropoden bestand aus diesen Raubtieren. Sie waren die vorherrschende Dinosauriergruppe der Kreidezeit.

Tyrannosaurus

PARAVES
Diese Dinosaurier sind die nächsten Verwandten der ersten Vögel. Zu ihnen gehörten die »Raptoren« oder räuberischen Dinosaurier.

Velociraptor

SAUROPODOMORPHA

Die Gruppe der Sauropodomorpha besteht aus den Prosauropoden und den Sauropoden. Sie waren die ersten großen Pflanzenfresser, die mehr als drei Meter über dem Boden nach Nahrung suchten, und auch die größten Landtiere aller Zeiten.

PROSAUROPODEN
Die Langhals-Dinosaurier lebten in der Trias. Sie waren die erste Gruppe großer Pflanzenfresser und starben im Jura aus.

Plateosaurus

SAUROPODEN
Die riesigen Dinosaurier hatten einen langen Schwanz, einen langen Hals und winzige Köpfe. Sie waren die größten Landtiere, die je auf der Erde lebten.

Diplodocus

VÖGEL
Vögel sind nicht die einzige gefiederte Theropodengruppe, aber sie sind die einzigen Theropoden, die das Mesozoikum überlebt haben.

VERSCHIEDENE DINOSAURIER 41

ARCHOSAURIER (»Herrscherreptilien«): Dinosaurier, Pterosaurier, Pseudosuchia und Krokodile

ORNITHISCHIA (»Vogelbeckendinosaurier«)

GEPANZERTE PFLANZENFRESSER

Die Thyreophora (»Schildträger«) waren mit Knochen bedeckt, die aus der Haut wuchsen, sogenannte Hautknochen. Der Panzer war entweder fest oder hohl und bestand aus Stacheln und Platten. Für diese Dinosaurier war Verteidigung besonders wichtig, denn sie konnten den Theropoden nicht davonlaufen.

Stegosaurus

STEGOSAURIER
Die im Jura lebenden Dinosaurier verteidigten sich mit Panzerplatten und Schwanzstacheln. Sie hatten riesige Körper und winzige Köpfe.

Ankylosaurus

ANKYLOSAURIER
Die gepanzerten Dinosaurier lebten großteils in der Kreidezeit. Stacheln, Kopf- und Körperpanzerung dienten der Verteidigung.

CERAPODEN

Die Innenseiten der Zähne von Cerapoden waren mit dicken Zahnschmelzschichten versehen. Die Außenseite wurde schneller abgenutzt. Der Zahn erhielt dadurch einen zackigen Rand, der sich selbst schärfte. Deshalb konnten Cerapoden zähe, faserige Pflanzen fressen.

ORNITHOPODEN
Ornithopoden lebten von der Trias bis in die Kreidezeit. Einige Arten der entenschnäbeligen Ornithopoden erreichten die Körpergröße von Sauropoden.

Iguanodon

CERATOPSIA
Ceratopsia waren die letzten Dinosaurier auf der Erde. Die Hörner und Stacheln dienten zur Verteidigung und saßen auf dem Kopf, nicht auf dem Körper.

Triceratops

PACHYCEPHALOSAURIER
Die kuppelköpfigen Dinosaurier waren die seltenste Dinosauriergruppe. Ihre Schädel waren gepanzerte Verteidigungswaffen.

Pachycephalosaurus

Pflanzenfresser

Pflanzen zu fressen, war im Mesozoikum nicht so einfach wie heute. Die meisten pflanzenfressenden Dinosaurier ernährten sich von blütenlosen Pflanzen wie Palmfarnen und Nadelholzgewächsen. Diese Pflanzen sind weniger nahrhaft als die heutigen Blütenpflanzen. Pflanzenfressende Dinosaurier mussten deshalb ständig fressen und hatten riesige Bäuche. Sie behielten die Pflanzen länger im Darm, um auch das letzte bisschen an Nährstoffen herauszuquetschen. Pflanzenfresser hatten neben dem Magen einen Muskelmagen, um das Pflanzenmaterial besser verdauen zu können. Damit sie einander nicht in die Quere kamen, fraßen einige die Pflanzen vom Boden, andere von den Büschen und die größten Dinosaurier weideten die Baumwipfel ab.

GINKGO
Der Ginkgo war im Zeitalter des Jura weitverbreitet. Seine Blätter sahen beinahe genauso aus wie die Blätter heutiger Ginkgos.

GASTROLITHEN
Einige Dinosaurier verschluckten glatte Steine (Gastrolithen oder »Magensteine«). Im Muskelmagen wurden sie aneinandergerieben, um das faserige Pflanzenmaterial zu zermahlen.

Dellen

Wurzel

OTHNIELIA
Der Dinosaurier lebte im Jura und fraß kleine Blätter auf Bodenhöhe. Einige seiner Zähne ragten nur drei Millimeter aus dem Zahnfleisch, also fraß er nur die zartesten Blätter, die er finden konnte.

ZÄHNE VON PFLANZENFRESSERN
Der linke Zahn hatte auf dem Rand kleine Dellen, um die Pflanzen zu zerschneiden. Die Wurzel des rechten Zahns war bis zu 2,5 Zentimeter dick. Sie verhinderte, dass der Zahn aus dem Maul gerissen wurde, wenn der Dinosaurier die Blätter von den Bäumen riss.

ZÄHNE UND KIEFER

Die ersten pflanzenfressenden Dinosaurier hatten dicke Zähne, die in Zahnschmelz gehüllt waren. Bei den späteren Dinosauriern war nur noch eine Seite mit Zahnschmelz bedeckt. Beim Zermahlen des Pflanzenmaterials wurde die weiche Seite rascher abgenutzt als der Zahnschmelz. Dadurch schärften sich die Zähne von selbst. Sie wuchsen immer wieder nach, weshalb Dinosaurier im Laufe ihres Lebens Hunderte Zähne hatten.

Schachtelhalm

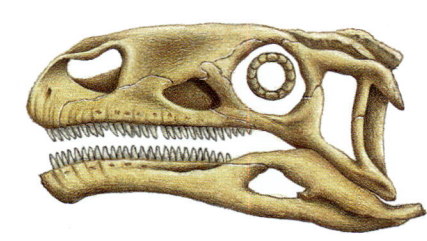

Kiefernzapfen

PLATEOSAURUS
Die dicken Zähne des *Plateosaurus* konnten die harten Schachtelhalmpflanzen zerreißen.

BRACHIOSAURUS
Mit seinen dünnen Zähnen konnte der *Brachiosaurus* die Zweige der Bäume abschälen.

VERSCHIEDENE DINOSAURIER   43

FRESSENDER *STEGOSAURUS*

Der *Stegosaurus* fraß blütenlose Pflanzen wie Palmfarne, Nadelholzgewächse und Farne. Weil diese Pflanzen nur langsam nachwuchsen, musste der *Stegosaurus* auf der Suche nach neuen Pflanzen ständig umherwandern.

Magnolie

Baumfarn

LAMBEOSAURUS
Lambeosaurus hatte Hunderte Mahlzähne, die immer wieder nachwuchsen.

PROTOCERATOPS
Protoceratops hatte einen papageienartigen Schnabel und kräftige Kiefer.

HETERODONTOSAURUS
Heterodontosaurus hatte Vorderzähne zum Zerschneiden und Backenzähne zum Ausreißen der Pflanzen.

DINOSAURIER: EINFÜHRUNG

Fleischfresser

Fleischfressende Dinosaurier waren mit natürlichen Waffen ausgestattet, z. B. mit Klauen und Zähnen. Es gab verschiedenartige Zähne und Klauen, die bestimmte Aufgaben erfüllten. Die Zähne dienten zum Töten und Zerstückeln der Beute. Sobald sie abgenutzt waren oder ausfielen, wuchsen sie wieder nach. Auch die Klauen hatten unterschiedliche Formen. Einige wurden zum Greifen verwendet, andere zum Zerreißen, und die größeren Klauen wurden wie Säbel eingesetzt, die tief ins Fleisch drangen. Zu den Verteidigungsstrategien der Beutetiere zählten Körperpanzerung, Stacheln, Herdenverhalten und Flucht.

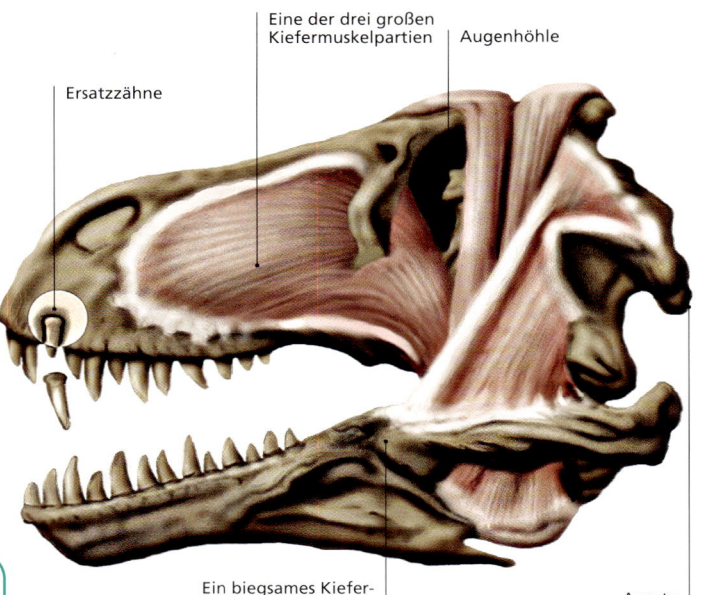

Ersatzzähne

Eine der drei großen Kiefermuskelpartien

Augenhöhle

Ein biegsames Kiefergelenk verhindert, dass der Kiefer im Kampf ausgerenkt wird.

Ansatz der kräftigen Nackenmuskulatur

KNOCHENZERMALMENDE KIEFER
Tyrannosaurus hatte ungeheuer kräftige Kiefermuskeln, mit denen er die Knochen seiner Beute zermalmte.

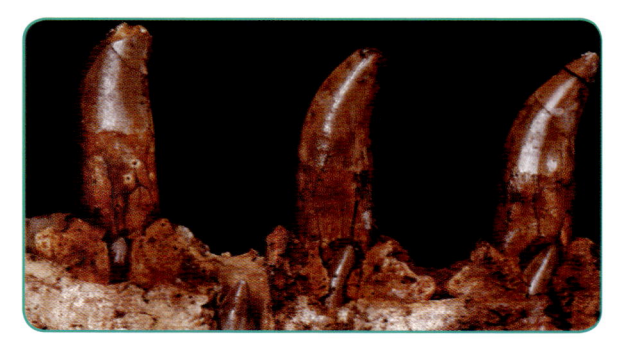

Die gebogenen Zähne sind an der Rückseite gezackt. An der Basis eines jeden Zahns wartet schon ein Ersatzzahn.

RASCHE FLUCHT
Fleischfresser der Trias jagen eine Eidechse, die auf einen Baum flüchtet. Im Zeitalter der Trias waren die Theropoden noch nicht so groß, sodass die Beutetiere drei Meter über dem Boden in Sicherheit waren, sofern keine fliegenden Pterosaurier in der Nähe waren.

WERKZEUGE UND FUTTER

Zähne und Klauen sind an bestimmte Nahrungsquellen angepasst. Je kleiner die Zähne waren, desto kleiner war auch die Beute. Dinosaurier, die keine Zähne hatten, ernährten sich von Futter, das sie im Ganzen verschlingen konnten. Ein gemeinsames Merkmal aller fleischfressenden Dinosaurier war der »stoßdämpfende« Unterkiefer. Ein offenes Gelenk an der Hinterseite sorgte dafür, dass der Dinosaurier das zappelnde Beutetier hochheben konnte, ohne sich den Kiefer auszurenken.

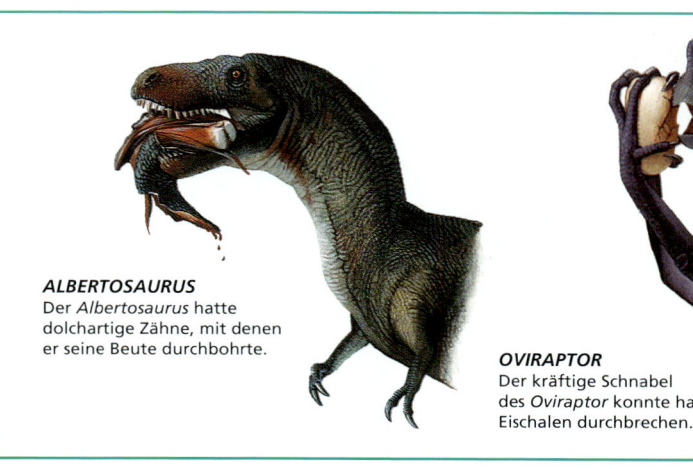

ALBERTOSAURUS
Der *Albertosaurus* hatte dolchartige Zähne, mit denen er seine Beute durchbohrte.

OVIRAPTOR
Der kräftige Schnabel des *Oviraptor* konnte harte Eischalen durchbrechen.

COMPSOGNATHUS
Compsognathus packte mit den langen Armen kleine Beutetiere und tötete sie mit den Zähnen.

VERSCHIEDENE DINOSAURIER 45

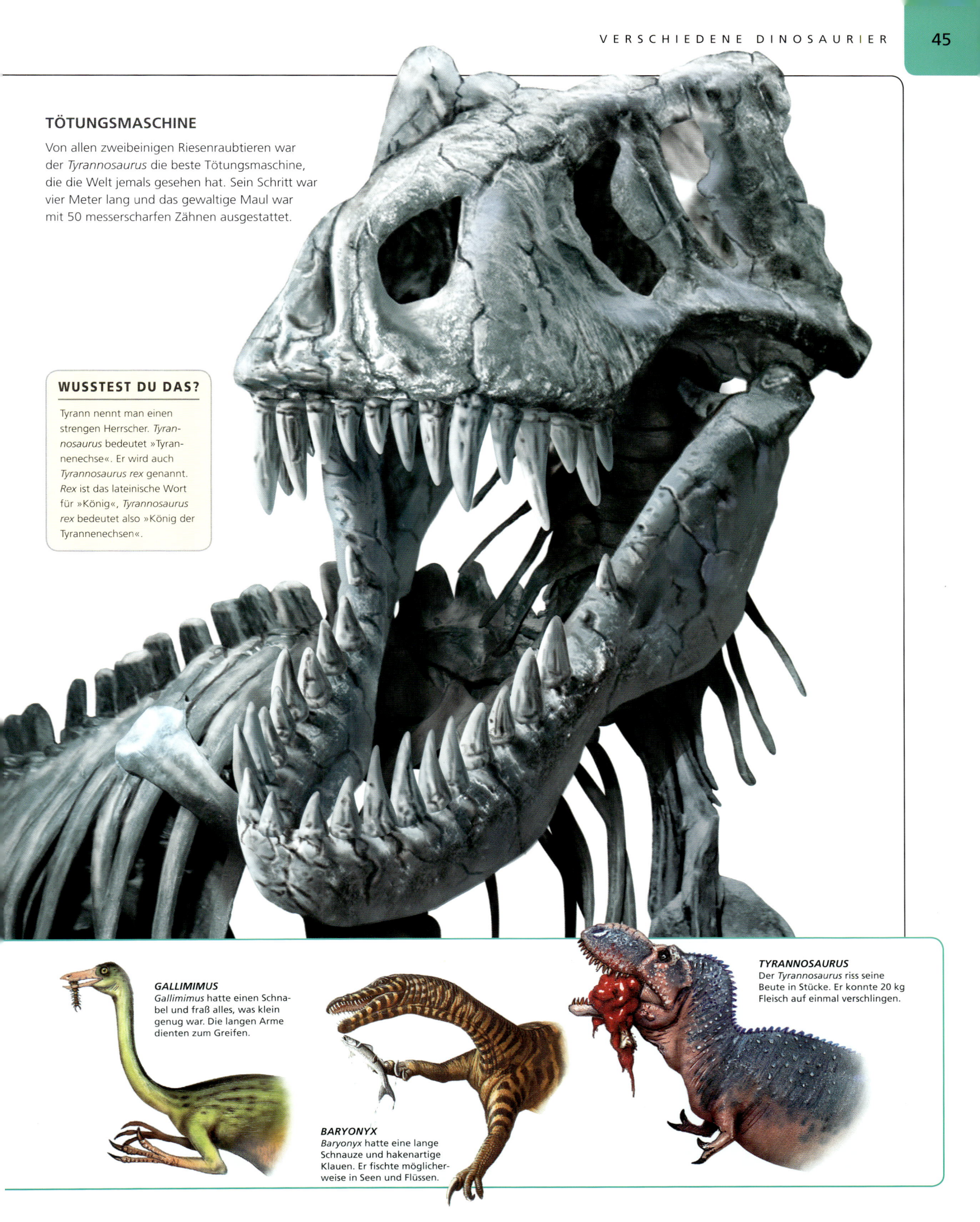

TÖTUNGSMASCHINE

Von allen zweibeinigen Riesenraubtieren war der *Tyrannosaurus* die beste Tötungsmaschine, die die Welt jemals gesehen hat. Sein Schritt war vier Meter lang und das gewaltige Maul war mit 50 messerscharfen Zähnen ausgestattet.

WUSSTEST DU DAS?

Tyrann nennt man einen strengen Herrscher. *Tyrannosaurus* bedeutet »Tyrannenechse«. Er wird auch *Tyrannosaurus rex* genannt. *Rex* ist das lateinische Wort für »König«, *Tyrannosaurus rex* bedeutet also »König der Tyrannenechsen«.

GALLIMIMUS
Gallimimus hatte einen Schnabel und fraß alles, was klein genug war. Die langen Arme dienten zum Greifen.

BARYONYX
Baryonyx hatte eine lange Schnauze und hakenartige Klauen. Er fischte möglicherweise in Seen und Flüssen.

TYRANNOSAURUS
Der *Tyrannosaurus* riss seine Beute in Stücke. Er konnte 20 kg Fleisch auf einmal verschlingen.

Körperbau eines Dinosauriers

Der Körper eines Dinosauriers war ähnlich aufgebaut wie der der heutigen Krokodile und Vögel. Dinosaurier gingen entweder auf zwei oder vier Beinen. Zweibeinige Dinosaurier verwendeten ihre Arme zum Greifen oder Fliegen. Die Hälse aller Dinosaurier mussten biegsam sein, um die Nahrung zu erreichen Die Köpfe mussten groß genug sein, um das Futter fressen zu können. Die Körper mussten groß genug sein, um atmen und die Nahrung verdauen zu können. Die Beine mussten kräftig genug sein, um das Körpergewicht tragen zu können. Die Schwänze mussten lang genug sein, um die Beinmuskeln zu halten und als Waffe eingesetzt werden zu können.

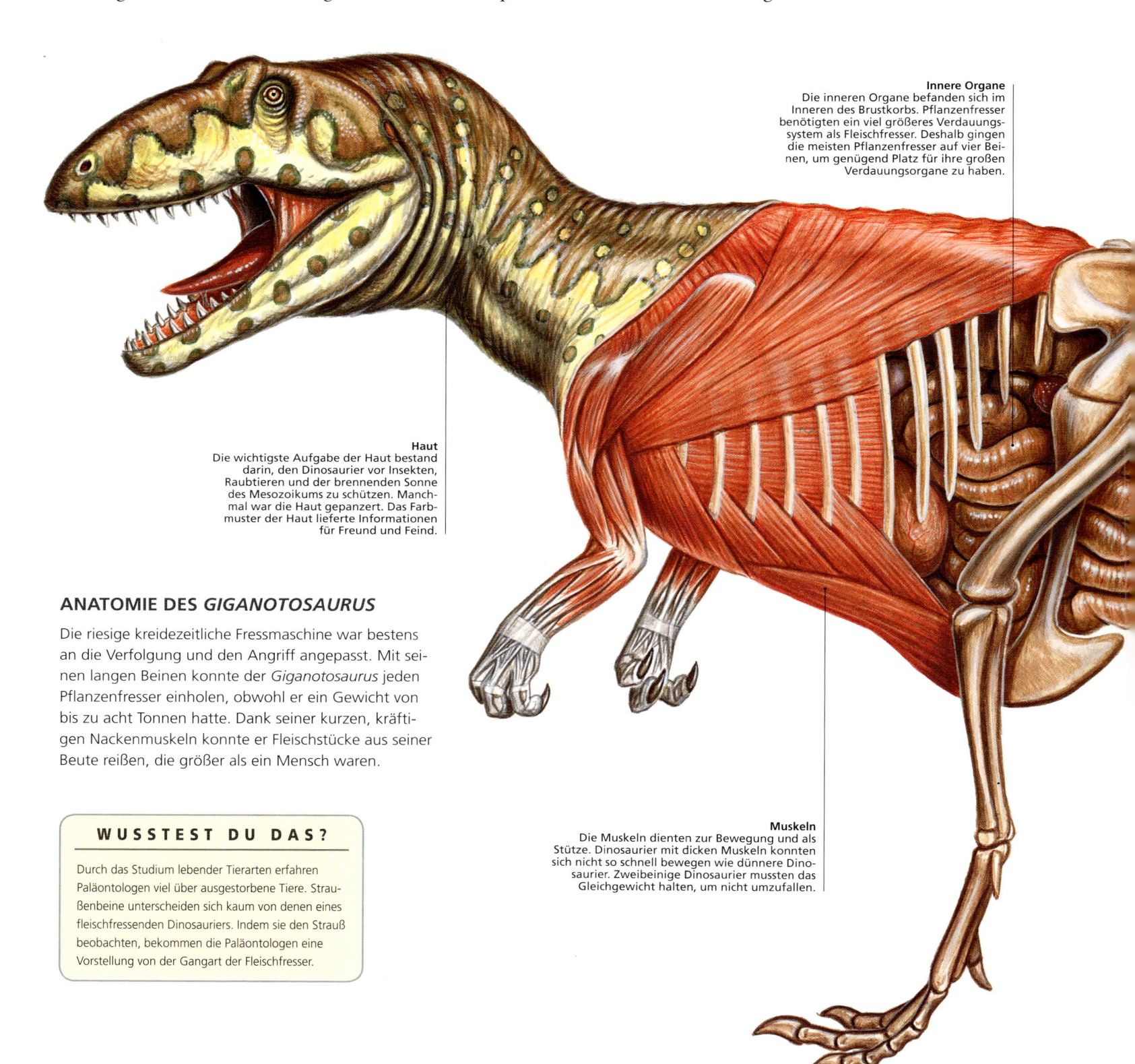

Innere Organe
Die inneren Organe befanden sich im Inneren des Brustkorbs. Pflanzenfresser benötigten ein viel größeres Verdauungssystem als Fleischfresser. Deshalb gingen die meisten Pflanzenfresser auf vier Beinen, um genügend Platz für ihre großen Verdauungsorgane zu haben.

Haut
Die wichtigste Aufgabe der Haut bestand darin, den Dinosaurier vor Insekten, Raubtieren und der brennenden Sonne des Mesozoikums zu schützen. Manchmal war die Haut gepanzert. Das Farbmuster der Haut lieferte Informationen für Freund und Feind.

ANATOMIE DES *GIGANOTOSAURUS*

Die riesige kreidezeitliche Fressmaschine war bestens an die Verfolgung und den Angriff angepasst. Mit seinen langen Beinen konnte der *Giganotosaurus* jeden Pflanzenfresser einholen, obwohl er ein Gewicht von bis zu acht Tonnen hatte. Dank seiner kurzen, kräftigen Nackenmuskeln konnte er Fleischstücke aus seiner Beute reißen, die größer als ein Mensch waren.

Muskeln
Die Muskeln dienten zur Bewegung und als Stütze. Dinosaurier mit dicken Muskeln konnten sich nicht so schnell bewegen wie dünnere Dinosaurier. Zweibeinige Dinosaurier mussten das Gleichgewicht halten, um nicht umzufallen.

WUSSTEST DU DAS?

Durch das Studium lebender Tierarten erfahren Paläontologen viel über ausgestorbene Tiere. Straußenbeine unterscheiden sich kaum von denen eines fleischfressenden Dinosauriers. Indem sie den Strauß beobachten, bekommen die Paläontologen eine Vorstellung von der Gangart der Fleischfresser.

KÖRPERBAU EINES DINOSAURIERS

ORGANE UND MUSKELN

Manchmal haben die Paläontologen Glück und finden Fossilien, bei denen innere Organe, Muskeln und Haut erhalten sind. Indem sie die Fossilien mit modernster Technik durchleuchten, ersparen sich die Wissenschaftler die mehrere Jahre dauernde mühevolle Arbeit beim Entfernen des Gesteins. Am Ultraschallbild des Fossils vom kleinen Fleischfresser *Scipionyx* kann man die Umrisse der Leber erkennen.

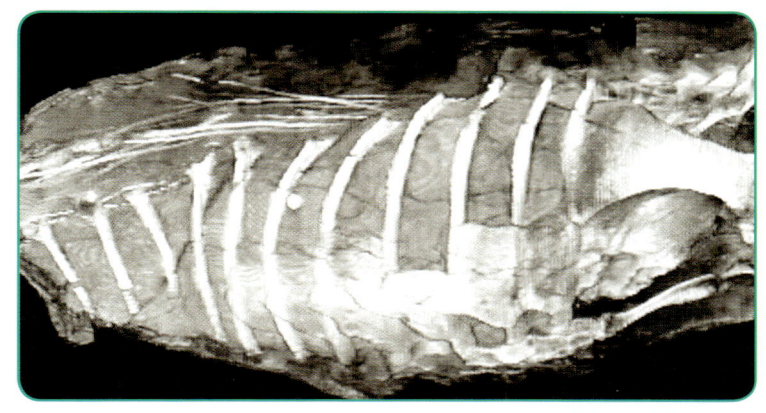

Das Ultraschallbild eines Fossils zeigt die Außenseite des Brustkorbs, Schultern und Sehnen. Es würde fünf Jahre dauern, um das Fossil mit Standardtechniken zu präparieren.

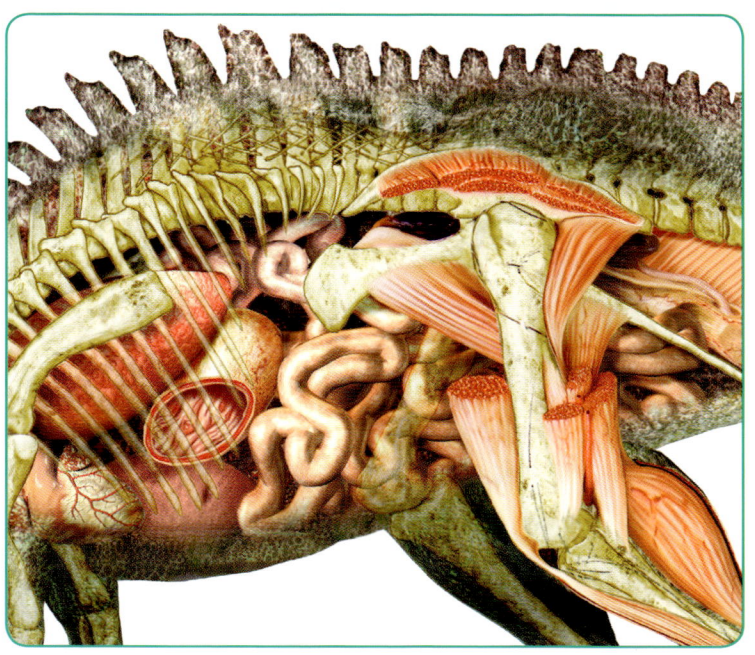

Die Information über die Organe des *Brachylophosaurus* stammen von einem Fossil. Das versteinerte weiche Gewebe um das Skelett lieferte viele Hinweise auf den Körperbau.

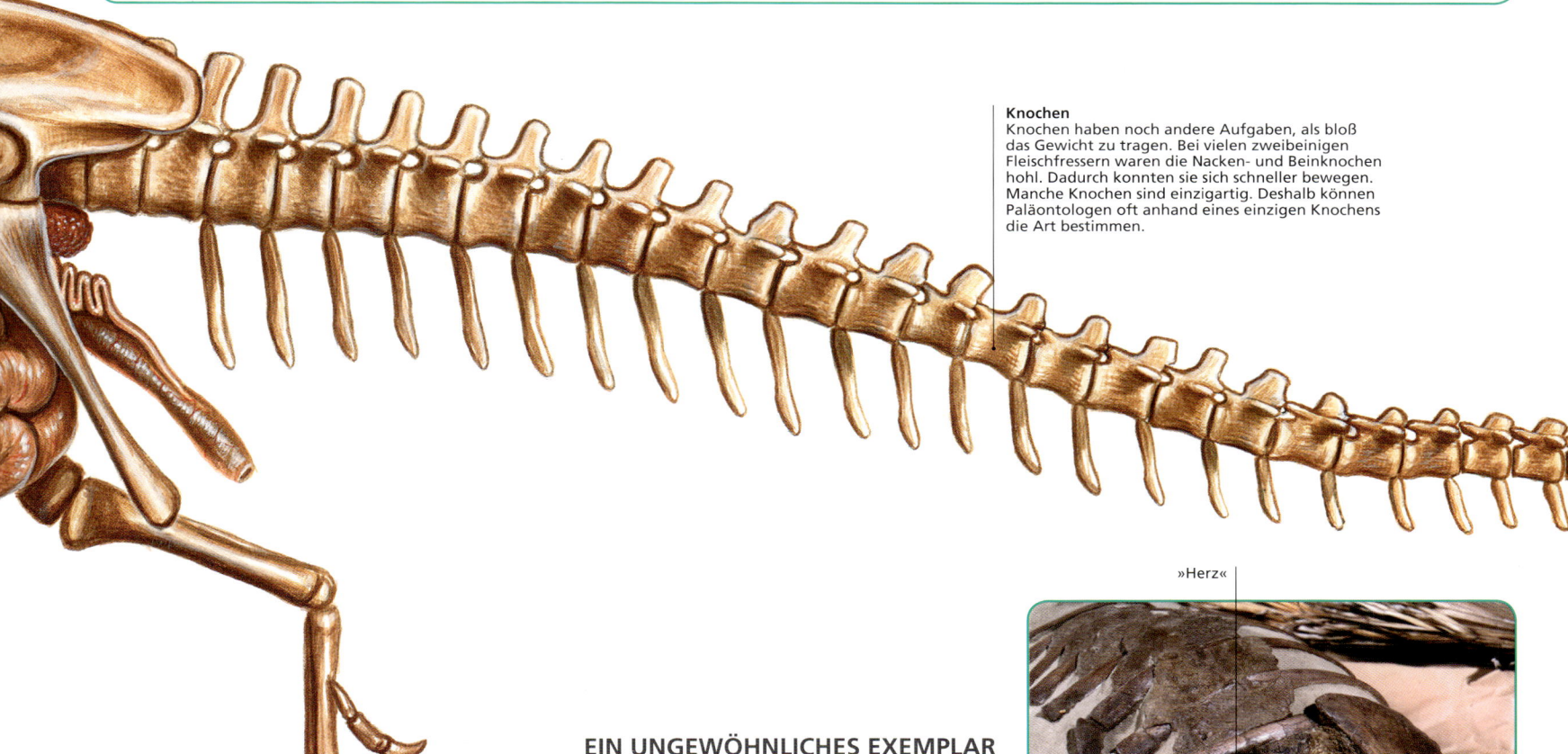

Knochen

Knochen haben noch andere Aufgaben, als bloß das Gewicht zu tragen. Bei vielen zweibeinigen Fleischfressern waren die Nacken- und Beinknochen hohl. Dadurch konnten sie sich schneller bewegen. Manche Knochen sind einzigartig. Deshalb können Paläontologen oft anhand eines einzigen Knochens die Art bestimmen.

EIN UNGEWÖHNLICHES EXEMPLAR

Dieses *Thescelosaurus*-Fossil bietet zwei Überraschungen. Die Rippen weisen dicke Verlängerungen auf, die sich, wie bei manchen Vögeln, gegenseitig überlagern. Die große Masse unter dem Schulterblatt wurde zuerst als »Herz« angesehen, aber das konnte noch nicht bewiesen werden.

»Herz«

DINOSAURIER: EINFÜHRUNG

Skelette und Schädel

Dinosaurier waren die ersten Landtiere, die auf zwei Beinen gingen. Zweibeinige Dinosaurier benutzten ihre Arme zur Verteidigung und zum Ergreifen ihrer Nahrung. Zweibeinige Dinosaurier wie der *Hypsiliophodon* hatten lange Beine und konnten auf den Zehen laufen. Dies machte sie sehr schnell und wendig. Am Beispiel des vierbeinigen *Camarasaurus* kann man gut den »hängebrückenartigen« Aufbau des Dinosaurierskeletts erkennen. Die vier Beine trugen das Körpergewicht. Die Wirbel waren mit einem faserigen Gewebe verbunden und verteilten das Gewicht gleichmäßig wie Brückenkabel. Die Wirbelsäule hatte zahlreiche Löcher, wodurch das Skelett leichter wurde. Der Hals besaß doppelt so viele Knochen wie wir Menschen und war weitaus biegsamer.

DINOSAURIERSCHÄDEL

Bei den Schädeln der Pfanzenfresser liegt das Gelenk zwischen Ober- und Unterkiefer unterhalb der Höhe der Zahnreihen. Die Kiefer schlossen sich wie bei einem Nussknacker. Die Kiefergelenke von Fleischfressern saßen auf gleicher Höhe wie die Zähne. Dadurch schlossen sich die Kiefer wie Scheren.

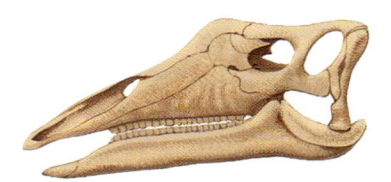

Ouranosaurus Die meisten Zähne des Pflanzenfressers saßen hinten in der Nähe des Kiefergelenks. Dadurch konnten die Kiefer die Nahrung besser zermahlen.

Ceratosaurus Die Zähne dieses Fleischfressers saßen an der Vorderseite des Mauls. Die Kiefermuskeln ließen das Maul zuschnappen und die größte Bisskraft lag vorn.

WUSSTEST DU DAS?

Viele in Museen ausgestellte Dinosaurierskelette sind Nachbildungen, um die Originalfossilien für weitere Untersuchungen zu erhalten. Dinosaurierknochen werden nachgebaut, indem man eine Form macht, die mit Harz oder Fiberglas ausgefüllt wird. Nachbildungen sind leichter, können einfacher transportiert und für Ausstellungen wieder zusammengesetzt werden.

GROSSE SAUROPODENKNOCHEN
Der riesige Oberschenkelknochen stammt aus Argentinien und ist größer als der Wissenschaftler, der ihn entdeckt hat.

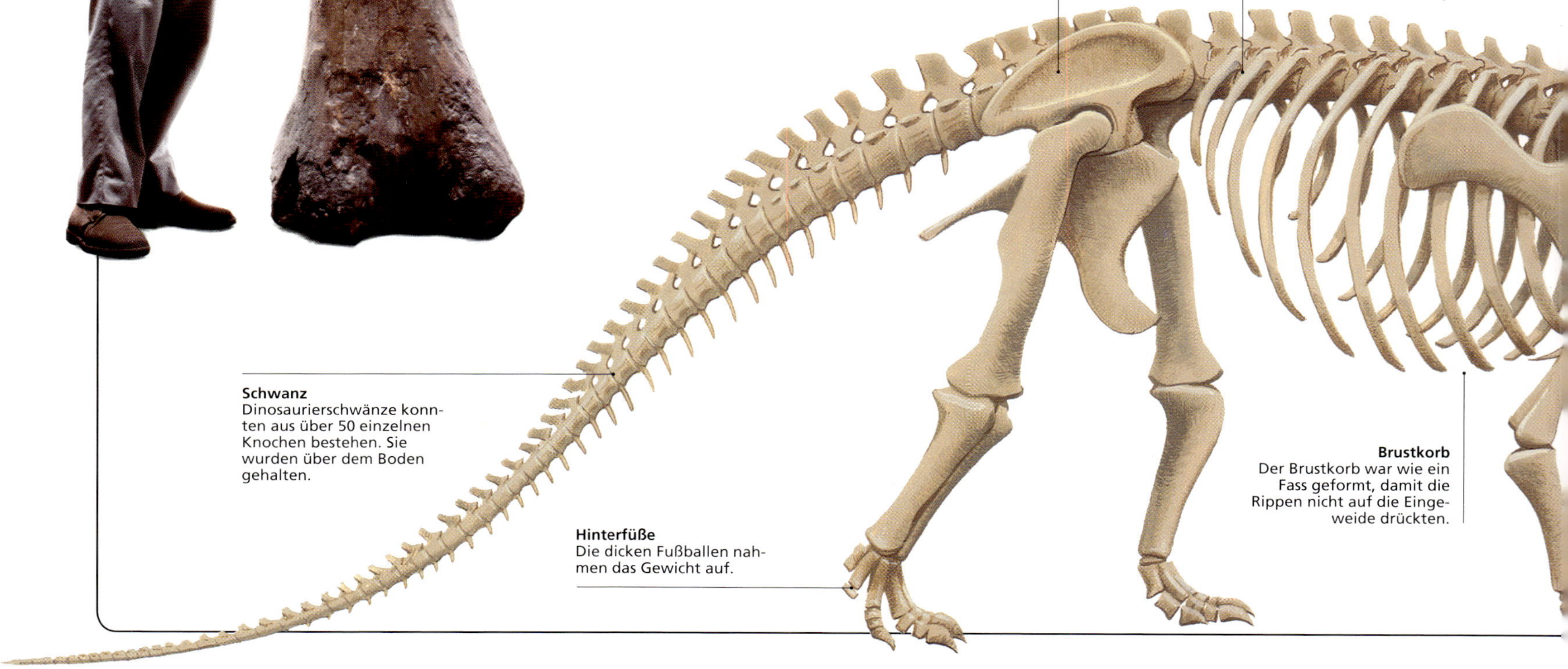

Hüfte
Die Hüften waren mit fünf Knochen der Wirbelsäule verwachsen, um eine zusätzliche Stütze zu bieten.

Rückgrat
Jeder einzelne Knochen war vorn und hinten mit dem Gewebe verbunden.

Schwanz
Dinosaurierschwänze konnten aus über 50 einzelnen Knochen bestehen. Sie wurden über dem Boden gehalten.

Hinterfüße
Die dicken Fußballen nahmen das Gewicht auf.

Brustkorb
Der Brustkorb war wie ein Fass geformt, damit die Rippen nicht auf die Eingeweide drückten.

KÖRPERBAU EINES DINOSAURIERS   49

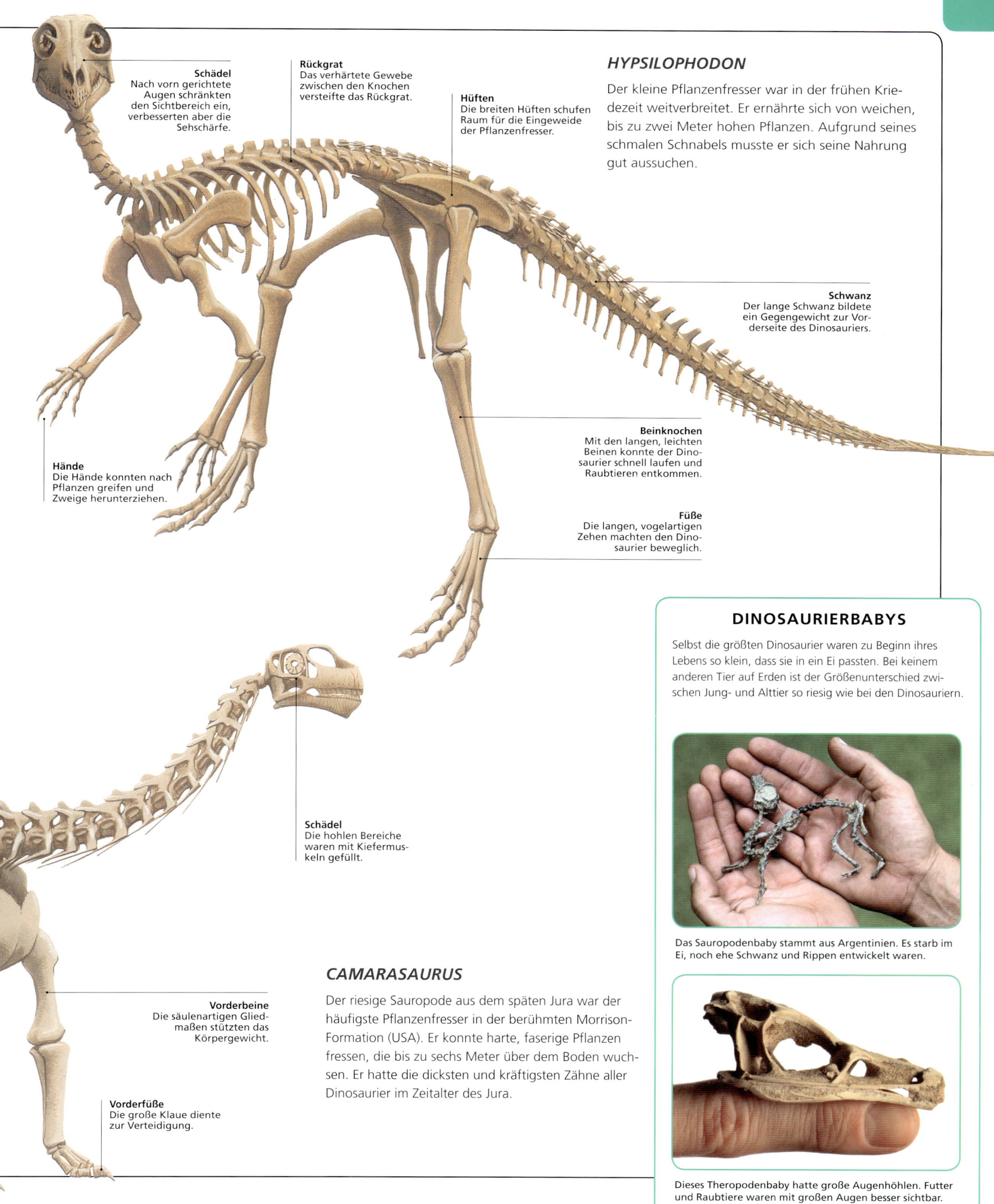

Schädel
Nach vorn gerichtete Augen schränkten den Sichtbereich ein, verbesserten aber die Sehschärfe.

Rückgrat
Das verhärtete Gewebe zwischen den Knochen versteifte das Rückgrat.

Hüften
Die breiten Hüften schufen Raum für die Eingeweide der Pflanzenfresser.

HYPSILOPHODON

Der kleine Pflanzenfresser war in der frühen Kriedezeit weitverbreitet. Er ernährte sich von weichen, bis zu zwei Meter hohen Pflanzen. Aufgrund seines schmalen Schnabels musste er sich seine Nahrung gut aussuchen.

Schwanz
Der lange Schwanz bildete ein Gegengewicht zur Vorderseite des Dinosauriers.

Hände
Die Hände konnten nach Pflanzen greifen und Zweige herunterziehen.

Beinknochen
Mit den langen, leichten Beinen konnte der Dinosaurier schnell laufen und Raubtieren entkommen.

Füße
Die langen, vogelartigen Zehen machten den Dinosaurier beweglich.

Schädel
Die hohlen Bereiche waren mit Kiefermuskeln gefüllt.

CAMARASAURUS

Der riesige Sauropode aus dem späten Jura war der häufigste Pflanzenfresser in der berühmten Morrison-Formation (USA). Er konnte harte, faserige Pflanzen fressen, die bis zu sechs Meter über dem Boden wuchsen. Er hatte die dicksten und kräftigsten Zähne aller Dinosaurier im Zeitalter des Jura.

Vorderbeine
Die säulenartigen Gliedmaßen stützten das Körpergewicht.

Vorderfüße
Die große Klaue diente zur Verteidigung.

DINOSAURIERBABYS

Selbst die größten Dinosaurier waren zu Beginn ihres Lebens so klein, dass sie in ein Ei passten. Bei keinem anderen Tier auf Erden ist der Größenunterschied zwischen Jung- und Alttier so riesig wie bei den Dinosauriern.

Das Sauropodenbaby stammt aus Argentinien. Es starb im Ei, noch ehe Schwanz und Rippen entwickelt waren.

Dieses Theropodenbaby hatte große Augenhöhlen. Futter und Raubtiere waren mit großen Augen besser sichtbar.

Gehirn und Sinne

Alle Wirbeltiere haben ähnliche Gehirne mit Bereichen zum »Denken«, »Fühlen«, Bewegen und Spüren. Fossile Schädel liefern den Wissenschaftlern Hinweise über Form und Größe der verschiedenen Dinosauriergehirne. Je größer das Gehirn eines Tieres im Vergleich zur Körpergröße ist, desto intelligenter ist es. Dinosauriergehirne waren verglichen mit dem menschlichen Gehirn winzig. Das Gehirn eines kleinen Fleischfressers war größer als das Gehirn eines großen Pflanzenfressers, denn ein Fleischfresser musste zum Überleben nicht nur schnell sein, sondern auch jagen. War ein bestimmtes Verhalten oder eine Bewegung für einen Dinosaurier wichtig, dann entwickelte sich der dafür zuständige Gehirnabschnitt weiter und wurde größer.

Das *Iguanodon* hatte einen hervorragenden Geruchs- und Geschmackssinn. Es konnte Nahrung und lauernde Raubtiere aus großer Entfernung riechen.

GERUCH UND GESCHMACK

Möglicherweise konnten Dinosaurier die Luft mit spezialisierten Zellen im Maul »schmecken«. Dadurch konnten sie Futter finden und Raubtieren ausweichen.

GEHIRN

Vergleicht man ein Säugetier mit einem gleich großen Dinosaurier, ist das Gehirn des Säugetiers größer. Säugetiere sind viel klüger als Dinosaurier. Die Gehirne einiger Dinosaurier waren beinahe ebenso groß wie die von manchen Vögeln.

Stegosaurus hatte ein sehr kleines Gehirn (das kleinste Gehirn aller Vogelbeckendinosaurier), aber es reichte ihm Millionen von Jahren hindurch aus.

SEHEN

Die Augen der meisten Pflanzenfresser schauten in verschiedene Richtungen, wodurch sie ein weites Blickfeld hatten. Die Augen vieler Fleischfresser wiesen nach vorn. Ihr Blickfeld war dadurch zwar eingeschränkt, die Sehschärfe und Tiefenwahrnehmung jedoch verstärkt.

An *Troodon*-Fossilien kann man erkennen, dass dieser Dinosaurier große Augen hatte. Deshalb glauben die Wissenschaftler, dass er gut sehen konnte.

Troodon hatte für seine Körpergröße eines der größten Gehirne aller Dinosaurier. Es half ihm dabei, als flinker Jäger zu überleben.

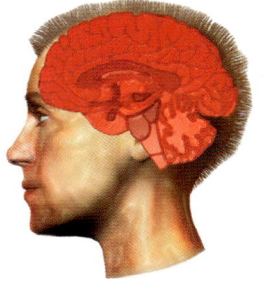

Saurolophus gab hupende Töne von sich. Sein Gehör war gut genug, um die Antwortrufe zu hören.

GEHÖR

Dinosaurier hatten einen großen Ohrknochen und konnten tiefe Töne wahrnehmen. Säugetiere haben drei kleine Gehörknochen und können hohe Frequenzen hören. Möglicherweise konnten Dinosaurier wie die Krokodile auch Töne hören, die für den Menschen zu tief sind.

Menschen haben das größte Gehirn aller Landtiere. Der Kopf eines Menschen besteht fast nur aus dem Gehirn.

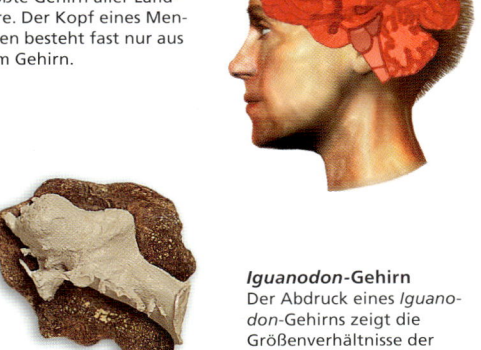

TASTSINN

Der Tastsinn war für Dinosaurier der unwichtigste Sinn. Die Dinosaurierhaut war zu dick und nicht so empfindlich wie die Haut der Menschen.

Iguanodon-Gehirn
Der Abdruck eines *Iguanodon*-Gehirns zeigt die Größenverhältnisse der einzelnen Bereiche.

Fossile Dinosaurierhaut findet man nur selten. Sie zeigt uns, dass Dinosaurier eine dicke Schuppenhaut hatten und dass ihr Tastsinn kaum ausgeprägt war.

WIE VERSTÄNDIGTEN SICH DIE DINOSAURIER?

VERSTÄNDIGUNG

Verständigung ist für alle Tiere wichtig. Die Botschaften reichen von »Ich habe Futter gefunden« bis »Hinter den Bäumen lauert ein *Tyrannosaurus rex*!«. Über größere Entfernungen verständigten sich Dinosaurier durch Rufe. Über geringe Entfernungen erfolgte die Kommunikation wahrscheinlich über das Sehen. Auch Farbmuster dienten zur Übermittlung von Botschaften wie »Ich verteidige mein Revier« oder »Jetzt ist Paarungszeit«.

Ruf Der zweibeinige Pachycephalosaurier stieß mit seinem Maul Ruftöne aus.

Töne Hadrosaurier oder Entenschnabeldinosaurier produzierten mit ihrem Kamm Geräusche und Töne.

Hupe Manche Dinosaurier hatten einen aufblasbaren Kehlsack, mit dem sie Huptöne erzeugen konnten.

Der Schädel eines *Parasaurolophus* besitzt einen Kamm, der vom »oberen Lippenknochen« und dem Nasenbein gebildet wird.

Luftkammer

SIGNALTÖNE

Der kammlose Hadrosaurier verwendete seinen aufblasbaren Nasensack wie ein Musikinstrument. Durch Anspannen der Muskeln an den Nasenlöchern konnte er verschiedene Töne erzeugen. Auch Form und Farbe des Nasensacks dienten der Kommunikation.

Nasensack ohne Luft

Aufgeblähter Nasensack

DER KNOCHENKAMM DES *PARASAUROLOPHUS*

Im hohlen Kamm des Hadrosauriers befand sich eine lange Luftkammer, die mit Nasengewebe ausgekleidet war. Die lang gezogene Nasenkammer befeuchtete die Luft, verbesserte den Geruchssinn und konnte einen Ton erzeugen, der wie eine mesozoische Posaune klang.

Verdauung

Dinosaurier entwickelten spezielle Zähne, Kiefer und Mägen, um so viele Nährstoffe wie möglich aus dem Futter ziehen zu können. Der *Tyrannosaurus* verschlang große Fleischstücke, ohne sie zu zerkauen. Er brauchte einen großen Magen, um die Fleischbrocken aufzunehmen und verdauen zu können. Der *Apatosaurus* war ein Pflanzenfresser. Er schälte Laub und Rinde von Palmfarnen, Nadelholzgewächsen und Ginkgobäumen. Die unzerkaute Nahrung wurde im Muskelmagen von Steinen (Gastrolithen) zermahlen. Magen und Darm beendeten die Verdauung der Pflanzen. Fleischfresser brauchten nicht so große Gedärme wie die Pflanzenfresser. Unverdaute Nahrung wurde als Kot ausgeschieden. Versteinerte Kotreste nennt man Koprolithen.

WUSSTEST DU DAS?

Einige der interessantesten Dinosaurierfossilien sind Kotfossilien oder Koprolithen. Sie liefern den Wissenschaftlern Hinweise über die Nahrung und die Verdauung der Dinosaurier. Koprolithen gibt es in allen Formen und Größen. Sie enthalten Reste von Samen, Kiefernzapfen, Pflanzenstielen und zermalmten Knochen.

IM INNEREN EINES *APATOSAURUS*

Es dauerte lange, um Palmfarne und Nadelholzgewächse zu verdauen. Deshalb mussten die Eingeweide groß und lang sein. Je länger die Pflanzen im Körper blieben, desto mehr Nährstoffe wurden entzogen. Der Darm eines 33 m langen Sauropoden war bis zu 100 m lang.

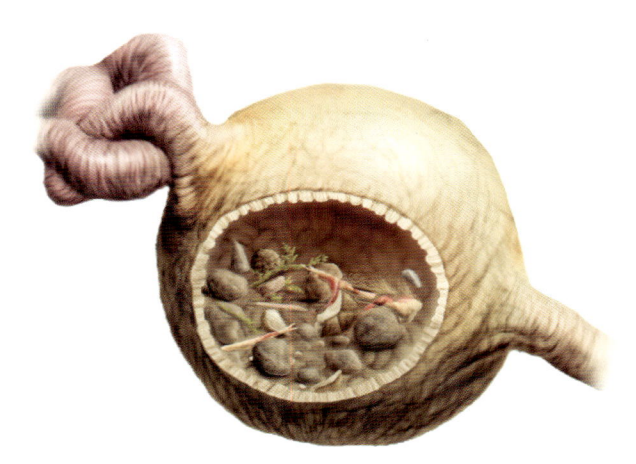

MAHLSTEINE
Dinosaurier verschluckten Steine (wie die heutigen Vögel), um die zähen Pflanzen besser verdauen zu können. Durch ständige Bewegung der Magenmuskulatur wurden die Steine gegeneinandergeschlagen und zermalmten das Pflanzenmaterial. Dabei wurden die Steine glatt poliert wie Kieselsteine.

Viele glatte Kieselsteine sehen wie Magensteine aus, aber nur diejenigen, die im Brustkorb eines Dinosauriers gefunden wurden, sind richtige Gastrolithen.

Ein *Saltasaurus* schält Zweige von einem Baum. Diese Dinosaurier verschlangen die Pflanzen unzerkaut. Ihre Zähne wirkten dabei wie die Zacken eines Rechens.

KÖRPERBAU EINES DINOSAURIERS 53

VERDAUUNG VON FLEISCH

Die Verdauung von Pflanzenfressern ist nicht so effizient wie die von Fleischfressern. Deshalb mussten pflanzenfressende Dinosaurier sehr viel Nahrung aufnehmen. Fleischfresser verdauen ihre Nahrung viel rascher als Pflanzenfresser und müssen deshalb öfter fressen. Bei einigen heutigen Vögeln wandert das Fleisch in wenigen Stunden durch das gesamte Verdauungssystem.

In der Kreidezeit boten kleine Eidechsen und Säugetiere einen wohlschmeckenden Happen für fleischfressende Dinosaurier.

Im Magen dieses *Coelophysis*-Fossils liegen noch die Überreste seiner letzten Mahlzeit: ein fossiles, kleines Reptil.

Speiseröhre

Wirbelsäule

Rippe

Dünndarm
Im Dünndarm wurde der Verdauungsvorgang abgeschlossen.

Magen
Der Magen war das größte Verdauungsorgan, das die Pflanzen zerkleinerte.

Niere

Muskeln

Luftröhre

Lunge

Herz

Leber

Dickdarm
Im Dickdarm des Dinosauriers lebten Bakterien, die sich von den Pflanzen ernährten und dabei halfen, die Nahrung aufzuspalten.

Kloake
Durch die Kloake scheiden Reptilien unverdauliche Nahrungsreste aus.

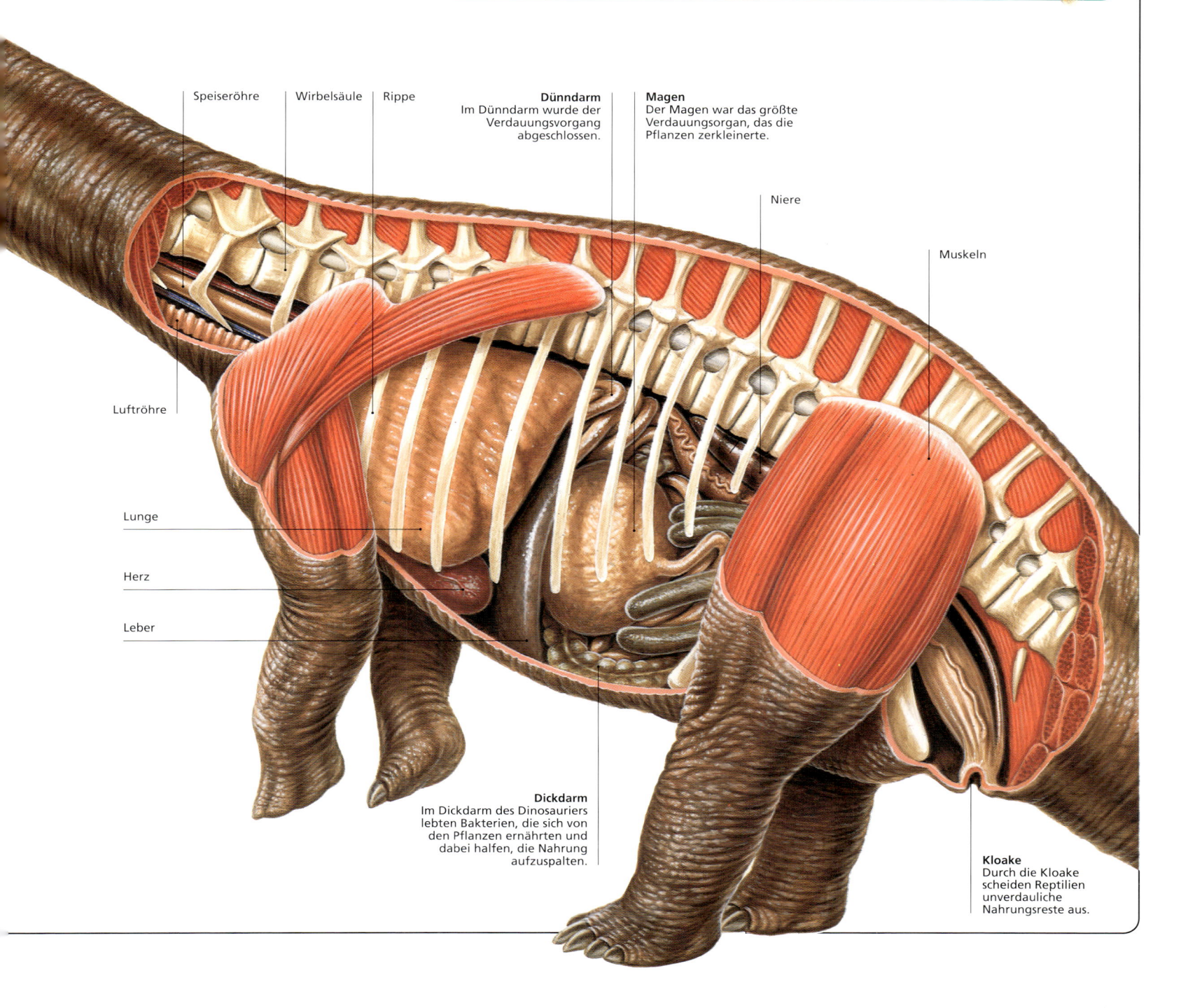

Temperaturregulierung

Wir wissen nicht, ob die Dinosaurier »Warmblüter« oder »Kaltblüter« waren. Warmblüter wie Vögel und Säugetiere können ihre Körpertemperatur regulieren und konstant halten. Die Körpertemperatur von Kaltblütern wie Eidechsen, Schlangen und Krokodilen schwankt und ist von äußeren Einflüssen wie der Sonne abhängig. In der gegenwärtigen Welt bedeutet Temperaturregulierung für gewöhnlich, dass die Wärme im Körperinneren gehalten wird. In der Welt der Dinosaurier bestand die Temperaturregulierung meist darin, Wärme abzugeben. Im Mesozoikum war es heiß, und ein Dinosaurier wäre in der Sonne verkocht, hätte er die überschüssige Hitze nicht loswerden können.

DAS SEGEL DES *OURANOSAURUS*

Das Segel des *Ouranosaurus* war einen Meter hoch. Es wurde zur Temperaturregulierung, bei Bedrohung und zur Erkennung von Artgenossen eingesetzt. Durch das Segel wirkte der *Ouranosaurus* größer, was hungrige Theropoden abschreckte.

DIE PLATTEN DES *STEGOSAURUS*

Die knöchernen Platten auf dem Rücken des *Stegosaurus* waren mit tiefen Rillen versehen. Vermutlich enthielten sie dicke Blutgefäße, die zur Temperaturregulierung dienten. Im Schatten, kalten Wind oder Regen wurde überschüssige Wärme an die Luft abgegeben. An heißen Tagen konnte der *Stegosaurus* den Blutfluss in den Platten verlangsamen und die Wärmeaufnahme über die Haut verringern.

Knöcherner Kern · Blutgefäße in der Haut · Haut über der Platte

Stand der *Stegosaurus* in der Sonne, spendeten seine Platten Schatten.

Der *Diplodocus* verwendete seine langen, dünnen Beine, den Schwanz und den Hals, um überschüssige Wärme loszuwerden.

STARKE SCHWANKUNGEN

Die aktiven und inaktiven Phasen im Tagesablauf lebender Reptilien sind von der Körpertemperatur abhängig. Säugetiere können immer aktiv sein, weil ihre Körpertemperatur konstant ist.

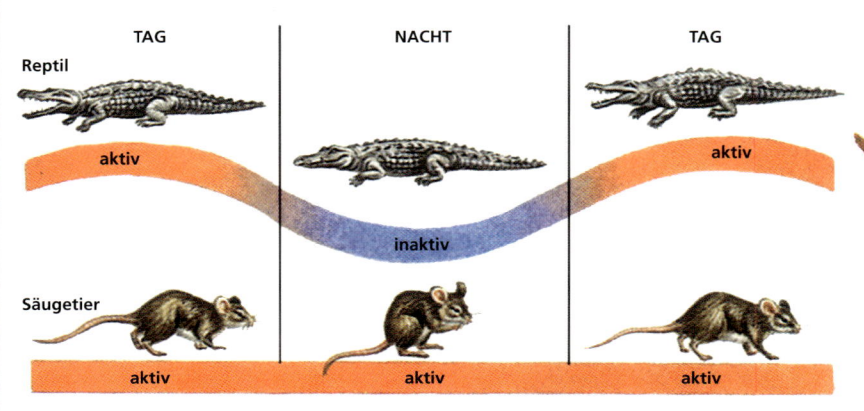

	TAG	NACHT	TAG
Reptil	aktiv	inaktiv	aktiv
Säugetier	aktiv	aktiv	aktiv

KÖRPERBAU EINES DINOSAURIERS   55

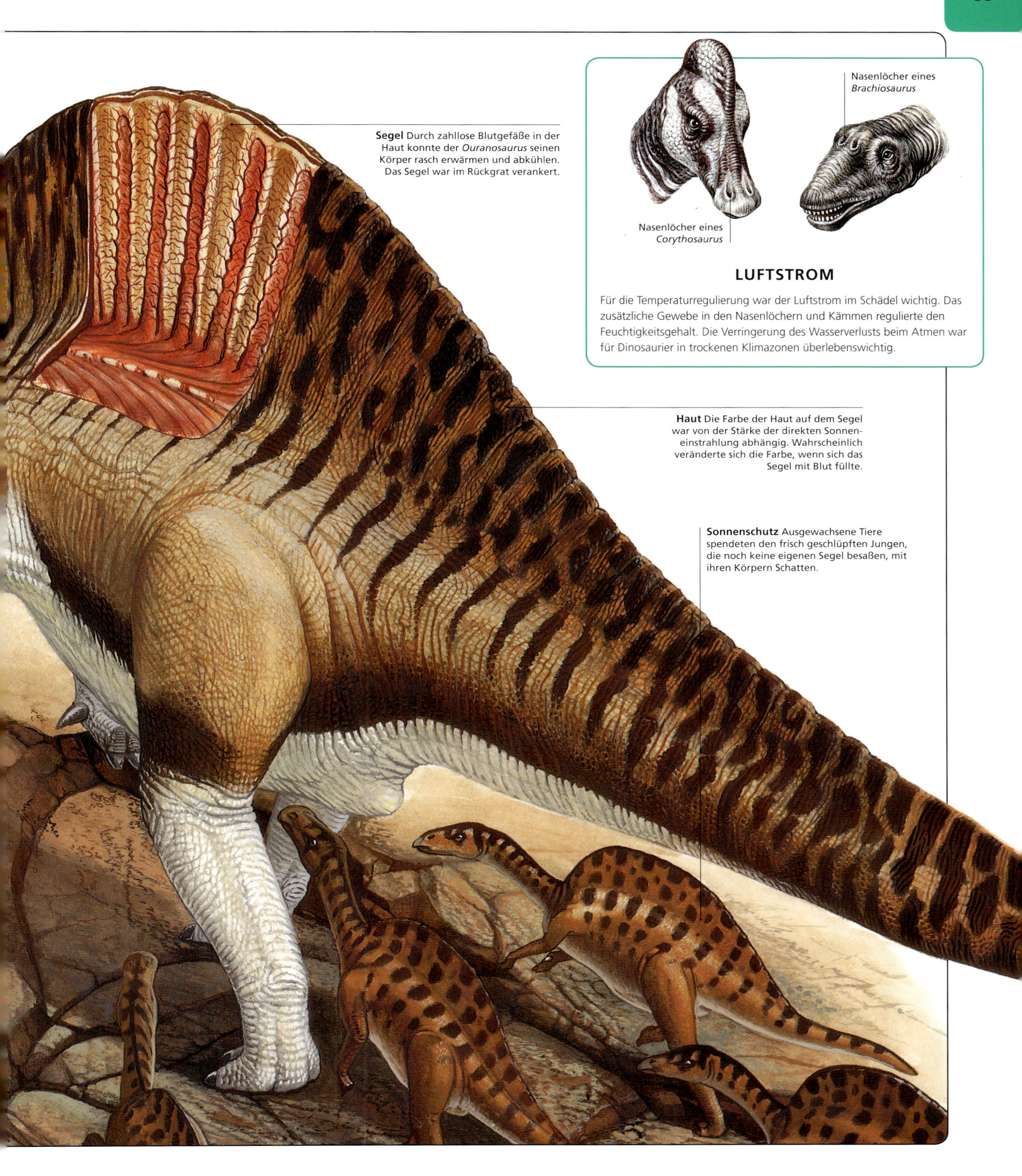

Nasenlöcher eines *Brachiosaurus*

Nasenlöcher eines *Corythosaurus*

LUFTSTROM

Für die Temperaturregulierung war der Luftstrom im Schädel wichtig. Das zusätzliche Gewebe in den Nasenlöchern und Kämmen regulierte den Feuchtigkeitsgehalt. Die Verringerung des Wasserverlusts beim Atmen war für Dinosaurier in trockenen Klimazonen überlebenswichtig.

Segel Durch zahllose Blutgefäße in der Haut konnte der *Ouranosaurus* seinen Körper rasch erwärmen und abkühlen. Das Segel war im Rückgrat verankert.

Haut Die Farbe der Haut auf dem Segel war von der Stärke der direkten Sonneneinstrahlung abhängig. Wahrscheinlich veränderte sich die Farbe, wenn sich das Segel mit Blut füllte.

Sonnenschutz Ausgewachsene Tiere spendeten den frisch geschlüpften Jungen, die noch keine eigenen Segel besaßen, mit ihren Körpern Schatten.

Die nächste Generation

Dinosaurier hatten unterschiedliche Nistgewohnheiten. Manche Nester waren isoliert, während andere in Gruppen angelegt wurden. In einigen Nestern waren die Eier zu Mustern angeordnet. Andere Dinosaurier legten ihre Eier verstreut auf dem Boden ab. Manche Dinosaurier kümmerten sich wie die Vögel mehr als alle heutigen Reptilien um ihre Jungen. Einige Arten überließen die Eier sich selbst, wie viele Eidechsen und Schildkröten. Überraschenderweise waren die Eier im Verhältnis zur Körpergröße der Dinosaurier nicht groß. Die Wissenschaftler haben Hunderte Fundstellen mit Nestern, Eiern, Babys und ausgewachsenen Dinosauriern entdeckt.

ABHÄNGIGE PFLANZENFRESSER Pflanzenfresser wurden mit schwachen Knochen geboren. Sie wurden von den Eltern versorgt, bis sie kräftig genug waren und das Nest verließen.

UNABHÄNGIGE FLEISCHFRESSER Sobald ein hungriger fleischfressender Theropode aus seinem Ei schlüpfte, war er bereit, das Nest zu verlassen.

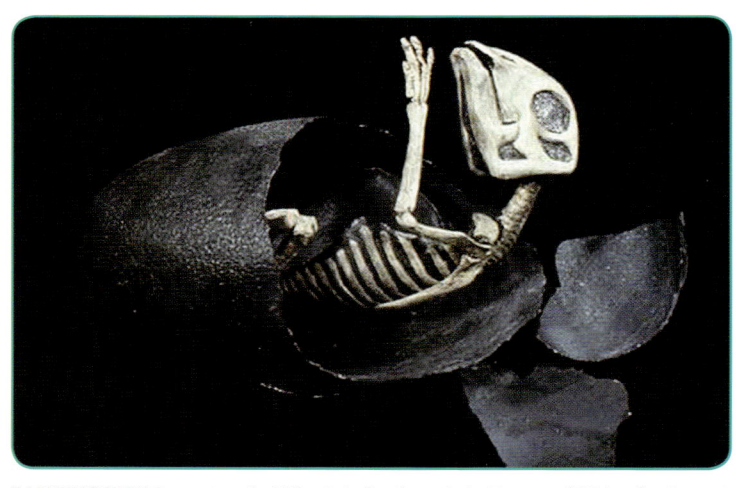

BABYKNOCHEN Das entenschnäblige Babyfossil wurde in Montana (USA) gefunden. Im Ei war nicht genügend Platz für einen Dinosaurier mit den Körperproportionen eines ausgewachsenen Tieres. Schädel, Hals und Schwanz wuchsen erst nach dem Schlüpfen. Die Jungen wurden umsorgt, bis sie sich selbst ernähren und verteidigen konnten oder schnell genug waren, um Gefahren zu entkommen.

UNTERSCHIEDLICHE EIER

Huhn Dieses Hühnerei verdeutlicht die Größe der Dinosauriereier.

Velociraptor Der Velociraptor legte wie die meisten anderen Theropoden längliche Eier.

Oviraptor Oviraptor-Eier waren lang, dünn und hatten Beulen auf der Schale.

Hypselosaurus Die in Frankreich entdeckten Eier des Hypselosaurus sind so groß wie Fußbälle.

Sauropode Kugelförmige Sauropodeneier sind die größten Eier, die je gefunden wurden.

EIABLAGEMUSTER

Dinosaurier legten ihre Eier auf unterschiedliche Weise ab. Einige Arten bauten Nester und legten die Eier in bestimmten Mustern ab. Andere Dinosaurierarten legten die Eier ohne Muster auf dem Boden ab. Hier werden nur einige der zahllosen Eiablagemuster gezeigt.

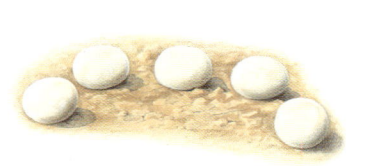

Pflanzenfressende Sauropoden legten ihre Eier in einem Bogen auf dem Boden ab.

Hadrosaurier legten ihre Eier in einem Spiralmuster im Nest ab.

Einige kleine Fleischfresser legten ihre Eier Seite an Seite in Reihen ab.

Niemand weiß, welchem Dinosaurier dieses Nest gehörte. Die Eier sind nicht nach einem Muster angeordnet.

BRUTPFLEGE

AUFZUCHT DER JUNGEN

Manche Pflanzenfresser kümmerten sich wochenlang um die Jungen, bis sie laufen konnten. In dieser Zeit waren die Jungtiere von ihren Eltern abhängig, die sie mit Nahrung versorgten und vor Räubern schützten. Die Eltern gingen auf Futtersuche und verdauten die Nahrung zum Teil vor, ehe sie damit ihre Jungen fütterten. Große *Maiasaura*-Herden legten ihre Nester nahe beieinander an. Sie umsorgten die Jungen sechs bis acht Wochen lang, bis die Knochen der Jungtiere so hart und kräftig waren, dass sie selbst laufen konnten. Kleine fleischfressende Dinosaurier wuchsen viel schneller und konnten möglicherweise schon bald nach dem Schlüpfen laufen.

Das Nest wurde in der mongolischen Wüste Gobi entdeckt. Es zeigt einen *Oviraptor*, der auf einem Nest liegt. Unter seinem Ellbogen befinden sich zwei Eier.

Maiasaura-Nester enthielten bis zu 25 Eier. Das Nest wurde in Form einer Schüssel in den Schlamm gegraben. Der Name *Maiasaura* bedeutet »gute Muttereidechse«.

FÜTTERUNGSZEIT
Ein ausgewachsener *Oviraptor* bringt seinen Jungen Futter. Die Mahlzeit besteht aus einer Eidechse oder dem Jungen eines pflanzenfressenden Dinosauriers. Ein junger *Oviraptor* war so klein, dass er nur Insekten jagen konnte.

Herdenleben

Einige pflanzenfressende Dinosaurier wie die Sauropoden, Hadrosaurier und Ceratopsia oder gehörnte Dinosaurier lebten in Herden, die ihre Jungen vor Fleischfressern beschützten. Es war sicherer, in großen Herden umherzuwandern als in kleinen Gruppen oder allein. Wissenschaftler fanden versteinerte Fußabdrücke. Sie zeigten, wie die fleischfressenden Dinosaurier hinter den Herden der Pflanzenfresser herwanderten. Blieben junge, kranke oder schwache Tiere zurück, waren sie den Angriffen der Fleischfresser ausgesetzt. Pflanzenfresser boten eine gute Futterquelle, denn ein einziger Sauropode lieferte mehrere Wochen lang Nahrung.

Sauropode

STÄNDIG AUF WANDERUNG

Ein Rudel Theropoden aus dem späten Jura pirscht sich an eine Herde langhalsiger Sauropoden an. Die jungen Dinosaurier suchen Schutz im Inneren der Herde. Große Pflanzenfresser wie der *Diplodocus* fraßen so viel, dass sie auf Nahrungssuche ständig umherwandern mussten.

HERDENLEBEN 59

SCHUTZ DER JUNGEN

Der *Triceratops* war der am weitesten verbreitete Dinosaurier im Nordamerika der ausgehenden Kreidezeit. Er lebte in großen Herden. Wurde die Herde angegriffen, bildeten die ausgewachsenen Tiere einen schützenden Ring um die Jungen. Der *Triceratops* war nicht besonders schnell. Seine stämmigen Vorderbeine waren kürzer als die Hinterbeine. Der Schädelknochen war am Hornansatz sehr dick und stark genug, um die Beine eines *Tyrannosaurus* rammen zu können.

Theropode

Die Szene zeigt eine *Triceratops*-Familie, die möglicherweise zu einer größeren Herde gehörte. Sie wird von einem Raubtier angegriffen. Die ausgewachsenen *Triceratops*-Dinosaurier bedrohen den Angreifer.

SPUREN VON HERDEN

Das Foto (unten) zeigt fossile Fußabdrücke von einer Sauropodenherde aus dem späten Jura. Die Zeichnung (links) wurde nach Erkenntnissen angefertigt, die die Paläontologen aus dem Studium der Fossilien gewonnen haben. Die Wissenschaftler verwenden die Fußabdrücke, um Geschwindigkeit und Richtung der Tiere zu ermitteln.

Raubtiere und Aasfresser

Fleischfressende Dinosaurier konnten auf drei Arten zu Nahrung gelangen. Sie konnten sie finden, stehlen oder töten. Die meisten Fleischfresser waren sowohl Raubtiere als auch Aasfresser. Es war für einen Dinosaurier ungefährlicher, einen Kadaver zu fressen, als Beute zu jagen und zu töten. Je größer und langsamer ein Raubtier war, desto mehr Zeit verbrachte es mit Aasfressen. Von einem großen Kadaver konnten sich viele Tiere ernähren. Waren die größten und stärksten Raubtiere satt, kämpften kleinere Aasfresser um die Überreste. Selbst kleine Tiere wie Vögel, Pterosaurier und junge Dinosaurier konnten einen Kadaver vollständig auffressen. Wurde der Körper nicht rasch begraben, verweste er. Nur Tiere, die rasch von Erde begraben wurden, konnten versteinern und zu Fossilien werden.

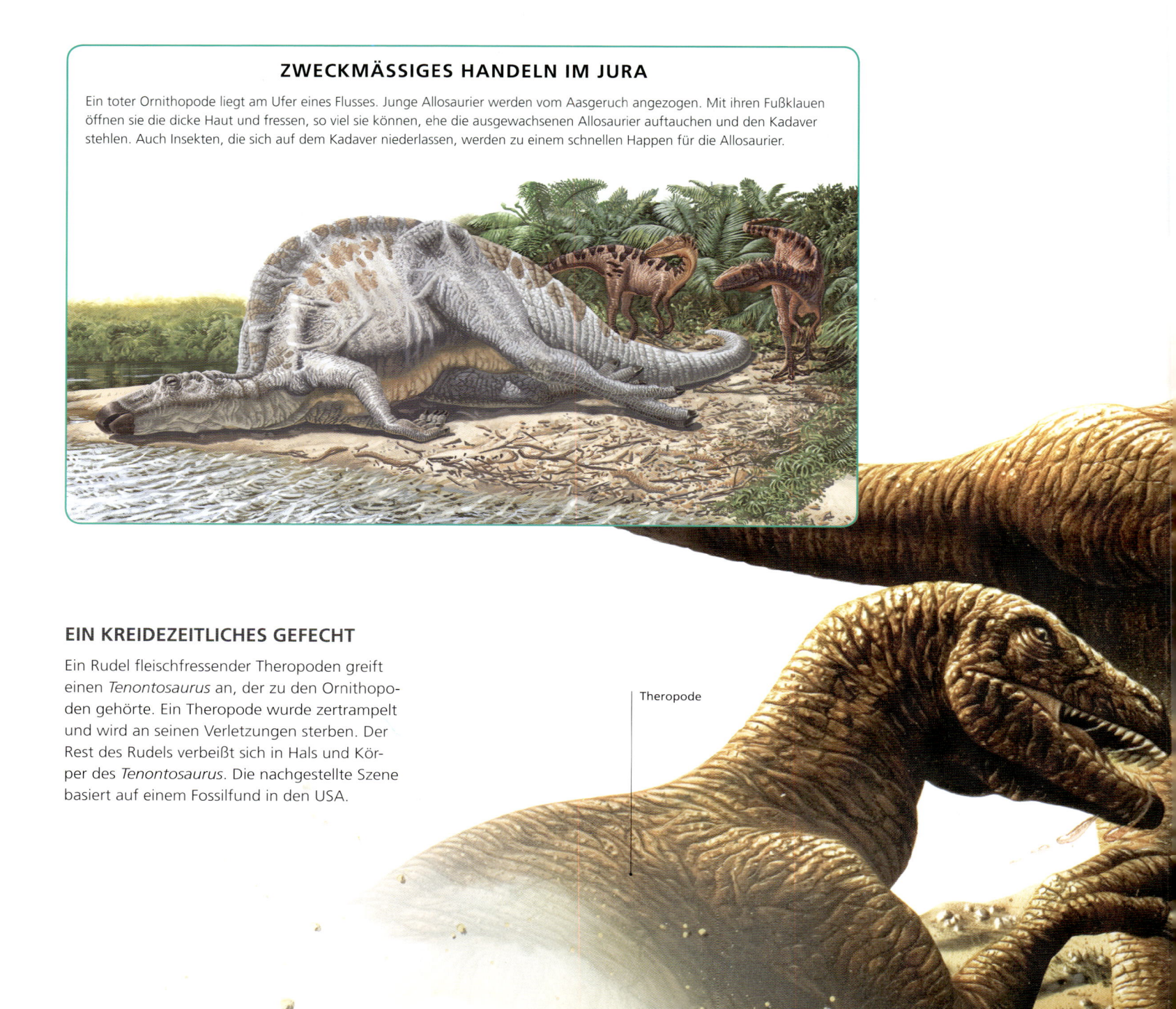

ZWECKMÄSSIGES HANDELN IM JURA

Ein toter Ornithopode liegt am Ufer eines Flusses. Junge Allosaurier werden vom Aasgeruch angezogen. Mit ihren Fußklauen öffnen sie die dicke Haut und fressen, so viel sie können, ehe die ausgewachsenen Allosaurier auftauchen und den Kadaver stehlen. Auch Insekten, die sich auf dem Kadaver niederlassen, werden zu einem schnellen Happen für die Allosaurier.

EIN KREIDEZEITLICHES GEFECHT

Ein Rudel fleischfressender Theropoden greift einen *Tenontosaurus* an, der zu den Ornithopoden gehörte. Ein Theropode wurde zertrampelt und wird an seinen Verletzungen sterben. Der Rest des Rudels verbeißt sich in Hals und Körper des *Tenontosaurus*. Die nachgestellte Szene basiert auf einem Fossilfund in den USA.

Theropode

RAUBTIERE UND AASFRESSER | 61

WUSSTEST DU DAS?

Fleischfressende Dinosaurier schluckten ihre Nahrung unzerkaut. Sie verschlangen sie im Ganzen: Knochen, Haut, Füße und Schuppen. Die stärksten Raubtiere und Aasfresser konnten einen Kadaver vollständig auffressen.

Tenontosaurus

Überlebensstrategien

Dinosaurier musten in einer Welt voller Gefahren überleben. Sie mussten genügend Futter finden und sich gleichzeitig davor schützen, selbst gefressen zu werden. Pflanzenfresser waren bessere Verteidiger als Fleischfresser. Sie schützten sich mit Hörnern, Panzern und Stacheln und dadurch, dass sie in Herden lebten. Fleischfresser waren für gewöhnlich die Angreifer, die ihre Nahrung fangen und töten mussten. Wurden Fleischfresser selbst angegriffen, benutzten sie ihre Schnelligkeit sowie Klauen und Zähne zur Verteidigung.

WUSSTEST DU DAS?

Große Raubdinosaurier konnten nicht sehr schnell laufen. Je schneller sie liefen, desto leichter konnten sie sich selbst verletzen. Wenn ein 5,4 Tonnen schwerer *Tyrannosaurus* bei einer Geschwindigkeit von mehr als 20 km/h stolperte, brach er sich die Rippen.

Diplodocus

CERATOSAURUS TRIFFT AUF *DIPLODOCUS*

Diplodocus verwendete seinen langen, dicken Schwanz als Peitsche. Gewicht und Kraft seines Schwanzes reichten aus, um einen sechs Meter langen *Ceratosaurus* umzuwerfen und ihm dabei die Rippen zu brechen.

Ceratosaurus

ÜBERLEBENSSTRATEGIEN

ANGRIFF

Velociraptor Der Dinosaurier war kleiner als ein Mensch. Er war jedoch schnell und hatte tödliche sichelförmige Klauen.

Die besten Waffen sind wirkungsvoll und stark. Zähne und Klauen an Händen und Füßen waren die natürlichen Waffen der Dinosaurier. Ihre Kraft hing von der Körpergröße des jeweiligen Dinosauriers ab. Ein ausgewachsener *Deinonychus* war gefährlicher als ein junger, gleich großer *Tyrannosaurus*. *Deinonychus* hatte Klauen an den Händen, der *Tyrannosaurus* nicht. Manche Dinosaurier hatten dünne Kiefer, um präzise Schnitte zu machen, während andere die Beute zerrissen wie der *Giganotosaurus*.

Baryonyx Der riesige Räuber hatte große krokodilartige Kiefer, die mit hoher Geschwindigkeit zuschnappen konnten.

Giganotosaurus Der riesige Dinosaurier hatte 20 Zentimeter lange gezackte Zähne, die wie eine Säge durch das Fleisch schnitten.

Deinonychus Die Klaue dieses Dinosauriers war eine mächtige Waffe. Mit rasiermesserscharfen Zähnen zerlegte er seine Beute.

VERTEIDIGUNG

Für viele Dinosaurier bot das Herdenverhalten die beste Verteidigung. Im Kampf setzten sie ihre Panzer und Stacheln ein. Pflanzenfresser mussten ihre Angreifer nicht töten, sondern sie nur durch Verletzungen am Weiterkämpfen hindern.

Pachycephalosaurus Eine dicke Knochenkuppel auf dem Kopf diente diesem Dinosaurier als Rammbock. Er konnte damit einem *Tyrannosaurus* die Rippen brechen.

Ankylosaurus Die Oberseite des Dinosauriers war mit einem dicken Panzer bedeckt. Es gab keine einzige Stelle, in die ein Angreifer beißen konnte, ohne sich dabei selbst zu verletzen.

Triceratops Der Dinosaurier konnte mit seinen ein Meter langen Hörnern die Beine eines *Tyrannosaurus* durchbohren.

Iguanodon Der stachelige Daumen des *Iguanodon* war nicht groß. Dahinter stand jedoch das Gewicht eines Dinosauriers, der fast so groß war wie ein Elefant. Dadurch besaß er genug Kraft, um einem Theropoden das Auge auszustechen.

Kraft und Größe

Es gibt einige Fakten, die auf alle großen Tiere zutreffen: Je schwerer sie werden, desto mehr Energie benötigen sie. Je größer das Tier, desto eher verletzt es sich bei einem Sturz. Auch das Abkühlen nach Anstrengungen fällt nicht mehr so leicht. Zweibeinige Tiere sind immer kleiner als vierbeinige, weil zwei Beine nicht so viel Gewicht tragen können wie vier Beine. Tiere, die schnell laufen können, müssen immer jeweils ein Bein auf dem Boden haben. Beim Rennen sind jedoch zu einem bestimmten Zeitpunkt alle vier Beine gleichzeitig in der Luft. Darin unterscheidet sich auch unser heutiger Elefant vom Nashorn: Nashörner können rennen, Elefanten dagegen nur schnell laufen.

GESCHWINDIGKEIT

Es gibt einen einfachen Weg, um herauszufinden, wie schnell ein Dinosaurier laufen konnte. Waren Oberschenkelknochen und Schienbein gleich lang, konnte er sich schnell bewegen. Hatte der Oberschenkelknochen Beulen und Knoten zum Muskelansatz, waren die Beine kräftig und konnten schnell rennen. Kein Dinosaurier war so schnell wie das schnellste lebende Säugetier, aber im Mesozoikum waren die Dinosaurier die schnellsten Tiere auf der Erde.

Die Beine eines Straußes sind besser für hohe Geschwindigkeiten gebaut als die Beine eines *Struthiomimus*.

Die Beine des *Struthiomimus* entsprachen zwar nicht den heutigen Standards, konnten aber einem *Tyrannosaurus* davonlaufen.

GRÖSSTES RAUBTIER

Misst man die Größe am Gewicht, gewinnt der *Tyrannosaurus rex*. An der Länge gemessen gewinnt der *Giganotosaurus* oder *Spinosaurus*. Sie sind bisher die »Größten der Großen«.

LÄNGSTER DINOSAURIER

Der *Amphicoelias* war mit 50 Metern möglicherweise der längste Dinosaurier, aber der im späten 18. Jahrhundert entdeckte Knochen ging verloren. Der zweitlängste Dinosaurier war der *Argentinosaurus,* von dem ein vollständigeres Skelett erhalten ist.

ÜBERLEBENSSTRATEGIEN 65

SCHWERSTER DINOSAURIER

Der *Argentinosaurus* und das *Sauroposeidon* wogen beide schätzungsweise mehr als 50 Tonnen.

Der *Argentinosaurus* war so schwer wie 15 Afrikanische Elefanten!

WUSSTEST DU DAS?

Säugetiere wachsen nur bis zu einer bestimmten Größe. Dinosaurier hatten ein »unbegrenztes Wachstum«: Sie wuchsen weiter, solange sie gesund waren. Vielleicht finden wir nie den »größten« Dinosaurier, der je gelebt hat.

KLEINSTER DINOSAURIER

Frisch geschlüpfte zweibeinige Pflanzenfresser würden in die Handfläche eines Kindes passen. Der *Micropachycephalosaurus* (unten) zählte mit einer Körperlänge von einem halben Meter zu den kleinsten Pflanzenfressern. Der *Compsognathus* (rechts unten) gehörte zu den kleinsten fleischfressenden Dinosauriern. Er war nur einen Meter lang und etwa so groß wie ein Huhn.

Micropachycephalosaurus

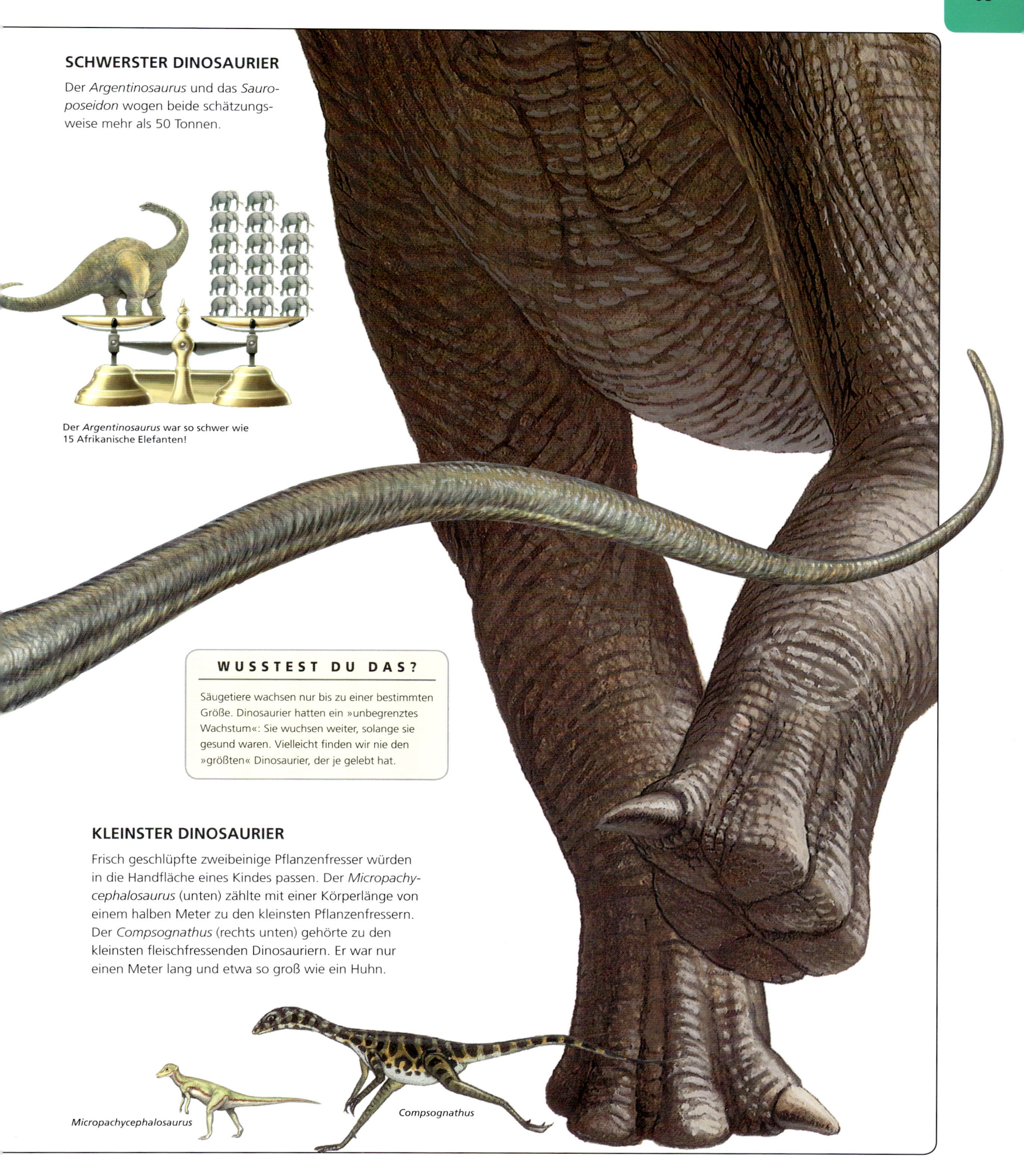

Compsognathus

Haut und Farbe

Dinosaurierhaut musste dick sein, um Schutz vor Insektenstichen, Bissen und Kratzern zu bieten. Sie musste auch dehnbar und biegsam sein, damit sich die Dinosaurier bewegen konnten. Möglicherweise konnten die Dinosaurier ihre Hautfarbe verändern, um sich dadurch mit Artgenossen zu verständigen. Obwohl die Hautfarbe in den Fossilbefunden nicht erhalten ist, liefert die Beobachtung der heutigen großen Tiere den Wissenschaftlern Hinweise auf die damaligen Gegebenheiten.

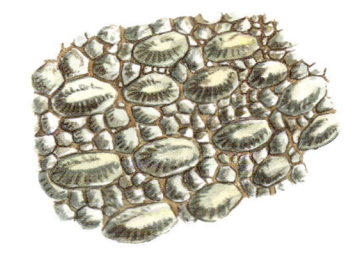

Durch Knochen verstärkt Die meisten Knochenplatten in der Haut eines Dinosauriers befanden sich in der Nähe der Wirbelsäule. Dicke Knötchen aus Knochenmaterial verstärkten die Haut.

Dehnbare Haut In der Nähe des Bauches werden die Knochenplatten kleiner und die Haut wird dehnbarer. Dadurch kann der Bauch mit Nahrung gefüllt werden und sich aufblähen.

ÜBERLEBENSSTRATEGIEN

STREIFEN

Streifen sind eine gute Tarnung, weil sie die Umrisse eines Tieres unkenntlich machen. Vielleicht zeigten sie auch das Alter eines Dinosauriers an.

PUNKTE

Punkte sind auch ein Weg, um mit dem Hintergrund zu verschmelzen. Manche Tiere können ihre Farbe mit speziellen Hautzellen verstärken.

DUNKEL

Dunkle Farben sind oft die beste Verteidigung. Die großen Pflanzenfresser waren meist graubraun und verschmolzen mit der Umgebung.

FARBEN UND MUSTER

Zwar wissen wir nicht, welche Farben die Dinosaurier hatten, aber wir können Vermutungen darüber anstellen. Vielleicht befanden sich auf dem Kragen eines gehörnten Dinosauriers Kreise, um größer auszusehen und Raubtiere abzuschrecken. Möglicherweise war er bunt gefärbt, um Partner anzulocken, oder aber graubraun, um sich zu tarnen.

Eine Drohgebärde? | Bunte Farben, um Partner anzulocken? | Farben, die mit der Umgebung verschmelzen?

KREATIVE FARBE

Die Wissenschaftler wissen nicht, welche Farben die Dinosaurier hatten. Einige vermuten, dass pflanzenfressende Dinosaurier dunkel waren, um sich vor Raubtieren zu verbergen. Fleischfressende Dinosaurier könnten auch dunkle Farben getragen haben, um sich in einem Hinterhalt zu tarnen. Andere Paläontologen meinen, dass Pflanzenfresser wie die unten abgebildeten entenschnäbligen Dinosaurier ihre Farben veränderten, um Partner zu finden oder ihr Revier zu verteidigen.

Panzer, Platten und Hörner

Alle Ornithischia (»Vogelbeckendinosaurier«) waren Pflanzenfresser. Sie brauchten Verteidigungswaffen gegen die schnelleren Fleischfresser. Am Ende des Mesozoikums hatten sie das fortschrittlichste Panzerungssystem entwickelt, das ein Tier je besaß. Die besten Beispiele sind die Stacheln der Stegosaurier und Ceratopsia, die Panzer der Ankylosaurier, die Platten auf den Stegosauriern und die kleinen Knochenplatten in der Haut (Osteoderme) bei allen Ornithischia. Der Panzer war entweder starr oder biegsam, fest oder hohl. Er wuchs an den Körperstellen, an denen der Dinosaurier am verwundbarsten war. Seine Hauptaufgabe lag darin, den Pflanzenfresser größer und gefährlicher aussehen zu lassen. Wenn diese Strategie versagte, konnte der Panzer das Opfer schützen und dem Angreifer großen Schaden zufügen.

WUSSTEST DU DAS?

Der Körperpanzer der Dinosaurier war mit Sehnen und Bändern direkt im Knochen verankert. Verwachsene Schwanzknochen bildeten Schwanzkeulen. All diese Verteidigungswaffen waren möglicherweise mit Horn bedeckt, um sie länger und schärfer zu machen.

Ein ausgewachsener *Stegosaurus* hatte 17 Platten und vier Schwanzstacheln.

KÜHLUNG

Stegosaurus war vom Hals bis zur Schwanzmitte auf beiden Seiten der Wirbelsäule mit Platten ausgestattet. Sie wurden zur Verteidigung und vielleicht auch zur Regulierung der Körpertemperatur des Dinosauriers eingesetzt.

Die Haut auf den Platten eines *Stegosaurus* könnte möglicherweise als Warnsignal für Angreifer ihre Farbe verändert haben.

ZUR VERTEIDIGUNG GESCHAFFEN

Ankylosaurier hatten »Rüstungen« Jahrmillionen bevor sie vom Militär »wiedererfunden« wurden. *Euoplocephalus* besaß einen Panzer, Schulterstacheln und eine Schwanzkeule. Jede Panzerplatte schützte vor Bissen. Um so viele Knochen wachsen zu lassen, brauchten Ankylosaurier große Mengen an Kalzium. Vielleicht fraßen sie Insekten, um den Kalziumgehalt ihres Speiseplans zu erhöhen.

Der Kopfpanzer des *Euoplocephalus* war mit dem Schädel verwachsen. Um den Kopf leichter zu machen, hatte der Panzer acht Hohlräume.

Der Rückenpanzer verlief in Streifen von rechts nach links und war durch Hautbänder abgetrennt. Dadurch wurde der Panzer biegsam.

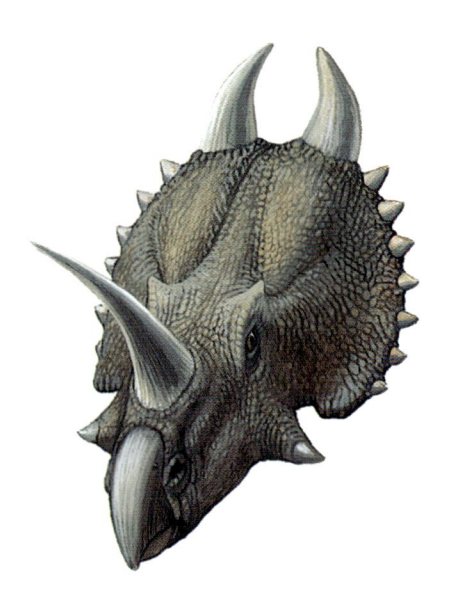

Nasenhörner Centrosaurine hatten Nasenhörner und Kragenstacheln mit kleinen Kragenschildern.

Brauenhörner Chasmosaurine hatten Brauenhörner, kleinere Kragenstacheln und größere Kragenschilder.

TRICERATOPS

Der letzte Pflanzenfresser, der mit einem *Tyrannosaurus rex* kämpfte, war der *Triceratops*. Seine Brauenhörner schützten die Kiefermuskeln am Kragenansatz und konnten das Bein eines Tyrannosauriers durchbohren. Das längste bisher entdeckte Horn ist über einen Meter lang.

Klauen und Stacheln

Klauen und Stacheln wurden hauptsächlich zum Angriff und zur Verteidigung eingesetzt. Es gab Dinosaurierklauen in allen Formen und Größen: dünn, dick, kurz, lang, gerade und gebogen. Auch die Fußklauen waren gefährlich, denn hinter ihnen stand eine große Muskelkraft. Stellte sich ein Dinosaurier auf die Hinterbeine, waren seine Handklauen furchterregend. Die wirksamsten Stacheln sahen so gefährlich aus, dass ein Raubtier es vorzog, nach anderer Beute zu suchen. Die Schulter- und Schwanzstacheln bewegten sich wie Speere und wurden als Verteidigungswaffen verwendet.

Der *Utahraptor* war ein vogelähnlicher Theropode mit 23 Zentimeter langen sichelförmigen Klauen an den Füßen, die seine wirksamsten Waffen waren.

Nicht alle Klauen wurden zum Angriff oder zur Verteidigung eingesetzt. Der *Mononykus* war ein kleiner Theropode mit je einer Klaue am Ende seiner kurzen Unterarme. Vielleicht verwendete er sie zum Graben in Termitenhügeln.

Der *Allosaurus* war ein mächtiges Raubtier. Drei Finger jeder Hand endeten in großen, hakenförmigen Klauen. Der Dinosaurier machte Jagd auf kleine Pflanzenfresser, gelegentlich auch auf Sauropoden.

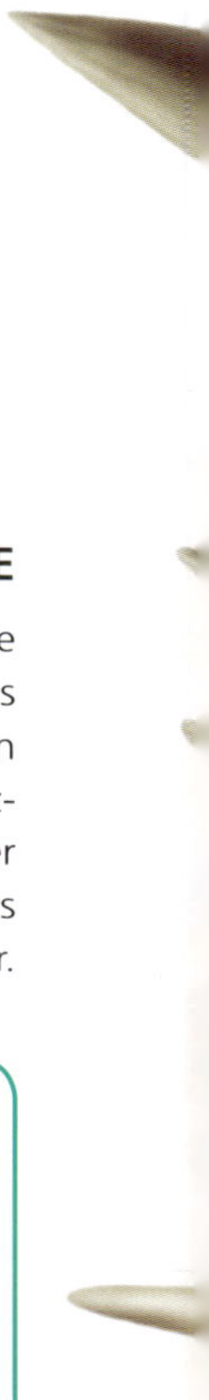

TODBRINGENDE WAFFE

Der *Dacentrurus*, ein Stegosaurier, war eine wandernde Festung. Die längsten Stacheln stießen tief ins Fleisch des Angreifers. Er musste seinen Gegner nicht töten, sondern nur außer Gefecht setzen. Seine Schulter- und Schwanzstacheln lagen auf gleicher Höhe mit den Beinen der großen Fleischfresser. Es genügte, das Bein des Angreifers zu verwunden, und der Kampf war vorüber.

ZÄHNE

Dinosaurierzähne bestanden aus zwei Hauptteilen: der Krone und der Wurzel. Die Krone besaß außen sehr harten Zahnschmelz und eine weichere Auskleidung an der Innenseite. Fleischfresserzähne hatten lange, die Zähne der Pflanzenfresser kurze Wurzeln. Die Zähne wurden im Leben eines Dinosauriers immer wieder durch neue ersetzt, sodass sich keine Löcher bilden konnten.

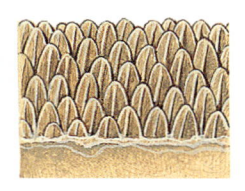

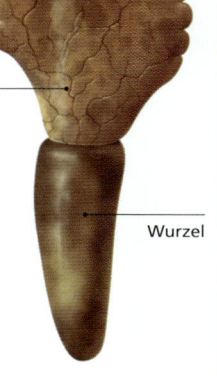

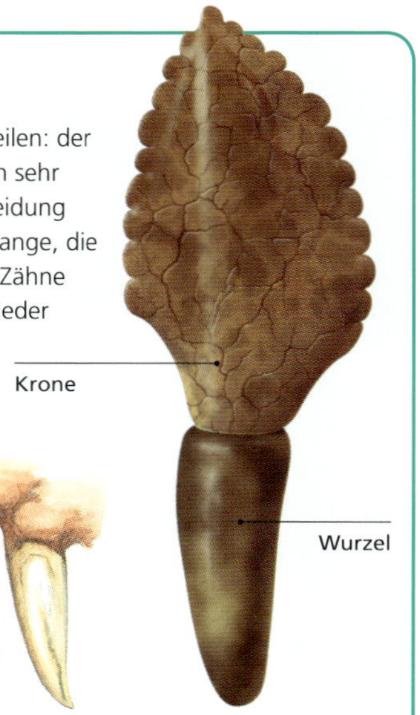

Krone

Wurzel

Die Wurzeln des Zahns eines ausgewachsenen Tyrannosauriers waren dreimal so lang wie die Kronen. Dadurch waren sie fest im Kiefer verankert und wurden im Kampf nicht herausgerissen.

Die Zähne der pflanzenfressenden Hadrosaurier (links) griffen ineinander. Theropodenzähne (Mitte) waren wie Dolche, um Fleisch zu durchtrennen. Die sägeartigen Zähne des *Plateosaurus* (rechts) konnten Pflanzenmaterial durchschneiden.

ÜBERLEBENSSTRATEGIEN 71

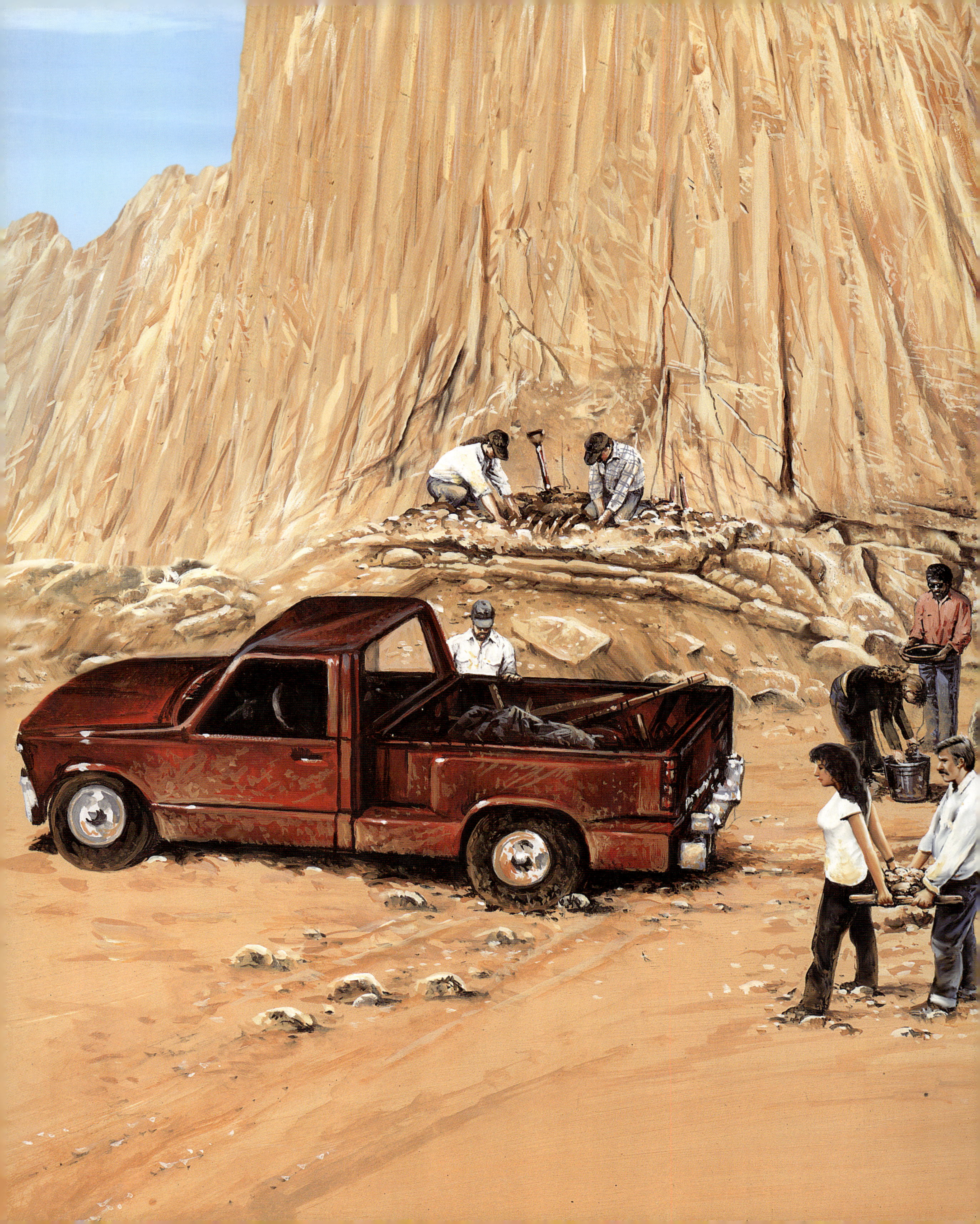

Dinosaurierforschung

Entstehung von Fossilien

Fossilien bilden die Grundlage der Dinosaurierforschung, aber nur ein geringer Prozentsatz an Tieren versteinert. Tiere verwesen rasch. Aasfresser, Raubtiere, Insekten und Witterung beschleunigen den Verwesungsvorgang. Die besten Fossilien stammen von Tieren, die bald nach ihrem Tod verschüttet und unter feinkörniger Erde begraben wurden. Wird das Gestein, das Fossilien enthält, von Wind und Wetter abgetragen, oder liegen die Fossilien zu tief in der Erde, finden wir sie wahrscheinlich nie.

GEFUNDENES FRESSEN

Zwei Pterosaurier landen auf den Füßen eines toten Dinosauriers, um nach Parasiten, Insekten und kleinen Fleischstücken zu suchen. Die fleischfressenden Theropoden haben den Kadaver noch nicht entdeckt. Der Dinosaurier starb auf einer Überschwemmungsebene. Möglicherweise wird er durch starke Regenstürme mit Sand und Schlick bedeckt und bleibt dadurch erhalten.

ENTSTEHUNG VON FOSSILIEN

FOSSILE HINWEISE

Werden Dinosaurierknochen in der Position gefunden, die sie zu Lebzeiten eingenommen hatten, befinden sie sich »in Artikulation« (wie das Skelett dieses Entenschnabeldinosauriers). Wissenschaftler können studieren, wie das Tier gebaut war, sich bewegte und welche Verletzungen und Krankheiten es hatte. Die Wissenschaft von den Verletzungen und Krankheiten ausgestorbener Tiere wird »Paläopathologie« genannt.

Alles, was von dem Fisch übrig blieb, ist eine dünne Schicht aus Kohlenstoff. Die Körperteile sind verwest und nur eine dünne Schicht blieb erhalten.

Das Insektenfossil ist ein Abdruck. Der Fleck auf dem Gestein hat die Form des Fossils, die Körperteile sind jedoch vollständig verwest.

Wertvoller Fund
Eric ist ein kleiner Pliosaurier, dessen Skelett in Opal erhalten blieb. In seinem Magen fand man Steine und Knochen von kleinen Fischen.

WUSSTEST DU DAS?

Das berühmte Fossil mit dem Namen Eric wurde im australischen Queensland gefunden und zählt zu den spektakulärsten Fossilien der Welt. Die Knochen verwesten und wurden durch Mineralien ersetzt, die einen Opal bildeten.

WIE EIN DINOSAURIERFOSSIL ENTSTEHT

Fossilien entstehen sehr langsam. Viele Dinge müssen in einer bestimmten Reihenfolge geschehen, ehe ein Tier versteinert. Es gibt verschiedene Fossilien wie Knochen, Fußabdrücke, Mineralienreste, natürlich entstandene Abdrücke und selten auch »Mumien«, deren innere Organe erhalten sind. Weniger als ein Prozent aller Fossilien, die gefunden werden, sind vollständige Tierskelette.

TOD
Ein Dinosaurier stirbt, und der Körper wird verschüttet oder in einen Fluss geschwemmt, bevor er verrottet. Das Fleisch verwest oder wird gefressen; nur das Skelett bleibt übrig.

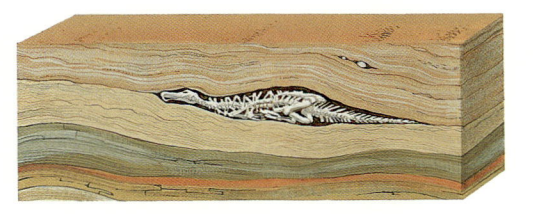

GRAB
Schichten aus feinem Sand und Schlamm bedecken den Kadaver. Weitere Schichten lagern sich ab und schützen ihn davor, weiter zu zerfallen oder weggewaschen zu werden.

VERSTEINERUNG
Der Sand und Schlamm um das Tier werden hart. Die Knochen werden durch Mineralien ersetzt und bilden steinharte Fossilien. Der Vorgang dauert mehrere Jahrtausende.

WIEDERENTDECKUNG
Durch Erdbewegungen wird das Fossil nahe an die Oberfläche gedrückt. Die Oberfläche verwittert und das Fossil wird freigelegt. Wenn es nicht gefunden wird, kann es innerhalb eines Jahres wieder unter der Erde verschwunden sein.

DINOSAURIERFORSCHUNG

Suche nach Hinweisen

Die häufigsten Dinosaurierfossilien sind Knochen und Zähne. Paläontologen finden aber auch Fußabdrücke, Eier und Kot. Vollständige Skelette sind selten erhalten. Versteinerte Knochen und Zähne liefern uns Hinweise über Aussehen und Lebensgewohnheiten der Dinosaurier. Die Knochen ausgewachsener Tiere zeigen uns, was sie gefressen haben, welche Verletzungen sie erlitten haben und wie sie gestorben sind. Die Wissenschaftler können anhand der Überreste von Nestern, fossilen Eiern und Dinosaurierbabys erkennen, wie klein die Jungen beim Schlüpfen waren und wie rasch sie herangewachsen sind.

Verheilter Bruch

Knochen Fossilien können uns erzählen, welche Krankheiten, Unfälle oder Verletzungen ein Dinosaurier hatte. Der Knochen gehörte einem *Iguanodon* mit gebrochener Hüfte. Um den Bruch kann man eine Verdickung des neuen Knochens erkennen.

Vollständiges Skelett Vollständige Skelette liefern mehr Informationen als Zähne oder Knochen. Das *Triceratops*-Skelett zeigt den Kragen und die Hörner.

Federn Fossile Federn sind selten erhalten. Werden versteinerte Überreste von Federn gefunden, werfen sie oft ein neues Licht auf die Verwandtschaftsbeziehungen einiger Dinosaurier mit den Vögeln.

Zahn eines Theropoden

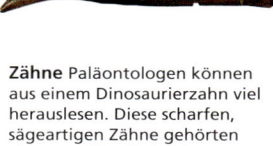

Zähne Paläontologen können aus einem Dinosaurierzahn viel herauslesen. Diese scharfen, sägeartigen Zähne gehörten einem großen Fleischfresser.

Embryos Versteinerte Embryos liefern Hinweise auf Lebenszyklus und Verhaltensweisen der Dinosaurier.

Eier Die Untersuchung von Nestfossilien ergab, dass Dinosaurier ähnliche Nistgewohnheiten hatten wie heutzutage die Vögel.

Knochen Die häufigsten Funde sind einzelne Knochen, die manchmal das fehlende Stück eines Puzzles sind. Diese Dinosaurierknochen stecken noch im Gestein.

Koprolithen Dinosaurierkot versteinert zu hartem Gestein, sogenannten Koprolithen. Wissenschaftler untersuchen diese, um herauszufinden, was die Dinosaurier fraßen und wie ihr Verdauungssystem arbeitete.

Gastrolithen Pflanzenfressende Dinosaurier schluckten Steine, um die Nahrung im Magen zu zermahlen. Gastrolithen oder Magensteine liefern uns Hinweise auf die Verdauung der Dinosaurier.

FUSSABDRÜCKE

SPUREN HINTERLASSEN

Fußabdrücke von Dinosauriern erzählen viel über ihr Verhalten. Sie liefern Hinweise darüber, wie schnell und weit sie wanderten und wer sie auf diesen Wanderungen begleitete. Aufgrund der Spuren wissen wir, dass einige Dinosaurier in großen Herden lebten, während andere allein umherwanderten. An der Schrittlänge kann man Größe und Geschwindigkeit des Dinosauriers abschätzen.

FUSSABDRUCK EINES CARNOSAURIERS
Große Fleischfresser liefen auf zwei Beinen. Jeder Fuß hatte drei große Zehen und eine Klaue.

FUSSABDRUCK EINES COELUROSAURIERS
Kleine Fleischfresser hinterließen Fußabdrücke mit schlanken Zehen, wie die Abdrücke von Vogelfüßen.

FUSSABDRUCK EINES CERATOPSIDEN
Ceratopsiden liefen auf vier Beinen. Ihre Hinterbeine waren größer als die Vorderbeine.

FUSSABDRUCK EINES SAUROPODEN
Sauropoden liefen auf vier Beinen. Ihre Hinterbeine hinterließen große, beinahe kreisförmige Abdrücke.

Theropoden liefen auf ihren großen Hinterbeinen. Der Fußabdruck wurde in Arizona gefunden.

SPUREN IM SCHLAMM

Kleine Pflanzenfresser flüchten vor einem fleischfressenden Räuber und hinterlassen Spuren im weichen Schlamm. Das Flussufer ist mit Fußspuren übersät. Es ist gut möglich, dass sie für immer erhalten bleiben.

Fundstellen

Auf der ganzen Welt gibt es mehrere Tausend Fossilienfundstellen. Seit den 1870er-Jahren werden in Afrika, Amerika, Australien, Kanada, China und in der Mongolei Dinosaurierfossilien entdeckt. Alles, was die Wissenschaft über Dinosaurier weiß, stammt von fossilen Überresten, und es gibt noch viele Dinosaurierknochen, die auf ihre Entdeckung warten. Heute sammeln Menschen fossile Knochen, Zähne, Pflanzen und Schalen als Hobby. Fossilien sind nicht einfach nur schöne Steine. Sie müssen gepflegt und sicher aufbewahrt werden und dürfen nur mit einer Genehmigung gesammelt werden. An manchen Fundstellen werden Kurse abgehalten, in denen man lernen kann, wie man Fossilien ausgräbt und richtig pflegt.

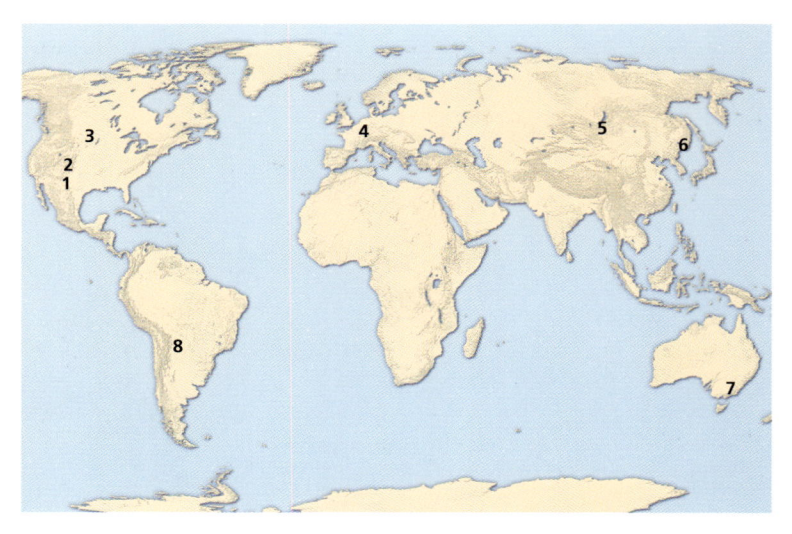

DINOSAURIERFUNDSTELLEN
Die Karte zeigt die Standorte der acht Fundstellen, die auf diesen Seiten abgebildet sind. Weltweit gibt es mehrere Tausend Dinosaurierfundstellen. An einigen Orten wurden die Knochen aufgrund von politischen Unruhen, Geldmangel oder erschwerter Zugänglichkeit bisher noch nicht ausgegraben. Eine Fundstelle ist nur 170 Kilometer vom Südpol entfernt und deshalb schwer zu erreichen.

1 DINOSAURIER-NATIONALDENKMAL, UTAH (USA)
Die Fundstelle aus dem späten Jura wurde im Jahr 1909 entdeckt. Der Paläontologe Earl Douglass vom Carnegie Museum of Natural History in Pennsylvania fand das Skelett eines Sauropoden, das aus einem freigelegten Sandsteinvorsprung ragte. Zu den bedeutendsten Fossilien der Fundstelle zählt das bisher vollständigste Skelett eines *Apatosaurus* sowie die beinahe vollständigen Skelette eines *Allosaurus*, *Dryosaurus* und *Stegosaurus*.

2 HELL CREEK, MONTANA (USA)
Im Jahr 1902 begann der Paläontologe Barnum Brown vom American Museum of Natural History in New York, im Gebiet um Hell Creek nach Dinosaurierfossilien zu suchen. An der Fundstelle, die aus der späten Kreidezeit stammt, entdeckte Brown das erste vollständige Skelett eines *Tyrannosaurus*. In Hell Creek wurden auch die fossilen Überreste des *Albertosaurus*, *Ankylosaurus*, *Ornithomimus*, *Pachycephalosaurus*, *Stegoceras*, *Torosaurus* und *Troodon* gefunden.

3 DINOSAURIER-PROVINZPARK, ALBERTA (KANADA)
Die Geschichte des Parks aus der späten Kreidezeit geht auf das Jahr 1909 zurück. Damals entdeckte der Rancher John Wagner auf seinem Land Dinosaurierknochen. Die ersten Funde waren unter anderem die vollständigen Skelette eines *Centrosaurus*, *Corythosaurus*, *Prosaurolophus* und *Struthiomimus*. Paläontologen haben ungefähr 250 Skelette von 36 verschiedenen Dinosauriern gefunden, darunter die Arten *Edmontonia*, *Euoplocephalus*, *Lambeosaurus*, *Struthiomimus* und *Troodon*.

FUNDSTELLEN

4 SOLNHOFEN, DEUTSCHLAND
Einer der aufregendsten Funde an dieser Lagerstätte aus dem späten Jura war das teilweise erhaltene Skelett eines *Archaeopteryx*, eines seltenen gefiederten Dinosauriers. Im Jahr 1860 fand man eine Feder, 1861 ein vollständiges Skelett. Aus Solnhofen stammen viele gut erhaltene Fossilien, darunter 54 Fisch- und 28 Reptilienarten. Hier wurde auch das vollständige Skelett eines *Compsognathus*-Dinosauriers gefunden.

5 WÜSTE GOBI, MONGOLEI
Die Fundstelle aus der späten Kreidezeit in abgelegenen Gebieten der Mongolei wurde 1922 von Roy Chapman Andrews vom American Museum of Natural History entdeckt. Seine Expedition fand das erste Dinosauriernest. Der berühmteste Fund wurde jedoch im Jahr 1971 gemacht. Es sind die vollständig erhaltenen Skelette zweier kämpfender Dinosaurier: Ein *Velociraptor*, der den Schädel eines *Protoceratops* umklammert. An der Fundstelle wurden auch fossile Überreste von Theropoden, Sauropoden und Hadrosauriern entdeckt.

6 LIAONING, CHINA
Im Jahr 1996 fand ein ortsansässiger Bauer an der Fundstelle aus der frühen Kreidezeit ein *Sinosauropteryx*-Fossil. Es war das erste Dinosaurierexemplar mit primitiven Federn. An dem Ort wurden auch kleine Dinosaurier mit typischen Vogelfedern entdeckt, wie der *Caudipteryx* und der *Protoarchaeopteryx*, sowie die Skelette urtümlicher Vögel. Die Fossilien von Liaoning zeigen die Entwicklungsstadien von den kleinen, wendigen zweibeinigen Dinosauriern hin zu den fliegenden Vögeln.

7 DINOSAURIERHÖHLE, VICTORIA (AUSTRALIEN)
In den 1980er-Jahren erforschte das Team um Tom Rich vom Museum of Victoria die Fundstelle. Bei den Ausgrabungen wurden Bergbaumaschinen eingesetzt, um Tunnel in die Meeresklippen zu bohren. Zum ersten Mal in der Geschichte der Paläontologie wurde eine Dinosaurierhöhle angelegt. Hier fand man Dinosaurier wie *Atlascopcosaurus*, *Leaellynasaura* und *Qantassaurus* sowie zahlreiche andere Fossilien, die bisher noch nicht genauer untersucht und beschrieben wurden. Diese Dinosaurier lebten in einem Wald mit polarem Klima.

8 TAL DES MONDES, ARGENTINIEN
Das Tal des Mondes und die umliegenden Gebiete sind bekannt für die dort entdeckten Dinosaurierfossilien, die aus dem späten Jura stammen. Die ersten Fossilien wurden zwischen 1959 und 1961 gefunden. Dazu gehören die ältesten, gut erhaltenen Dinosaurierfossilien der Welt sowie primitive Reptilien, die entwicklungsgeschichtliche Verbindungsglieder zu den ersten Dinosauriern darstellen. Im Jahr 1988 wurde hier das Skelett des winzigen *Eoraptor* gefunden, des primitivsten Dinosauriers, der bisher entdeckt wurde.

Dinosaurierjäger

Seit mehreren Hundert Jahren finden Menschen Dinosaurierfossilien, doch erst im Verlauf der vergangenen 150 Jahre erkannten die Wissenschaftler, dass sich Dinosaurier von anderen Reptilien unterscheiden. 1858 wurde das erste beinahe vollständige Dinosaurierskelett entdeckt, ein *Hadrosaurus*. Die Jagd auf Fossilien nahm in den 1870er Jahren zu, was zu vielen weiteren Dinosaurierentdeckungen führte. Aber nicht alle Fossilien werden von professionellen Paläontologen gefunden. Das Sammeln von Fossilien ist ein beliebtes Hobby. Einige wichtige Exemplare wurden von Laien entdeckt, die sich für Paläontologie interessierten.

RICHARD OWEN
Der englische Paläontologe Richard Owen schuf den Begriff »Dinosauria«. Er beschrieb Hunderte urtümliche Tiere wie den Moa (rechts) und den *Megalosaurus* (unten).

Als Ödland werden karg bewachsene Gebiete bezeichnet, in denen der Boden von Wind und Regen abgetragen wurde. Sie sind gute Plätze zur Dinosaurierjagd, denn die Knochen liegen näher an der Oberfläche. In den Rocky Mountains (USA und Kanada) werden viele Fossilien gefunden.

DINOSAURIERJÄGER DER VERGANGENHEIT

GIDEON MANTELL
Landarzt und Amateurpaläontologe im 19. Jahrhundert. Er widmete sein Leben der Erforschung von Dinosauriern, vor allem des *Iguanodon*.

OTHNIEL CHARLES MARSH
Marsh (hintere Reihe, Mitte) war ein amerikanischer Paläontologe im 19. Jahrhundert. Marsh und sein Rivale Edward Cope entdeckten über 130 Dinosaurier.

ROY CHAPMAN ANDREWS
Die Amerikaner Andrews (ein Paläontologe) und Walter Granger (ein Geologe) machten in den 1920ern bedeutende Dinosaurierfunde in China.

BERÜHMTE FUNDE

ERSTAUNLICHE ENTDECKUNGEN

Je mehr Fossilien gefunden werden, desto mehr Informationen über Dinosaurier erhalten die Wissenschaftler. Von Zeit zu Zeit wird ein einzigartiges Fossil entdeckt, das den Paläontologen neue Erkenntnisse bringt. Das kann dazu führen, dass eine neue Sauriergruppe oder neue Körpermerkmale benannt werden, oder aber, dass wir unsere bisherigen Vorstellungen von Dinosauriern ändern müssen. Die drei abgebildeten Exemplare liefern wichtige Informationen über Entwicklungsgeschichte, Verhalten und Körperbau der Dinosaurier.

SCIPIONYX
Scipionyx (»Skippy«) ist ein 110 Millionen Jahre altes fossiles Dinosaurierbaby. In dem feinen Sandstein blieben Teile der Leber, des Darms und der Muskeln erhalten.

KÄMPFENDE DINOSAURIER IN DER WÜSTE GOBI
Das berühmte Fossil zeigt einen *Velociraptor* in Todesumklammerung mit einem *Protoceratops*. Sie wurden von einer einstürzenden Sandwand begraben und dabei getötet.

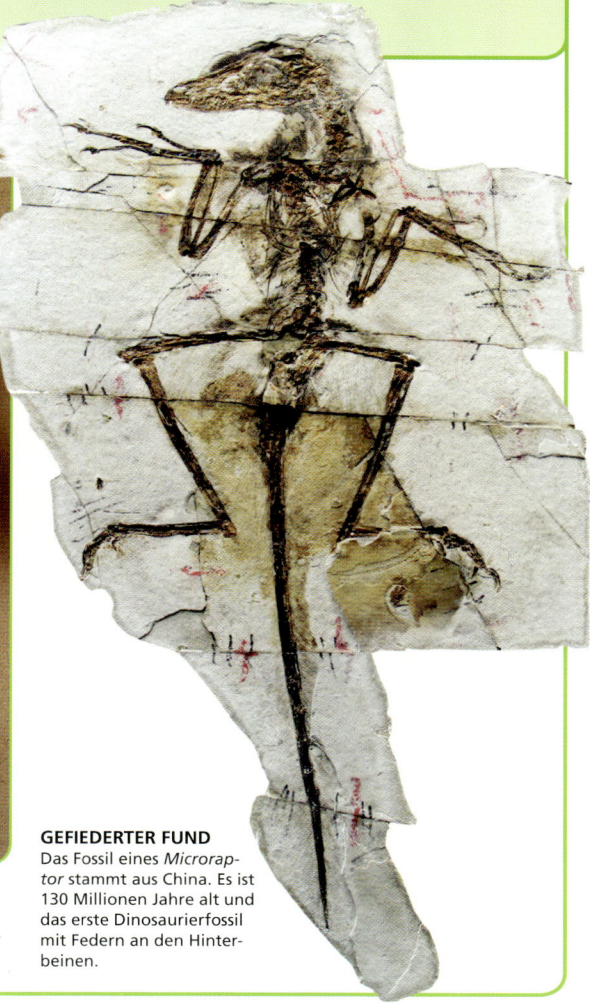

GEFIEDERTER FUND
Das Fossil eines *Microraptor* stammt aus China. Es ist 130 Millionen Jahre alt und das erste Dinosaurierfossil mit Federn an den Hinterbeinen.

FOSSILIEN FINDEN

Die meisten Fossilien werden gefunden, wenn Teile des Skeletts durch Abtragung des umgebenden Gesteins freigelegt werden. Die beste Art, Fossilien zu finden, ist umherzulaufen und zu suchen. Die Wissenschaftler sind mit Kamera, Wasser, Notizblock, Bleistift und Karte ausgestattet.

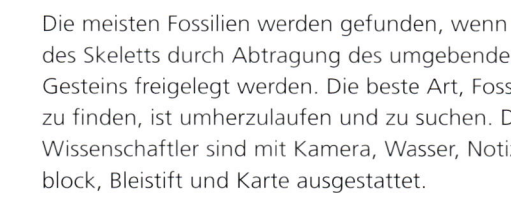

An der Ausgrabungsstätte

Paläontologen studieren Karten und die Bodenbeschaffenheit, um Gebiete zu finden, die Fossilien enthalten könnten. Haben sie ein solches Gebiet entdeckt, machen sie sich zu einer Expedition auf. Sobald ein Fossil gefunden wird, zeichnen sie eine Karte der Umgebung. Jeder Knochen wird beschriftet und fotografiert, um die Fundstelle wiederzufinden, nachdem das Skelett entfernt worden ist. Die Knochen werden für den Transport in schützende Gipshüllen gepackt. Im Museum werden sie sorgfältig gesäubert und in der Fundposition aufgelegt. Die Exemplare werden mit Mikroskopen, Röntgenstrahlen und anderen Technologien untersucht. Beschädigte Knochen werden mit Klebstoff ausgehärtet und mit Kunststoff geflickt, und auch Schmutz- und Gesteinsteilchen werden genau untersucht.

Graben Ein Ausgräber kann beim Freilegen eines Knochens auf einen weiteren stoßen.

Vermessen Täglich werden Fotos gemacht, bevor man die einzelnen Knochen entfernt.

Einwickeln Die Fossililen werden zum Schutz in Gips gewickelt und beschildert.

Transport Je größer ein Fossil, desto besser muss es beim Transport geschützt werden.

FELDFORSCHUNG

Feldforscher graben und kratzen die Fossilien immer von oben und nie von der Seite. Sobald ein Fossil freigelegt ist, ist es Wind und Regen ausgesetzt. An manchen Fundstellen steigen die Temperaturen auf über 50 °C. Die Paläontologen brauchen Wasser zum Trinken und für die Gipshüllen, in die die Knochen gewickelt werden.

Im Museum

Im Museum beginnt der Vorgang der »umgekehrten Ausgrabung«. Die Knochen werden gesäubert, mit Klebstoff ausgehärtet und repariert. Sie werden fotografiert, vermessen und dokumentiert. Jedes Tier erhält eine Katalognummer. Ein Dinosaurier kann mehr als 200 Knochen haben. Ist das Fossil eine neue Art, wird es nach den Regeln der Internationalen Zoologischen Nomenklatur benannt. Die Erkenntnisse aus den Untersuchungen müssen in einer wissenschaftlichen Zeitschrift veröffentlicht werden, bevor der Name anerkannt wird. Wird ein Dinosaurier im Museum ausgestellt, baut man ein Metallgerüst, um das Skelett zu stützen. Es dauert bis zu fünf Jahre, um einen großen Dinosaurier für eine Ausstellung vorzubereiten, und es kostet mehrere Hunderttausend Euro. Die Museen stellen für die vorbereitenden Arbeiten Wissenschaftler, Künstler, Austellungsleiter, Schweißer, Spezialisten für Sammlungen, Journalisten, Fotografen und Computerfachleute an. Deshalb bitten Museen oft um Geldspenden.

Die Smithsonian Institution in Washington (USA) soll 2014 eine neue Dinosaurierhalle erhalten. Das Carnegie-Museum in Pittsburgh (USA) eröffnete seine neue Halle im Jahr 2008.

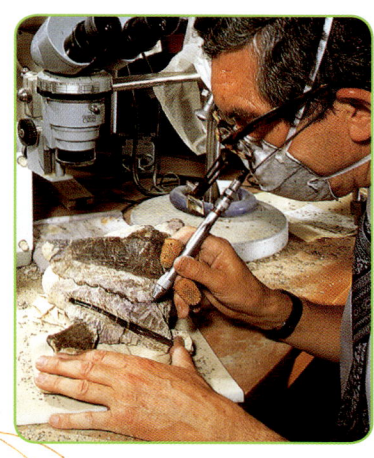

Paläontologen sind die zweithäufigsten Käufer von Zahnsonden. Die kleinen Werkzeuge sind bei der Feinarbeit sehr wichtig.

Die Exemplare werden in »Lebensposition« aufgelegt. Dadurch kann das Team sagen, wie viel Platz das ganze Skelett braucht.

DER LETZTE SCHLIFF

Es ist sehr schwirig, ein Eisengerüst für eine Ausstellung zu schweißen. Jedes Metallstück passt genau zu einem bestimmten Fossilknochen. Zwischen Eisen und Fossil werden Stützen angebracht, um Stöße abzufangen. Das ist die beste Art, um die Dinosaurier wieder »lebendig« zu machen.

Rekonstruktion der Dinosaurier

Viele Dinosaurierknochen wie der Oberschenkel und die Kieferknochen haben leicht zu erkennende Formen. Wissenschaftler können erraten, wie die Knochen zusammenpassen, indem sie die Fundlage oder andere Dinosaurier und lebende Reptilien studieren. Auf dieselbe Weise können sie auf die Form fehlender Knochen schließen. Fehlende Knochenteile werden durch Kunststoff-, Fiberglas- oder Gipsteile ersetzt. Durch die Untersuchung von Vögeln und Krokodilen können die Wissenschaftler viele Dinge über Dinosaurier sagen. Sie studieren Narben, die die Muskeln im Knochen hinterlassen, um zu sehen, wie die Muskeln am Skelett angebracht waren. Einige gut erhaltene Hautteile liefern Hinweise über Muster und Struktur. Die Hautfarbe bleibt jedoch dem Künstler überlassen.

KÖRPERBAU

Die Rekonstruktion des *Baryonyx* (»schwere Klaue«), einem neun Meter langen Theropoden aus der frühen Kreidezeit, begann mit der Entdeckung einer Klaue. Paläontologen aus der ganzen Welt arbeiteten gemeinsam daran, die restlichen Knochen zu finden und den Dinosaurier in alter Pracht erstrahlen zu lassen.

Fehlende Glieder Bei ausgestellten Skeletten werden fehlende Knochen durch Teile aus Kunststoff, Fiberglas oder Gips ersetzt.

Zeichnungen Wissenschaftliche Zeichner stellen die feinen Schatten auf Knochen mit einer Punktierungs-Technik dar.

VON LEBENDEN TIEREN LERNEN

Vögel und Krokodile lehren uns viele Dinge über ihre ausgestorbenen Verwandten, wie deren Körperbau und Fressgewohnheiten. Das Skelett eines Dinosauriers teilt bestimmte Merkmale mit Krokodil- und Vogelskeletten. Wissenschaftler vergleichen Dinosaurier- und Krokodilknochen, um herauszufinden, welche Veränderungen den Dinosauriern das aufrechte Stehen ermöglichten. Sie verglichen die Skelette von Theropoden und Vögeln, um zu sehen, welche Veränderungen zur Flugfähigkeit führten. Wenn du das nächste Mal in ein Museum gehst, schau auf die Wirbel am Hüftansatz von Krokodilen, Dinosauriern und Vögeln. Du wirst eine zunehmende Anzahl an verwachsenen Knochen sehen.

Die Haut des *Baryonyx* wurde rekonstruiert, indem man Muster und Struktur von Schlangenhaut untersuchte.

Der Unterkiefer des *Baryonyx* war gebogen wie bei den Krokodilen. Vielleicht waren seine Klauen »Fischhaken«.

Bei Vögeln weisen drei Zehen nach vorn und ein Zeh nach hinten – wie bei den fleischfressenden Dinosauriern.

REKONSTRUKTION DER DINOSAURIER 85

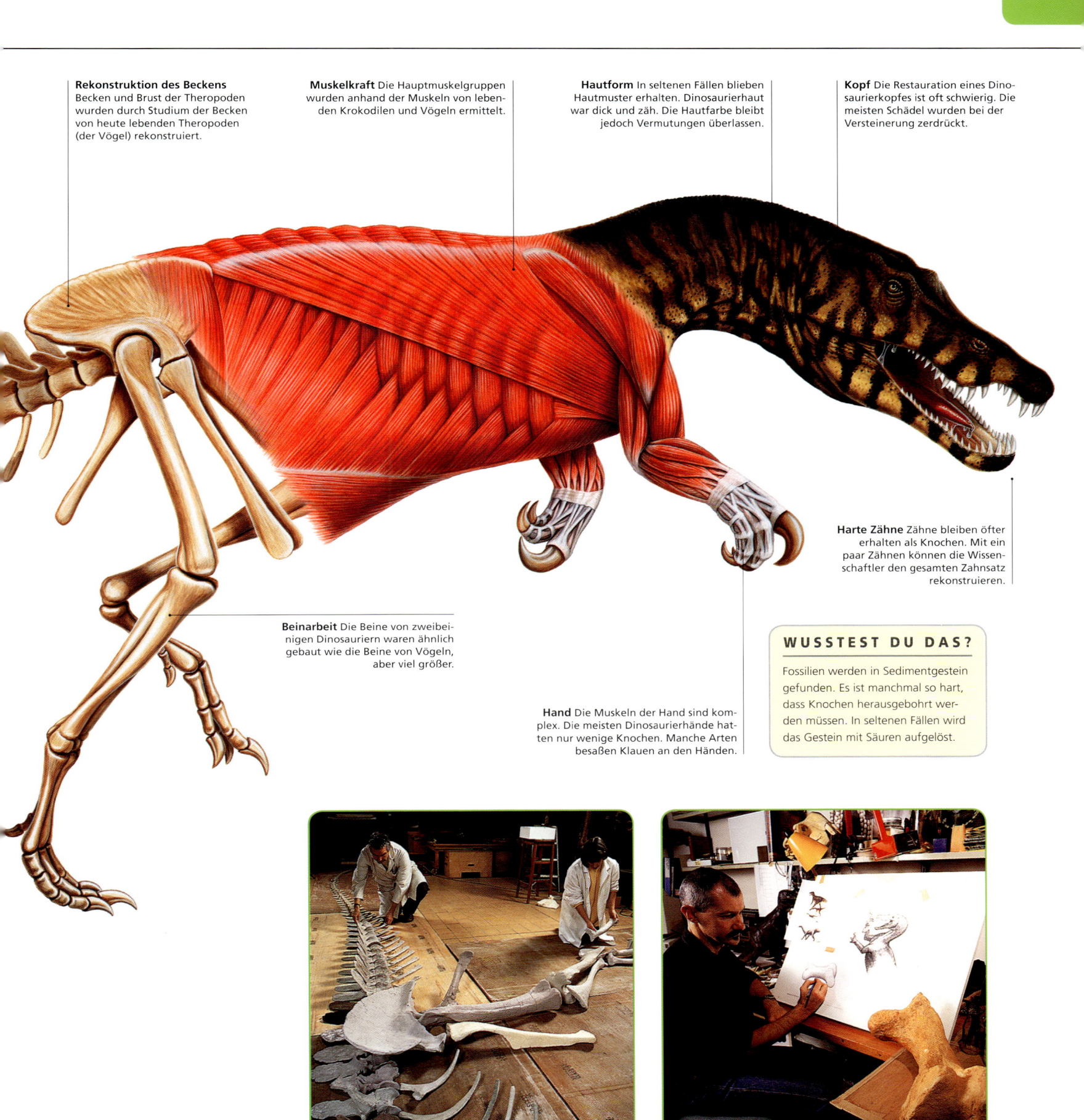

Rekonstruktion des Beckens Becken und Brust der Theropoden wurden durch Studium der Becken von heute lebenden Theropoden (der Vögel) rekonstruiert.

Muskelkraft Die Hauptmuskelgruppen wurden anhand der Muskeln von lebenden Krokodilen und Vögeln ermittelt.

Hautform In seltenen Fällen blieben Hautmuster erhalten. Dinosaurierhaut war dick und zäh. Die Hautfarbe bleibt jedoch Vermutungen überlassen.

Kopf Die Restauration eines Dinosaurierkopfes ist oft schwierig. Die meisten Schädel wurden bei der Versteinerung zerdrückt.

Harte Zähne Zähne bleiben öfter erhalten als Knochen. Mit ein paar Zähnen können die Wissenschaftler den gesamten Zahnsatz rekonstruieren.

Beinarbeit Die Beine von zweibeinigen Dinosauriern waren ähnlich gebaut wie die Beine von Vögeln, aber viel größer.

Hand Die Muskeln der Hand sind komplex. Die meisten Dinosaurierhände hatten nur wenige Knochen. Manche Arten besaßen Klauen an den Händen.

WUSSTEST DU DAS?

Fossilien werden in Sedimentgestein gefunden. Es ist manchmal so hart, dass Knochen herausgebohrt werden müssen. In seltenen Fällen wird das Gestein mit Säuren aufgelöst.

Paläontologen präparieren und konservieren die Knochen. Dann legen sie das vollständige Skelett auf, um zu sehen, welche Knochen fehlen. Aus ähnlichen Knochen bei nahe verwandten Dinosauriern schließen sie auf die Form der fehlenden Knochen.

Wissenschaftliche Zeichner machen genaue Zeichnungen von den Fossilien. Sie arbeiten mit Paläontologen sowie mit Experten für mesozoische Pflanzen und Geologen, die den Zeichnern die Umgebung des Dinosauriers beschreiben.

… DINOSAURIERFORSCHUNG

Mythen und Legenden

Seit vielen Jahrhunderten regen Dinosaurier die Fantasie der Menschen an. Man kann sich leicht vorstellen, wie spannend der erste Knochenfund gewesen sein muss. Obwohl die Dinosaurier 61 Millionen Jahre vor dem Auftauchen des Menschen verschwanden, sind wir noch immer von den gewaltigen urzeitlichen Tieren fasziniert. Die älteste Beschreibung eines Dinosauriers wurde vor 3000 Jahren in China verfasst. Damals glaubte man, dass es sich bei den Knochen um Fossilien eines Drachens handelte. In England galt der Oberschenkelknochen eines *Megalosaurus* vor 300 Jahren als Knochen eines riesenhaften Elefanten oder Menschen. 1820 hielt man Dinosaurierspuren noch für die Fußabdrücke prähistorischer Vögel.

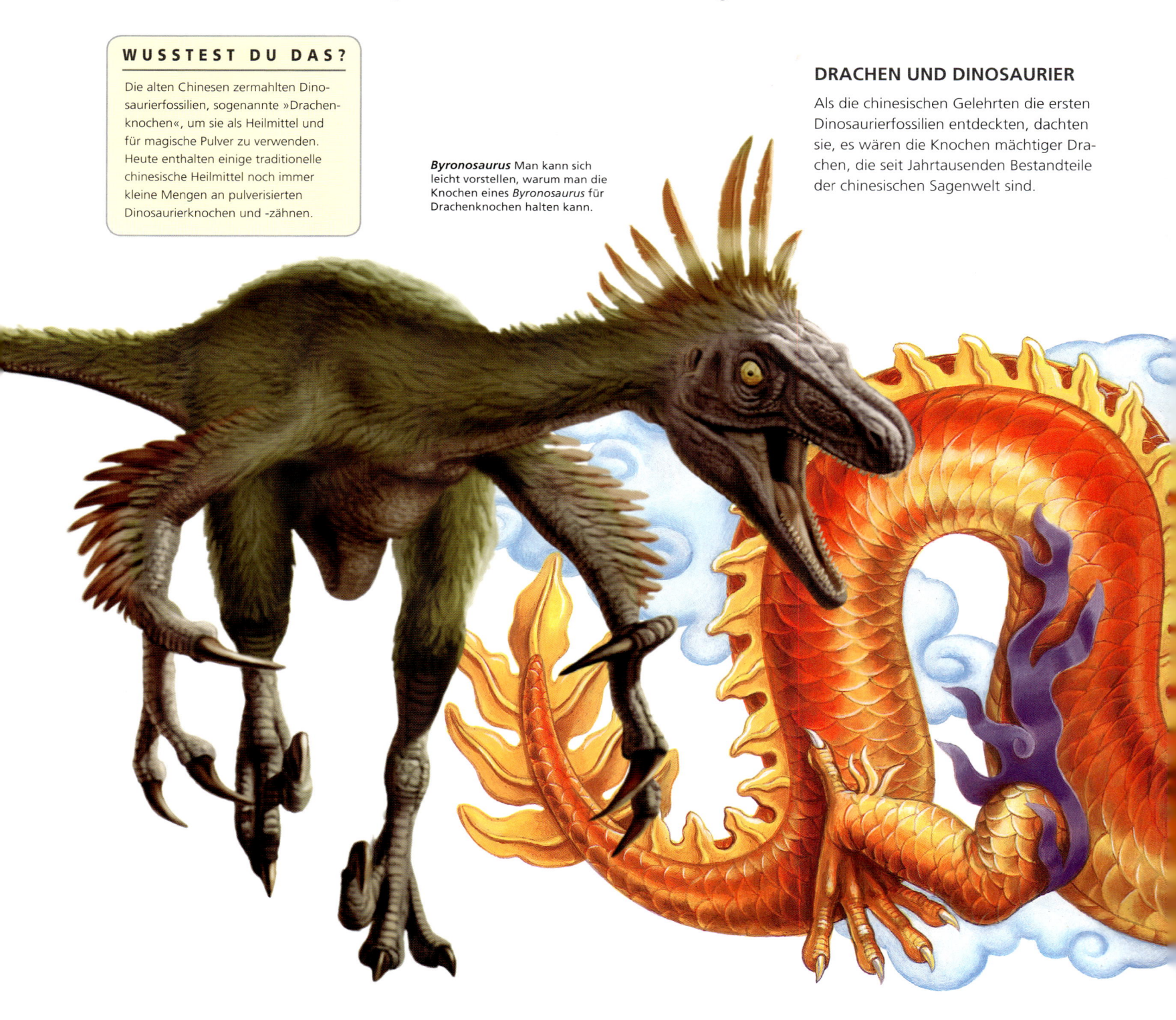

WUSSTEST DU DAS?

Die alten Chinesen zermahlten Dinosaurierfossilien, sogenannte »Drachenknochen«, um sie als Heilmittel und für magische Pulver zu verwenden. Heute enthalten einige traditionelle chinesische Heilmittel noch immer kleine Mengen an pulverisierten Dinosaurierknochen und -zähnen.

Byronosaurus Man kann sich leicht vorstellen, warum man die Knochen eines *Byronosaurus* für Drachenknochen halten kann.

DRACHEN UND DINOSAURIER

Als die chinesischen Gelehrten die ersten Dinosaurierfossilien entdeckten, dachten sie, es wären die Knochen mächtiger Drachen, die seit Jahrtausenden Bestandteile der chinesischen Sagenwelt sind.

MYTHEN UND LEGENDEN 87

VERÄNDERTE VORSTELLUNGEN

IGUANODON

1825 erhielt das *Iguanodon* als zweiter Dinosaurier einen wissenschaftlichen Namen. Die Geschichte der Interpretation seiner Knochen zeigt den wissenschaftlichen Fortschritt und auch, wie sehr sich unsere Vorstellungen vom Aussehen der Dinosaurier verändert haben.

Leguan Die Wissenschaftler glaubten zuerst, das *Iguanodon* wäre ein Riesenleguan, weil es ähnliche Zähne hatte wie ein Leguan.

Drache In einer Zeitschrift aus den 1880er-Jahren wurde das *Iguanodon* als Drache dargestellt.

Reptil In den 1890er-Jahren sah die häufigste Rekonstruktion des *Iguanodon* aus wie ein Reptil auf zwei Beinen, das seinen Schwanz hinter sich über den Boden zieht.

Iguanodon Die heutige Rekonstruktion basiert auf dem Skelett, den Muskeln und den Bändern. Sie zeigt *Iguanodon* auf allen vieren mit dem Schwanz über dem Boden.

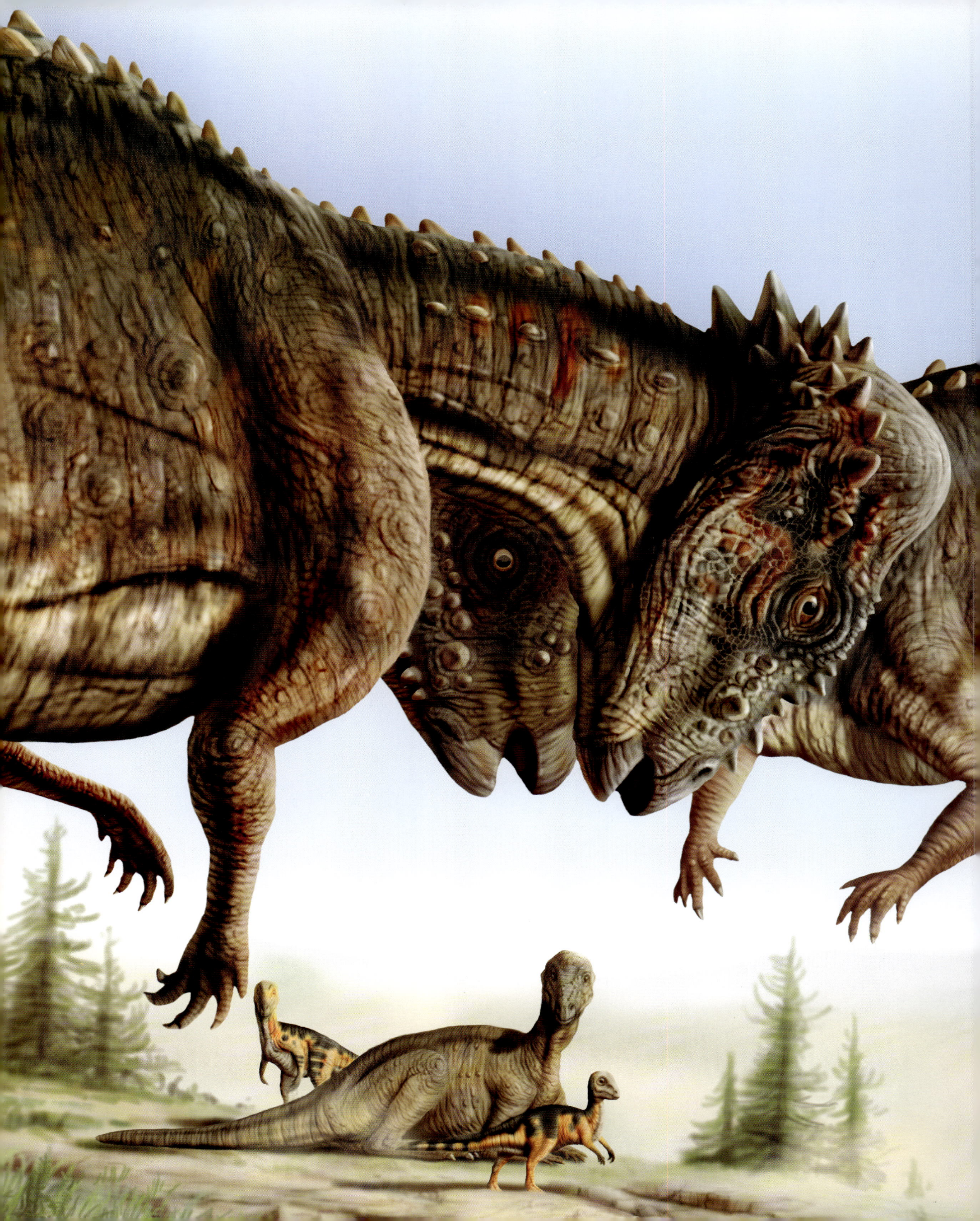

Dinosaurier von A–Z

Abelisaurus

Der südamerikanische Dinosaurier gehört zu einer Gruppe von Fleischfressern, die sich unabhängig von den Tyrannosauriern der nördlichen Kontinente entwickelt hat. Er besaß einen hohen Schädel und sehr kräftige Kiefer, die so schnell zuschnappen konnten, dass die Beute keine Zeit zum Reagieren hatte. Wissenschaftler fanden einen Schädel mit einem Meter Länge. Sie wissen aber nicht, welche Körpergröße der *Abelisaurus* wirklich erreichte.

FAKTEN
NAME: Benannt nach Roberto Abel
ZEIT: Späte Kreidezeit
GRUPPE: Theropoda
NAHRUNG: Fleisch
KÖRPERLÄNGE: 2 Meter
FOSSILFUNDSTELLEN: Argentinien 1985

Abelisaurus

Agustinia

Der Sauropode sah aus wie eine Mischung aus Stegosaurier, Ankylosaurier und Stachelschwein. Seine Haut war mit panzerartigen Knochenklumpen bedeckt, sogenannten Osteodermen. Seinen Rücken schmückten zwei Stachelreihen, die nach außen abstanden. Einige Stacheln waren 75 Zentimeter lang. Auch der Schwanz war mit Stacheln besetzt und wahrscheinlich der Hals ebenso. Es wurden nur einige *Agustinia*-Skelettteile entdeckt. Neue Fossilfunde könnten zu der Erkenntnis führen, dass dieser Dinosaurier noch seltsamer aussah, als wir heute glauben.

FAKTEN
NAME: Benannt nach Agustin Martinelli
ZEIT: Frühe Kreidezeit
GRUPPE: Sauropodamorpha
NAHRUNG: Pflanzen
KÖRPERLÄNGE: 15 Meter
FOSSILFUNDSTELLEN: Argentinien 1999

Agustinia

Albertoceratops

FAKTEN

NAME: »Alberta-Horngesicht«
ZEIT: Späte Kreidezeit
GRUPPE: Theropoda
NAHRUNG: Pflanzen
KÖRPERLÄNGE: 5 Meter
FOSSILFUNDSTELLEN: USA, Kanada 2007

Der gehörnte Dinosaurier sah aus, als hätte er mehrere Dosenöffner auf seinem Kopf. Die Hörner schützten seinen Kragen vor den Bissen der Tyrannosaurier, die zur selben Zeit lebten wie er. Wenn er den Kopf schüttelte, bewegten sich die Stacheln wie kleine Spitzäxte. Sein Gesicht wurde durch zwei lange Brauenhörner geschützt, was für diesen Dinsauriertyp ungewöhnlich war. Der *Albertoceratops* gehörte zur Gruppe der Centrosaurinae, die ein langes Horn auf der Nase hatten.

Albertoceratops

Albertosaurus

Der Dinosaurier hatte einen Körperbau wie sein nächster Verwandter, der *Tyrannosaurus rex*, aber er war nicht so groß und stark. Für Pflanzenfresser wie die entenschnäbligen und gehörnten Dinosaurier sahen die beiden Raubtiere beinahe gleich aus. Der *Albertosaurus* besaß eine Zahnreihe in jedem Kiefer und mindestens eine Reihe von Ersatzzähnen. An den winzigen Händen waren je zwei Finger. Die Arme waren zu kurz, um Futter ins Maul stopfen zu können. Die Wissenschaftler wissen nicht, wozu die Arme verwendet wurden.

FAKTEN

NAME: »Alberta-Echse«
ZEIT: Späte Kreidezeit
GRUPPE: Theropoda
NAHRUNG: Fleisch
KÖRPERLÄNGE: 8 Meter
FOSSILFUNDSTELLEN: USA, Kanada 1905

Albertosaurus

Allosaurus

Der *Allosaurus* zählt zu den bekanntesten Dinosauriern. Er war das Paradebeispiel eines typischen fleischfressenden Carnosauriers des Jura: ein großer, kräftig gebauter Theropode. Der *Allosaurus* war in jedem Lebensstadium gefährlich. Als Baby fraß er Eidechsen, Säugetiere und Insekten. Als Kind fraß er andere Dinosaurierjunge. Als Teenager fraß er alle Tiere, die kleiner waren als er selbst. Ein ausgewachsener *Allosaurus* fraß alles, auch Aas von den größten Dinosauriern, die er nicht jagen und töten konnte. Seine Arme waren muskulös und kräftig. Die gezackten Zähne konnten Fleisch schneller zerreißen als eine Kettensäge.

FAKTEN

NAME: »Andere Echse«
ZEIT: Später Jura
GRUPPE: Theropoda
NAHRUNG: Fleisch
KÖRPERLÄNGE: 12 Meter
FOSSILFUNDSTELLEN: USA 1877

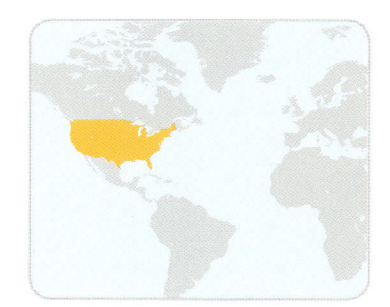

Allosaurus

Die kräftigen Hinterbeine trugen das Gewicht des *Allosaurus* und machten ihn zu einem schnellen Läufer.

KÖRPERBAU DES *ALLOSAURUS*

Der *Allosaurus* war gut an die Jagd angepasst. Mit den kräftigen Greifklauen an den Vorderbeinen, rasiermesserscharfen Zähnen und dehnbaren Kiefern war er ein gefährliches Raubtier.

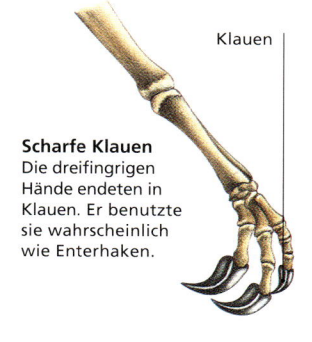

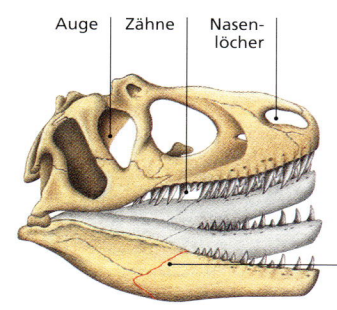

Scharfe Klauen
Die dreifingrigen Hände endeten in Klauen. Er benutzte sie wahrscheinlich wie Enterhaken.

Klauen

Auge   Zähne   Nasenlöcher

Dehnbare Kiefer
Durch ein dehnbares Gelenk im Unterkiefer konnte er den Kiefer nach außen biegen und sein Maul vergrößern.

Dehnbares Gelenk

ALLOSAURUS

FUTTER FÜR DIE GANZE FAMILIE

Vor 150 Millionen Jahren durchstreifte der *Allosaurus* die Wälder Nordamerikas. Er jagte vor allem kleine Pflanzenfresser wie den *Camptosaurus* und manchmal auch große Sauropoden wie den *Diplodocus*. Allosaurier jagten oft zu zweit oder in kleinen Rudeln, gingen aber auch allein auf die Jagd.

Alvarezsaurus

Der seltene Dinosaurier gehört zu der Gruppe von Fleischfressern, die am engsten mit den Vögeln verwandt sind. Obwohl er in Südamerika lebte, hatte er einen ähnlichen Körperbau wie die Ornithomimiden oder straußartigen Dinosaurier Nordamerikas. Über den Dinosaurier ist nur wenig bekannt, weil den Wissenschaftlern ein vollständiges Skelett fehlt. Wir wissen aber, dass er den meisten anderen Dinosauriern davonlaufen und kleine Beutetiere fangen konnte.

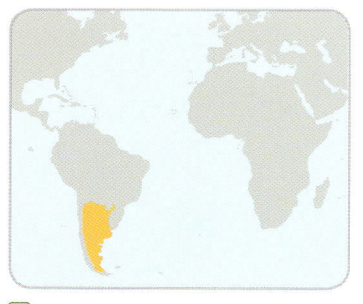

FAKTEN
NAME: Benannt nach Don Gregorio Alvarez
ZEIT: Späte Kreidezeit
GRUPPE: Theropoda
NAHRUNG: Fleisch
KÖRPERLÄNGE: 2 Meter
FOSSILFUNDSTELLEN: Argentinien 1991

Alvarezsaurus

Alwalkeria

Der ungewöhnliche Dinosaurier stammt aus Indien. Er ernährte sich wahrscheinlich von Fleisch und Pflanzen. Sein Gebiss unterschied sich von dem der anderen Dinosaurier. Er hatte sowohl gerade als auch gebogene Zähne. Das vollständigste entdeckte Schädelfossil ist sehr klein. Möglicherweise ist es der Schädel eines Babys, und die Wissenschaftler müssen erst ein ausgewachsenes Exemplar finden. War das Fossil ein ausgewachsenes Tier, dann wäre es kaum größer gewesen als ein Schoßhündchen.

FAKTEN
NAME: Benannt nach Alick Walker
ZEIT: Späte Trias
GRUPPE: Sauropodamorpha
NAHRUNG: Pflanzen und Fleisch
KÖRPERLÄNGE: 1 Meter
FOSSILFUNDSTELLEN: Indien 1986

WUSSTEST DU DAS?

Allesfresser ernähren sich von Pflanzen und Tieren. Einige Dinosaurier waren zwar Allesfresser, aber Fleisch bildete den Hauptbestandteil ihrer Nahrung. Allesfresser fraßen alles, was sie finden konnten, wie Beeren, Samen, Larven und Insekten.

Alwalkeria

ANCHISAURUS 95

Amargasaurus

FAKTEN
NAME: Benannt nach dem Fundort La Amarga (Argentinien)
ZEIT: Frühe Kreidezeit
GRUPPE: Sauropodamorpha
NAHRUNG: Pflanzen
KÖRPERLÄNGE: 10 Meter
FOSSILFUNDSTELLEN: Argentinien 1991

Mit einer Länge von zehn Metern war der *Amargasaurus* ein äußerst kleiner Sauropode oder »langhalsiger« Dinosaurier. Ein Merkmal unterschied ihn von anderen Sauropoden: zwei parallele Reihen langer Stacheln auf Hals und Rücken. Die Wissenschaftler haben verschiedene Theorien darüber, wozu die hohen »Segel« verwendet wurden. Wahrscheinlich dienten sie der Verteidigung.

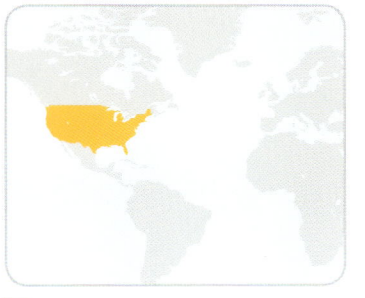

Amargasaurus

Anchisaurus

Der *Anchisaurus* wurde 1865 im Sandstein von Connecticut (USA) entdeckt.

Anchisaurus

Der *Anchisaurus* gehört zu den kleineren und frühesten Sauropoden. Er ist nicht so berühmt wie die Riesen aus dem Jura. Er wog 35 Kilogramm und konnte nur Pflanzen auf Bodenhöhe fressen. Er hatte einen Daumen, stumpfe Zähne und konnte den Fleischfressern nicht davonlaufen. Der *Anchisaurus* erhielt seinen Namen 1885, kurz nachdem seine fossilen Fußabdrücke entdeckt worden waren.

FAKTEN
NAME: »Einer Echse ähnlich«
ZEIT: Früher Jura
GRUPPE: Sauropodamorpha
NAHRUNG: Pflanzen
KÖRPERLÄNGE: 2,4 Meter
FOSSILFUNDSTELLE: USA 1885

Ankylosaurus

Die Außenseite des *Ankylosaurus*-Schädels war mit einem Panzer bedeckt, der mit dem Schädel verwachsen war. In der Nasenhöhle gab es acht Kammern, die zur Temperaturregulierung dienten oder den Geruchssinn verbesserten. Auf dem Rücken waren biegsame Panzerplatten. Der Schwanz endete in einer Knochenkeule, die das Knie eines Tyrannosauriers zertrümmern konnte. Der *Ankylosaurus* konnte den Fleischfressern nicht davonlaufen, aber sein Körper war eine mächtige Festung, die nicht umgeworfen werden konnte.

FAKTEN
NAME: »Steife Echse«
ZEIT: Späte Kreidezeit
GRUPPE: Ankylosauria
NAHRUNG: Pflanzen
KÖRPERLÄNGE: 10 Meter
FOSSILFUNDSTELLEN: USA 2006

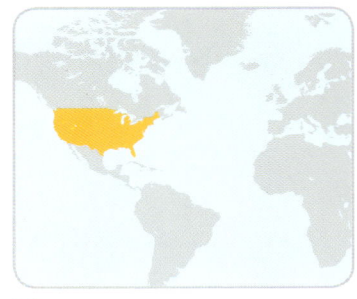

Ankylosaurus

Das Fossil wurde in der Wüste Gobi entdeckt. Der *Ankylosaurus* besaß einen Knochenpanzer, der den Körper schützte.

Die Schwanzkeule wurde wie eine Abrissbirne eingesetzt. Sie konnte einem angreifenden Raubtier schwere Verletzungen zufügen.

ZÄHE HAUT
Der *Ankylosaurus* hatte auf seinem Rücken einen Panzer aus dicken Knochenplatten und Stacheln.

APATOSAURUS | 97

Antarctopelta

FAKTEN
NAME: »Antarktischer Schild«
ZEIT: Späte Kreidezeit
GRUPPE: Ankylosauria
NAHRUNG: Pflanzen
KÖRPERLÄNGE: 4 Meter
FOSSILFUNDSTELLEN: Antarktis 2006

Antarctopelta hatte einen Körperschild mit zahllosen Stacheln. Die Wissenschaftler wissen nicht, ob der Schwanz des Dinosauriers in einer Keule endete. *Antarctopelta* besaß ähnliche Körpermerkmale wie die frühen Ankylosaurier, tauchte jedoch viel später auf. Deshalb vermuten die Paläontologen, dass die Dinosaurierart von den anderen Ankylosauriern, die sich auf den großen Kontinenten weiterentwickelten, isoliert wurde.

■ *Antarctopelta*

Apatosaurus

FAKTEN
NAME: »Trügerische Echse«
ZEIT: Später Jura
GRUPPE: Sauropodamorpha
NAHRUNG: Pflanzen
KÖRPERLÄNGE: 25 Meter
FOSSILFUNDSTELLEN: USA 1877

Die früher als *Brontosaurus* bezeichnete Art hatte einen massigen Körper. Die Zähne waren wie die Zacken eines Rechens. Sie konnten Pflanzenmaterial von Bäumen schälen, aber nicht zerkauen. Zwar besaß er an den Vorderbeinen jeweils nur eine Daumenklaue, hatte aber genügend Kraft, um damit einen Fleischfresser in Stücke zu zerreißen. Ein gesunder, ausgewachsener *Apatosaurus* war vor beinahe allen Raubtieren sicher.

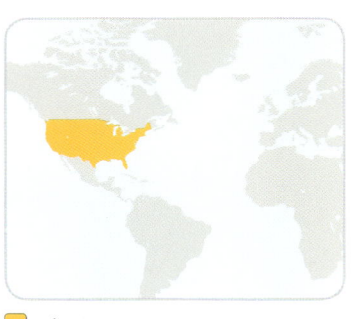

■ *Apatosaurus*

Argentinosaurus

Einige Wissenschaftler glauben, dass der *Argentinosaurus* das größte Tier ist, das je auf der Erde gelebt hat. Es wurden zwar nur ein paar Knochen gefunden, aber darunter befanden sich bis zu 1,2 Meter hohe Rückenwirbel. Der Dinosaurier wog über 70 Tonnen und erreichte eine Körperhöhe von 21,4 Metern. Er hätte durch die Fenster im fünften Stockwerk eines Gebäudes schauen können. Der *Argentinosaurus* wurde in Patagonien (Argentinien) entdeckt, wo man auch andere Dinosaurierriesen wie den *Giganotosaurus* fand.

WUSSTEST DU DAS?

Mehrere Arten könnten die größten Dinosaurier gewesen sein. Der *Amphicoelias* gilt mit 60 Metern bisher als größter Dinosaurier. Seine Beschreibung basiert jedoch nur auf Zeichnungen von einem verloren gegangenen Fossil.

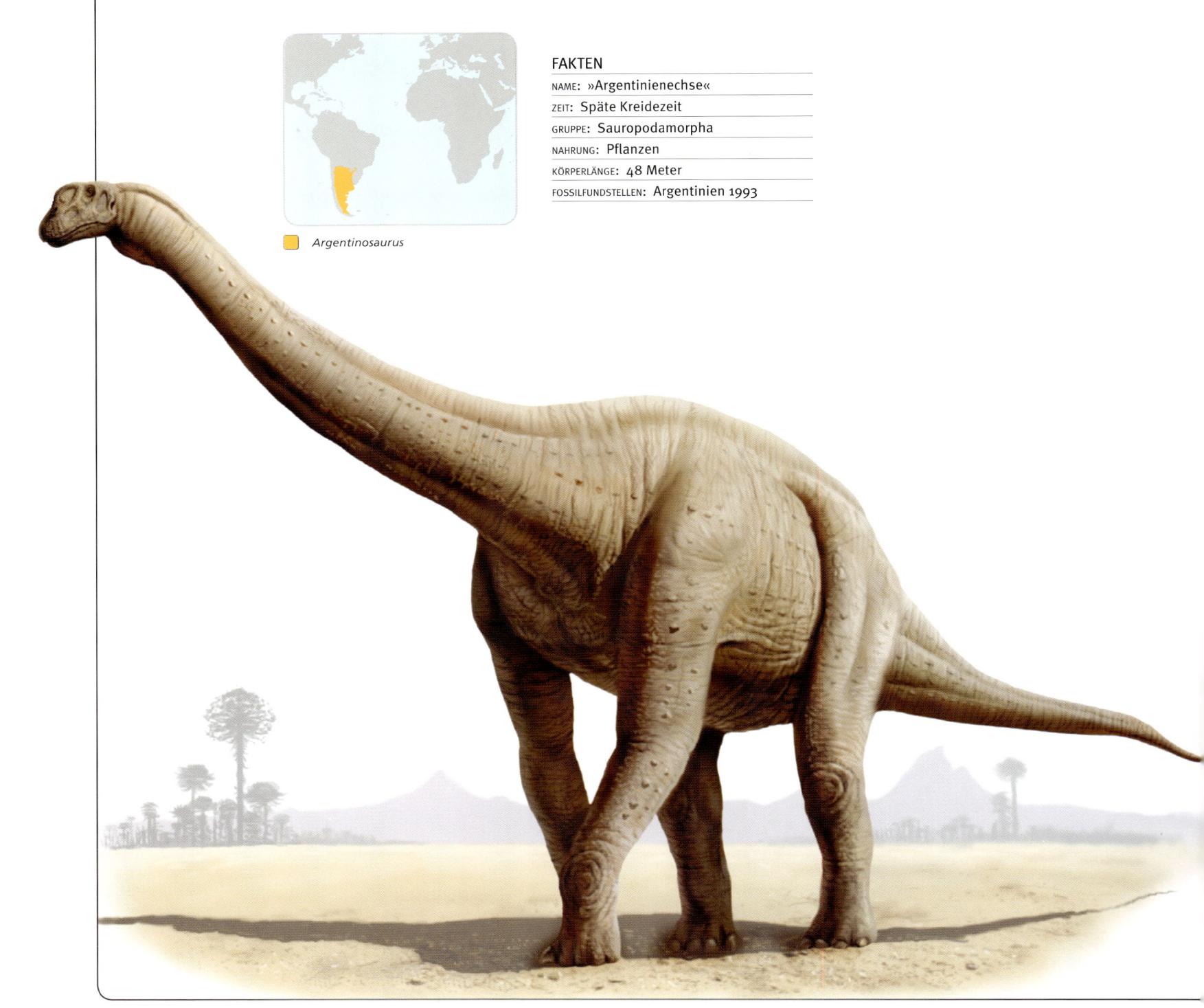

Argentinosaurus

FAKTEN

NAME:	»Argentinienechse«
ZEIT:	Späte Kreidezeit
GRUPPE:	Sauropodamorpha
NAHRUNG:	Pflanzen
KÖRPERLÄNGE:	48 Meter
FOSSILFUNDSTELLEN:	Argentinien 1993

Atlascopcosaurus

Der kleine Pflanzenfresser wurde nur drei Meter lang und verbrachte sein Leben damit, Blätter zu fressen, ohne dabei von den schnelleren Fleischfressern entdeckt zu werden. Möglicherweise lebte er in Familiengruppen oder kleinen Herden. Die Dinosaurierhöhle in Victoria (Australien), wo die Fossilien des *Atlascopcosaurus* gefunden wurden, ist wahrscheinlich bekannter als viele der dort entdeckten Dinosaurier. Die Höhle musste mit Bergbaumaschinen in die Meeresklippen gebohrt werden. Dadurch wurde sie zur ersten »Dinosauriermine« der Welt. Der *Atlascopcosaurus* wurde nach der Firma benannt, die die Ausrüstung für die Ausgrabungen bereitstellte.

FAKTEN

NAME: »Atlas-Corporation-Echse«
ZEIT: Frühe Kreidezeit
GRUPPE: Ornithopoda
NAHRUNG: Pflanzen
KÖRPERLÄNGE: 3 Meter
FOSSILFUNDSTELLEN: Australien 1989

Avimimus

FAKTEN

NAME: »Vogelnachahmer«
ZEIT: Späte Kreidezeit
GRUPPE: Theropoda
NAHRUNG: Fleisch
KÖRPERLÄNGE: 1,5 Meter
FOSSILFUNDSTELLEN: Mongolei 1981

Der leichte, vogelähnliche Dinosaurier war eine Unterart des *Oviraptor*. Er lebte als Raubtier in halbtrockenen Umgebungen, ernährte sich sowohl von Pflanzen als auch von Tieren und hatte einen zahnlosen Schnabel. Die Paläontologen vermuten, dass er gefiedert war, aber nicht fliegen konnte. Der *Avimimus* zählte zu den schnellsten Dinosauriern.

Der *Avimimus* hatte einen langen Hals und kurzen Kopf mit einem zahnlosen Maul. Anstelle von Zähnen besaß er einen scharfen Schnabel.

Bambiraptor

Unser Wissen über diesen Dinosaurier gründet auf einem zu 95 Prozent erhaltenen Fossil. Wissenschaftler fanden heraus, dass es sich dabei um ein Jungtier handelt. Der Dinosaurier hatte ein großes Gehirn. Er konnte die Arme auf dieselbe Weise am Körper anlegen wie die Vögel ihre Flügel. Zwar sind keine Federn erhalten, aber der *Bambiraptor* gehörte zu einer Gruppe gefiederter Dinosaurier. *Bambiraptor* könnte auch das Fossil eines anderen gefiederten Dinosauriers sein (*Saurornitholestes*). Die Paläontologen werden das erst genau wissen, wenn sie weitere Fossilien untersuchen können.

FAKTEN
NAME: »Bambidieb«
ZEIT: Späte Kreidezeit
GRUPPE: Theropoda
NAHRUNG: Fleisch
KÖRPERLÄNGE: 1,5 Meter
FOSSILFUNDSTELLEN: USA 2000

Bambiraptor

Barosaurus

Der jurassische Riese wird als »*Diplodocus* – nur länger« beschrieben. Er ist ein seltener Vertreter aus der Familie Diplodocidae. Der *Barosaurus* hatte einen kleinen Kopf und kleine Zähne. Im Gegensatz zum *Camarasaurus*, der zur selben Zeit lebte und sich von zähen, faserigen Pflanzen ernährte, fraß er weiches Pflanzenmaterial. Deshalb konnten der *Barosaurus* und der *Camarasaurus* Seite an Seite leben, ohne um dieselben Nahrungsquellen kämpfen zu müssen.

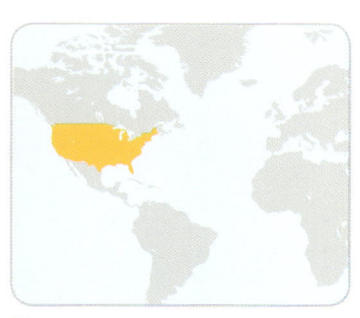

FAKTEN
NAME: »Schwere Echse«
ZEIT: Später Jura
GRUPPE: Sauropodamorpha
NAHRUNG: Pflanzen
KÖRPERLÄNGE: 26 Meter
FOSSILFUNDSTELLEN: USA 1890

Barosaurus

Baryonyx

Der *Baryonyx* hatte 64 Zähne, mehr als die meisten anderen Theropoden. Sie waren gezackt und nicht so flach wie die Zähne der anderen Theropoden.

Der Dinosaurier lebte an der Küste und jagte im Wasser nach Fischen. Er hatte einen langen, schlanken Hals und die Schädelform eines Krokodils. Vielleicht schnappte er mit der schlanken Schnauze auf dieselbe Weise nach Beute wie die heutigen Krokodile. Er war wahrscheinlich ein besserer Jäger als Bären oder Krokodile.

■ *Baryonyx*

DIE HÄNDE DES *BARYONYX*

Das erste Körperteil des *Baryonyx*, das gefunden wurde, war eine 35 Zentimeter lange Klaue.

Der *Baryonyx* hatte kräftige Arme und große Hände. Seine Klauen verwendete er als Fischhaken.

FAKTEN

NAME: »Schwere Klaue«
ZEIT: Frühe Kreidezeit
GRUPPE: Theropoda
NAHRUNG: Fleisch
KÖRPERLÄNGE: 9 Meter
FOSSILFUNDSTELLEN: England 1986

FISCHFRESSER

Der dünne Kiefer und die gezackten Zähne des *Baryonyx* brachten die Wissenschaftler auf die Vermutung, dass er keine großen Tiere angreifen und erlegen konnte. Er ernährte sich vermutlich von Fischen.

Beipiaosaurus

Der Dinosaurier gehörte zur seltsamsten Dinosauriergruppe, den Therizinosauriern. Diese vogelähnlichen Dinosaurier hatten lange Hälse, kleine Köpfe und Zähne, die eher zum Pflanzenfressen geeignet schienen. Der *Beipiaosaurus* besaß die Körpergröße und das Gewicht eines Athleten. Sein Körper war mit Federn bedeckt, aber er konnte nicht fliegen. Einige Knochen waren zu einer Struktur verwachsen, die den heutigen Vögeln beim Fliegen hilft. Wir wissen nicht, warum der *Beipiaosaurus* diese Knochenstruktur hatte.

FAKTEN
NAME: »Echse aus Beipiao«
ZEIT: Späte Kreidezeit
GRUPPE: Theropoda
NAHRUNG: Fleisch
KÖRPERLÄNGE: 2,2 Meter
FOSSILFUNDSTELLEN: China 1999

Beipiaosaurus

Bonitasaura

Bonitasaura war ein großer Pflanzenfresser mit breitem Maul, das aussah wie eine Schaufel mit geradem Rand. Der Dinosaurier hatte zahllose kleine Zähne, die wie die Zacken eines Rechens das Futter durchsiebten. Hinter den Zähnen befand sich eine schnabelähnliche Struktur, mit der das Pflanzenmaterial zerschnitten wurde. Der muskulöse Hals half beim Abreißen von Blättern und kleinen Zweigen.

FAKTEN
NAME: »Echse aus dem Steinbruch von La Bonita«
ZEIT: Späte Kreidezeit
GRUPPE: Sauropodamorpha
NAHRUNG: Pflanzen
KÖRPERLÄNGE: 9 Meter
FOSSILFUNDSTELLEN: Argentinien 2004

Bonitasaura

Brachiosaurus

Brachiosaurus

Würde dieser Riese in der heutigen Zeit leben, dann könnte er durch die Fenster im fünften Stockwerk eines Gebäudes schauen. Es dauerte mehr als dreißig Jahre, bis er diese Körperhöhe erreichte. Er gehört zu den wenigen Dinosauriern, deren Vorderbeine länger sind als die Hinterbeine. Ein ausgewachsener *Brachiosaurus* stand wie eine Giraffe und konnte die Blätter von den Baumwipfeln fressen.

FAKTEN
NAME: »Armechse«
ZEIT: Später Jura
GRUPPE: Sauropodamorpha
NAHRUNG: Pflanzen
KÖRPERLÄNGE: 25 Meter
FOSSILFUNDSTELLEN: USA, Tansania 1903

Byronosaurus

FAKTEN
NAME: »Byrons Echse« (nach Byron Jaffe)
ZEIT: Späte Kreidezeit
GRUPPE: Ornithopoda
NAHRUNG: Fleisch
KÖRPERLÄNGE: 1,5 Meter
FOSSILFUNDSTELLEN: Mongolei 2000

Der flinke Fleischfresser war zierlich und konnte deshalb nur kleine Tiere angreifen. Er wog fünf Kilogramm und war etwa 43 Zentimeter hoch. Seine kleinen, dünnen Zähne unterschieden sich von den dicken, sägeartigen Zähnen seiner Verwandten, der Troodontiden. Dadurch beschränkte sich die Nahrung des *Byronosaurus* auf Tiere mit weichen Körpern wie Vögel, Säugetiere, Insekten und Frösche. Die lange Schnauze schützte im Kampf die Augen.

Byronosaurus

Camarasaurus

Im späten Jura war der Dinosaurier der häufigste Sauropode im Westen der Vereinigten Staaten. Es wurden zahlreiche vollständige Skelette jeder Altersgruppe gefunden. Der Camarasaurus zählt deshalb zu den am besten erforschten Dinosauriern. Der große Pflanzenfresser hatte sich auf hartfaserige Vegetation spezialisiert. Mit seinen 16 Zentimeter langen Zähnen schälte er Zweige von den Bäumen. Seine Nasenhöhle war verlängert. Wahrscheinlich besaß er einen ausgezeichneten Geruchssinn. Der Camarasaurus wanderte möglicherweise in Herden umher.

FAKTEN
NAME: »Kammer-Echse«
ZEIT: Später Jura
GRUPPE: Sauropodamorpha
NAHRUNG: Pflanzen
KÖRPERLÄNGE: 18 Meter
FOSSILFUNDSTELLEN: USA 1877

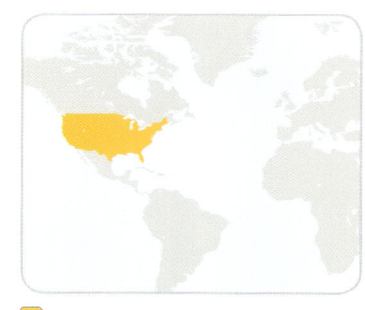

Camarasaurus

Der Camarasaurus hatte löffelförmige Zähne, aber keine Mahlzähne. Mit dem langen Hals konnte er die Blätter der hohen Bäume erreichen.

Carcharodontosaurus

Der Fleischfresser lebte vor etwa 90 Millionen Jahren in Afrika. Früher dachte man, dass er so groß war wie der Tyrannosaurus rex. Heute wissen die Paläontologen jedoch, dass er kleiner war. Sein Schädel war leichter als der des Tyrannosaurus rex. Der Carcharodontosaurus konnte jedoch schneller zubeißen und seine Zähne waren schärfer. Er machte vermutlich öfter Jagd auf Sauropoden als auf andere Pflanzenfresser. Seine dreieckigen Zähne waren nicht so weit nach hinten gebogen wie bei anderen Theropoden. Sie sahen aus wie Haifischzähne, worauf auch sein Name hinweist.

FAKTEN
NAME: »Haifischzahnechse«
ZEIT: Frühe Kreidezeit
GRUPPE: Theropoda
NAHRUNG: Fleisch
KÖRPERLÄNGE: 13 Meter
FOSSILFUNDSTELLEN: Nordafrika 1931

Carcharodontosaurus

Carnotaurus

Der kleine, zierliche Fleischfresser zählt zu den Abelisauriern, einer Theropodengruppe auf den Kontinenten der Südhalbkugel. Er besaß zwei hervorstechende Merkmale: die Hörner über den Augen und seine ungewöhnlichen Unterarme. Er hatte einen schmalen Schädel und lauerte in einem Hinterhalt auf größere Pflanzenfresser und kleinere Dinosaurier. Sein Schädel war zu zerbrechlich, um ihn im Kampf einzusetzen. Er wurde wahrscheinlich eher zum Aufbrechen von Dinosaurierkadavern verwendet.

FAKTEN
NAME: »Fleischfressender Stier«
ZEIT: Frühe Kreidezeit
GRUPPE: Theropoda
NAHRUNG: Fleisch
KÖRPERLÄNGE: 8 Meter
FOSSILFUNDSTELLEN: Argentinien 1985

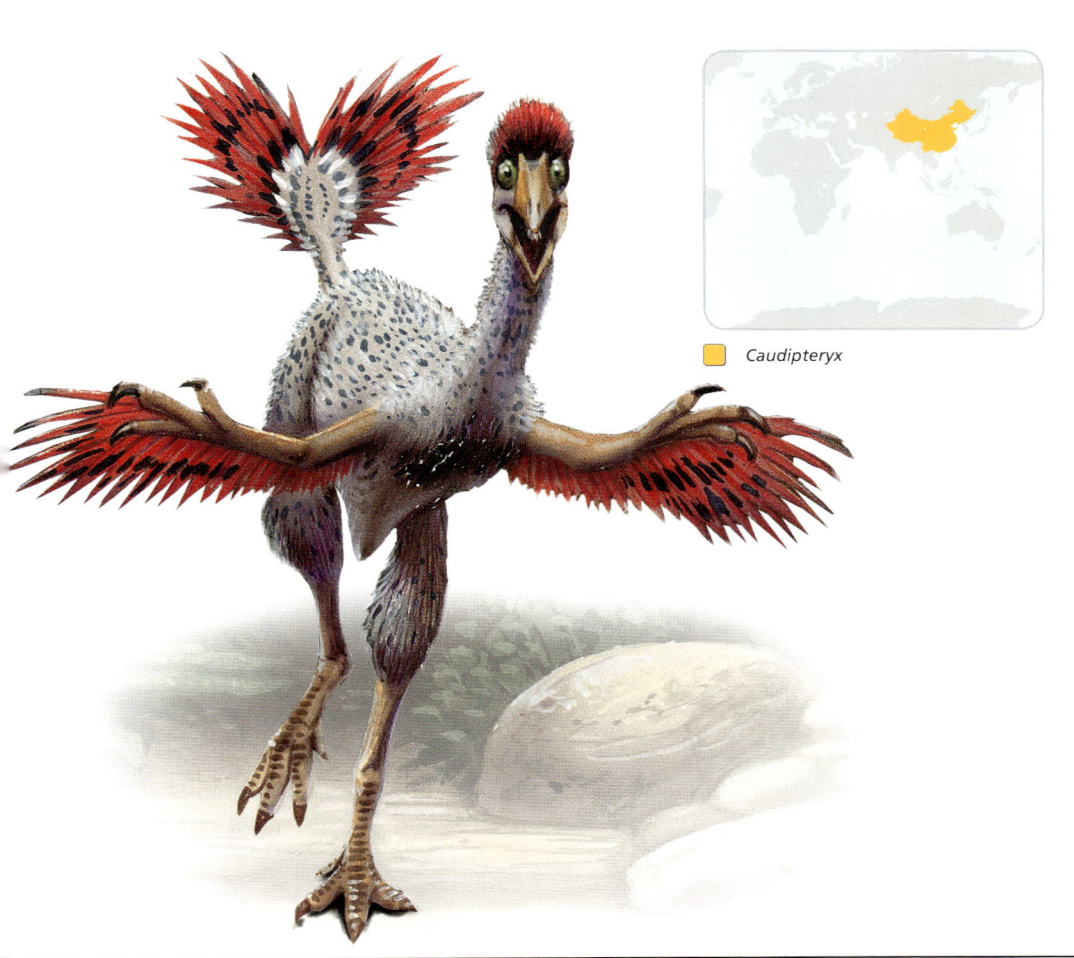

Caudipteryx

Der Fund dieses Fossils war eine Sensation. Der Dinosaurier besaß ein vollständig entwickeltes Federkleid. Er konnte zwar nicht fliegen, aber möglicherweise durch die Luft gleiten. Die Federn lieferten den Beweis, dass Dinosaurier und Vögel zur selben Tiergruppe gehören. Der *Caudipteryx* hatte auch Magensteine, sogenannte Gastrolithen. Das bedeutet, dass er wahrscheinlich Pflanzen und Tiere fraß. Gastrolithen dienen zum Zerreiben des Pflanzenmaterials im Magen.

FAKTEN
NAME: »Schwanzfeder«
ZEIT: Frühe Kreidezeit
GRUPPE: Theropoda
NAHRUNG: Pflanzen und Fleisch
KÖRPERLÄNGE: 1 Meter
FOSSILFUNDSTELLEN: China 1998

Centrosaurus

Der gehörnte Vogelbeckendinosaurier hat seinen eigenen Naturschutzpark: den Dinosaurier-Provinzpark in Alberta (Kanada). In dem Park befindet sich eine Fundstelle mit Zehntausenden *Centrosaurus*-Skeletten. Die Wissenschaftler glauben, dass eine Herde versuchte, einen Fluss zu überqueren. Dabei sind viele Dinosaurier ertrunken. An der Fundstelle sind mehr Dinosaurierskelette vergraben, als es Paläontologen auf der ganzen Welt gibt.

FAKTEN
NAME:	»Spitzhornechse«
ZEIT:	Späte Kreidezeit
GRUPPE:	Ceratopsia
NAHRUNG:	Pflanzen
KÖRPERLÄNGE:	6 Meter
FOSSILFUNDSTELLEN:	USA, Kanada 1904

Centrosaurus

Ceratosaurus

Der *Ceratosaurus* war ein fleischfressender Dinosaurier des späten Jura. Er gehörte zu einer Gruppe früher Theropoden. Sein Hauptmerkmal war das Horn auf der Nasenspitze ausgewachsener Tiere. Das Horn war zu klein, um der Verteidigung zu dienen. Vielleicht wurde es bei Drohgebärden eingesetzt. Bisher wurden nur ein einziger Schädel und ein vollständiges Skelett des *Ceratosaurus* gefunden.

FAKTEN
NAME:	»Hornechse«
ZEIT:	Später Jura
GRUPPE:	Theropoda
NAHRUNG:	Fleisch
KÖRPERLÄNGE:	6 Meter
FOSSILFUNDSTELLEN:	USA 1884

Ceratosaurus

Chasmosaurus

Der *Chasmosaurus* gehört zur selben Gruppe wie der *Triceratops*. Er hatte lange Brauenhörner über Augen und Nase. Auch sein Kragen war lang und bildete ein Gegengewicht zum Gesicht, an dem die Kiefermuskeln ansetzten. Es wurden verschiedene Schädel gefunden, die zur Benennung mehrerer *Chasmosaurus*-Arten führten. Möglicherweise beruhen die Unterschiede der Skelette aber nur auf dem Gesundheitszustand, dem Alter, der Umgebung und dem Geschlecht.

FAKTEN

NAME:	»Lochechse«
ZEIT:	Späte Kreidezeit
GRUPPE:	Ceratopsia
NAHRUNG:	Pflanzen
KÖRPERLÄNGE:	5 Meter
FOSSILFUNDSTELLEN:	USA, Kanada 1914

PFLANZENFRESSENDE HERDEN

Pflanzenfressende Dinosaurier wanderten auf Futtersuche oft in Herden umher. Auf der Abbildung sieht man den *Chasmosaurus* und einen weiteren nordamerikanischen Dinosaurier, den haubentragenden *Corythosaurus*. Eine Dinosaurierherde bestand aus mehr als 1000 Tieren.

Chasmosaurus

Coelophysis

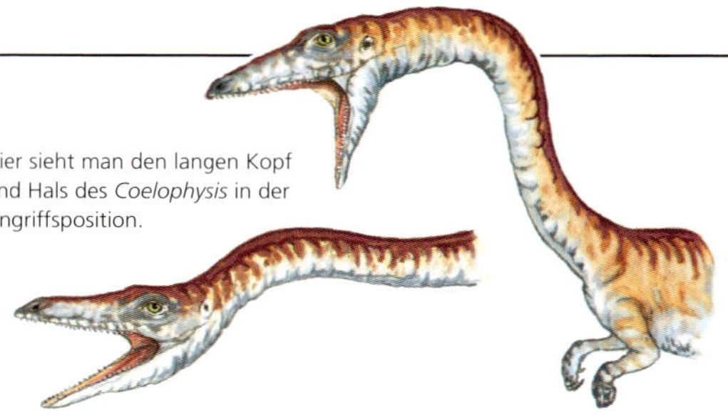

Der Theropode lebte in der Trias. In New Mexico (USA) wurden zahlreiche Skelette dieser Dinosaurierart gefunden. Mit der langen Schnauze und den langen Armen konnte *Coelophysis* kleine Beutetiere fangen. Zu seinen Lebzeiten zählte der Dinosaurier zu den schnellsten Tieren auf der Erde. Bei mehreren Skeletten fand man im Bereich des Magens die Überreste junger Dinosaurier. Diese Dinosaurier waren gestorben, bevor sie ihre letzte Mahlzeit verdaut hatten.

Hier sieht man den langen Kopf und Hals des *Coelophysis* in der Angriffsposition.

FAKTEN
- NAME: »Hohle Form«
- ZEIT: Späte Trias
- GRUPPE: Theropoda
- NAHRUNG: Fleisch
- KÖRPERLÄNGE: 3 Meter
- FOSSILFUNDSTELLEN: Südafrika, USA 1889

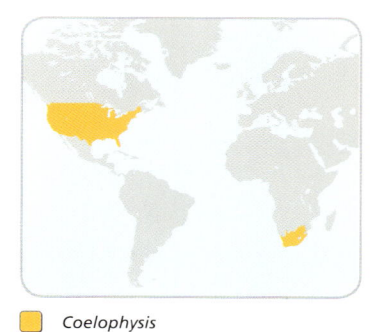

Coelophysis

Compsognathus

Der *Compsognathus* war ein Theropode von der Körpergröße eines großen Truthahns, der kleine Tiere jagte. Im Magen eines fossilen Exemplars fand man eine vollständige Eidechse, die im Ganzen verschlungen worden ist. Die kleinen Zähne waren an das Festhalten der Beute angepasst. Größere Theropoden schnitten mit den Zähnen Fleischstücke aus ihren Opfern. Der *Compsognathus* wurde in derselben Fossillagerstätte gefunden wie *Archaeopteryx*, der erste Vogel, sowie die Pterosaurier *Rhamphorhynchus* und *Pterodactylus*. Sie lebten alle in einem lagunenähnlichen Gebiet.

Der *Compsognathus* war ein flinkes Raubtier. Da die Hände der entdeckten Fossilien nicht vollständig erhalten sind, wissen die Wissenschaftler nicht, ob der Dinosaurier drei oder zwei Finger hatte.

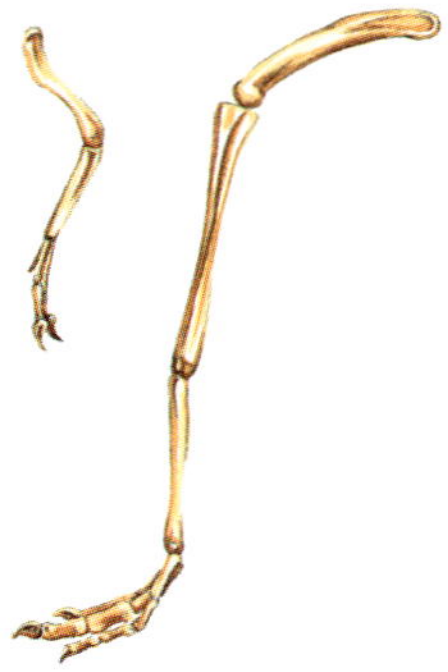

FAKTEN
- NAME: »Eleganter Kiefer«
- ZEIT: Später Jura
- GRUPPE: Theropoda
- NAHRUNG: Fleisch
- KÖRPERLÄNGE: 1 Meter
- FOSSILFUNDSTELLEN: Frankreich, Deutschland 1859

Compsognathus

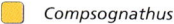

Corythosaurus

Am Schädel kann man die Höhe des Kamms erkennen. Fossile Exemplare mit großen Kämmen waren vermutlich ausgewachsene Männchen. Die Kämme dienten wahrscheinlich zum Anlocken von Weibchen und zur Einschüchterung anderer Männchen.

Corythosaurus

Der Entenschnabeldinosaurier taucht in den meisten Dinosaurierbüchern auf. Sein Kamm (oder »Helm«) hatte zwei hohle Kammern. Sie regelten wahrscheinlich die Feuchtigkeit und verbesserten den Geruchssinn. Der Dinosaurier konnte damit Töne erzeugen. Schädelform und Töne werden mit einem Waldhorn verglichen. Der Kamm bestand aus dem Oberlippenknochen, der über den Schädel nach hinten wuchs.

FAKTEN
NAME: »(Korinthische) Helmechse«
ZEIT: Späte Kreidezeit
GRUPPE: Ornithopoda
NAHRUNG: Pflanzen
KÖRPERLÄNGE: 10 Meter
FOSSILFUNDSTELLEN: USA, Kanada 1914

Cyrolophosaurus

Cyrolophosaurus

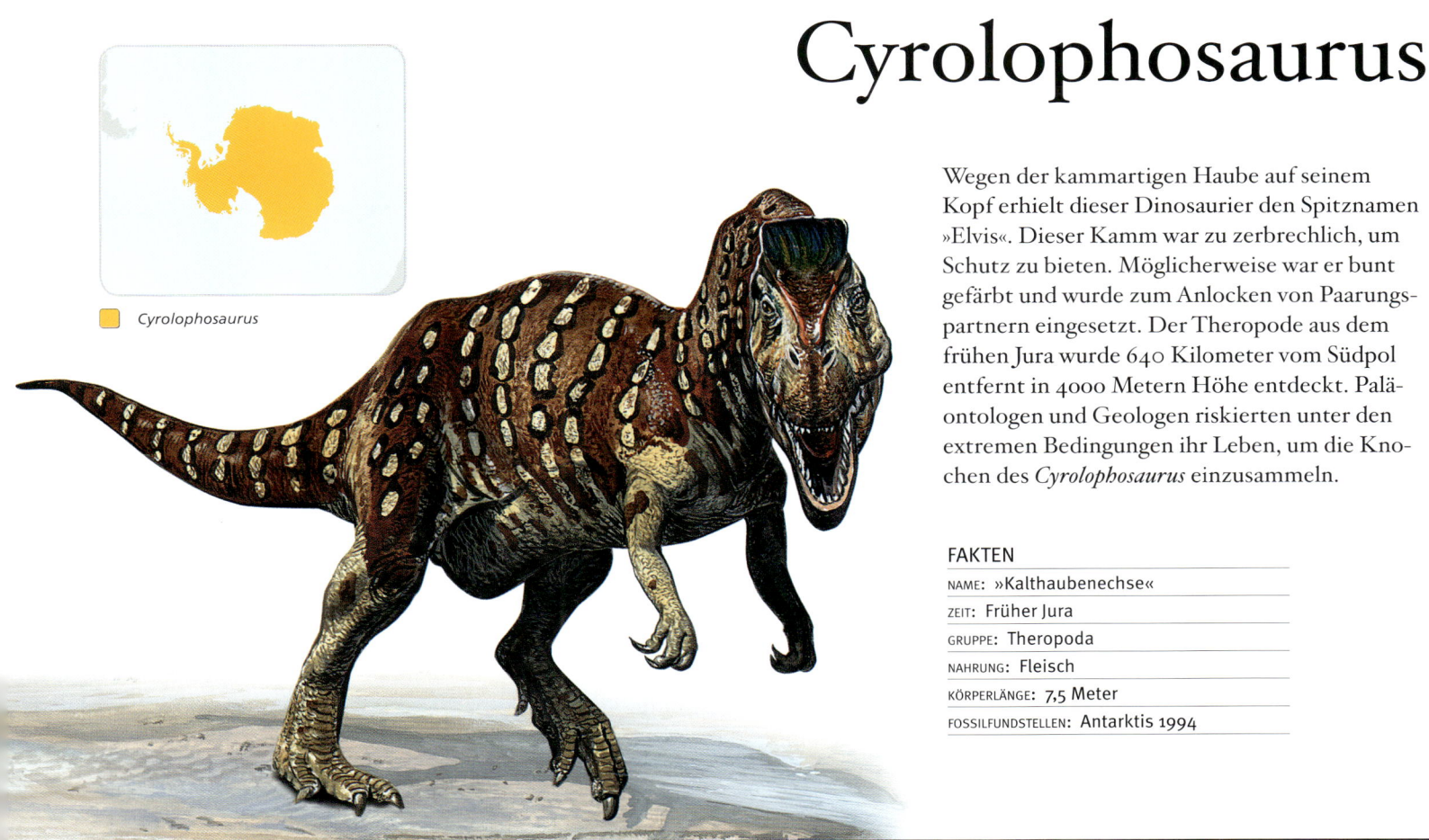

Wegen der kammartigen Haube auf seinem Kopf erhielt dieser Dinosaurier den Spitznamen »Elvis«. Dieser Kamm war zu zerbrechlich, um Schutz zu bieten. Möglicherweise war er bunt gefärbt und wurde zum Anlocken von Paarungspartnern eingesetzt. Der Theropode aus dem frühen Jura wurde 640 Kilometer vom Südpol entfernt in 4000 Metern Höhe entdeckt. Paläontologen und Geologen riskierten unter den extremen Bedingungen ihr Leben, um die Knochen des *Cyrolophosaurus* einzusammeln.

FAKTEN
NAME: »Kalthaubenechse«
ZEIT: Früher Jura
GRUPPE: Theropoda
NAHRUNG: Fleisch
KÖRPERLÄNGE: 7,5 Meter
FOSSILFUNDSTELLEN: Antarktis 1994

Dacentrurus

Der riesenhafte europäische Stegosaurier lebte zur selben Zeit wie der *Stegosaurus*. Beide Dinosaurier trugen auf dem Rücken lange Stacheln und Platten. Die Beine des *Dacentrurus* waren wie Säulen. Seine Oberschenkelknochen waren deutlich länger als die Schienbeine. Er konnte einem Theropoden nicht davonlaufen, aber er besaß eine wirksame Verteidigungswaffe: Sein Schwanz konnte von einer Seite zur anderen schwingen. Die Schwanzstacheln waren lang genug, um die Beine eines Theropoden zu durchbohren.

FAKTEN

NAME: »Sehr scharfer Schwanz«
ZEIT: Später Jura
GRUPPE: Stegosauria
NAHRUNG: Pflanzen
KÖRPERLÄNGE: 8 Meter
FOSSILFUNDSTELLEN: England, Portugal 1902

Dacentrurus

Deinonychus

KÖRPERBAU DES *DEINONYCHUS*

Was dem *Deinonychus* an Körpergröße fehlte, glich er durch seine Klaue aus. Die Klaue konnte zustechen und dann gedreht werden, wodurch die Beute tödlich verwundet wurde.

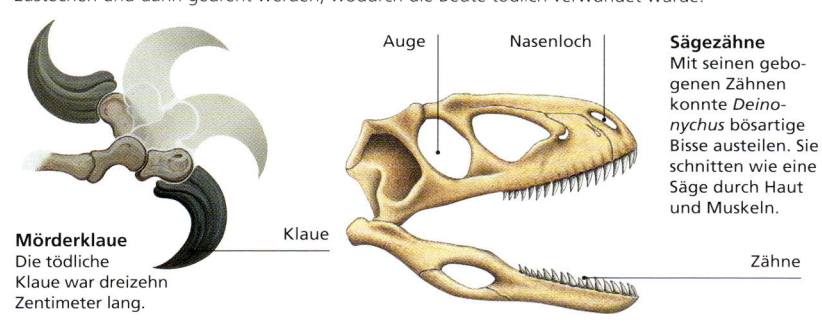

Mörderklaue
Die tödliche Klaue war dreizehn Zentimeter lang.

Klaue

Auge · Nasenloch

Sägezähne
Mit seinen gebogenen Zähnen konnte *Deinonychus* bösartige Bisse austeilen. Sie schnitten wie eine Säge durch Haut und Muskeln.

Zähne

Der Dinosaurier war einer der ersten Theropoden, an deren Beispiel John Ostrom in den 1970er-Jahren zeigte, dass Dinosaurier flink und aktiv waren. Davor wurden sie über hundert Jahre lang als langsame »Kaltblüter« dargestellt. Der *Deinonychus* war gefiedert. Die berühmte Sichelklaue an seinem Fuß konnte um 300 Grad gedreht werden. Man fand *Deinonychus*-Fossilien neben dem Kadaver eines *Tenontosaurus*, der zu den bevorzugten Beutetieren dieses Theropoden zählte.

FAKTEN

NAME:	»Schreckliche Klaue«
ZEIT:	Frühe Kreidezeit
GRUPPE:	Theropoda
NAHRUNG:	Fleisch
KÖRPERLÄNGE:	3 Meter
FOSSILFUNDSTELLEN:	USA 1969

Deinonychus

Dilong

Der *Dilong* ist ein gefiederter Dinosaurier aus der chinesischen Yixian-Formation. An der Fundstelle wurden zahlreiche Fossilien von gefiederten Dinosauriern entdeckt, die besser erhalten sind als an den meisten anderen Orten. Der *Dilong* trug Federn am Körper, hatte aber keine Flugfedern. Sein Skelett weist viele Gemeinsamkeiten mit dem der Tyrannosaurier auf. Vielleicht war er ein Vertreter der Entwicklungslinie, die zum *Tyrannosaurus rex* führte.

◻ Dilong

FAKTEN
NAME: »Kaiserdrachen«
ZEIT: Frühe Kreidezeit
GRUPPE: Theropoda
NAHRUNG: Fleisch
KÖRPERLÄNGE: 2 Meter
FOSSILFUNDSTELLEN: China 2004

Dilophosaurus

Der Theropode aus dem frühen Jura war nicht so groß wie der *Allosaurus*, aber schneller als die meisten Tiere seiner Zeit. Der Name stammt von den zwei großen Kämmen auf seinem Kopf. Die Knochen der Kämme waren dünn wie Papier und ließen das Sonnenlicht durchscheinen. Möglicherweise wurden sie nur zum Anlocken von Paarungspartnern verwendet.

◻ Dilophosaurus

FAKTEN
NAME: »Zwei-Kamm-Echse«
ZEIT: Früher Jura
GRUPPE: Theropoda
NAHRUNG: Fleisch
KÖRPERLÄNGE: 6 Meter
FOSSILFUNDSTELLEN: China, USA 1970

An dem Schädel kann man den Kamm erkennen. Vielleicht war er ein Erkennungsmerkmal, das den Dinosauriern half, eine Art von einer anderen zu unterscheiden.

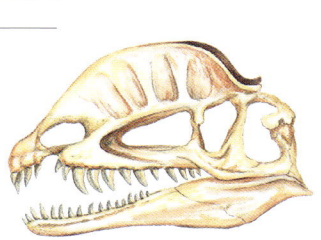

Diplodocus

DER FUSS DES *DIPLODOCUS*

Der *Diplodocus* hatte vier große Füße, die sein enormes Gewicht trugen. Er ging auf den Zehen wie die Elefanten.

Zehen

Diplodocus

Wenn das Wort »geschmeidig« auf einen Sauropoden zutraf, dann auf den *Diplodocus*. Sein Rumpf war etwas größer als der eines Elefanten. Seine gewaltige Körperlänge war auf den langen Hals und Schwanz zurückzuführen. Der *Diplodocus* stand am Ufer eines Sees oder Flusses und verwendete seinen Hals wie einen »Staubsauger«. Mit bleistiftartigen Zähnen siebte er weiche Pflanzen aus dem Wasser. Er verschlang sein Futter im Ganzen, denn die Sauropoden konnten nicht kauen.

FAKTEN

NAME:	»Doppelbalken«
ZEIT:	Später Jura
GRUPPE:	Sauropodamorpha
NAHRUNG:	Pflanzen
KÖRPERLÄNGE:	30 Meter
FOSSILFUNDSTELLEN:	USA 1878

GROSSE REICHWEITE

Die Hinterbeine des *Diplodocus* waren länger als seine Vorderbeine. Vielleicht stellte er sich auf die Hinterbeine, um Blätter hoher Bäume zu erreichen oder Raubtiere zu verscheuchen.

Dracorex

Der vollständige Name dieses Dinosauriers lautet *Dracorex hogwartsia*, der »Drachenkönig der Hogwarts-Schule für Hexerei und Zauberei«. Er wurde anhand eines einzigen Exemplars beschrieben. Eine Studie aus dem Jahr 2007 brachte einige Wissenschaftler zu der Vermutung, dass *Dracorex* ein junger *Pachycephalosaurus* sei und ein weiterer Dinosaurier, der *Stygimoloch,* ein junger ausgewachsener *Pachycephalosaurus*. *Dracorex* wäre demnach ein Jugendlicher, *Stygimoloch* ein älterer Jugendlicher und *Pachycephalosaurus* der ausgewachsene Dinosaurier.

FAKTEN

NAME: »Drachenkönig«
ZEIT: Späte Kreidezeit
GRUPPE: Pachycephalosauria
NAHRUNG: Pflanzen
KÖRPERLÄNGE: 3 Meter
FOSSILFUNDSTELLEN: USA 2006

Dromaeosaurus

Der kleine Theropode war kräftiger gebaut als die anderen Vertreter seiner Familie. Seine Zähne waren dick genug, um die Beute nicht nur zu zerschneiden, sondern sie auch zu zerreißen. Seine Arme waren zwar mit Schmuckfedern ausgestattet, aber er konnte nicht fliegen. Der *Dromaeosaurus* wurde manchmal »der Wolf der Kreidezeit« genannt. Die Bezeichnung ist jedoch irreführend, denn der Dinosaurier teilte nur wenige Eigenschaften mit einem Wolf. Außerdem war er ein Reptil und kein Säugetier.

FAKTEN

NAME: »Läuferechse«
ZEIT: Späte Kreidezeit
GRUPPE: Theropoda
NAHRUNG: Fleisch
KÖRPERLÄNGE: 1,8 Meter
FOSSILFUNDSTELLEN: USA, Kanada 1922

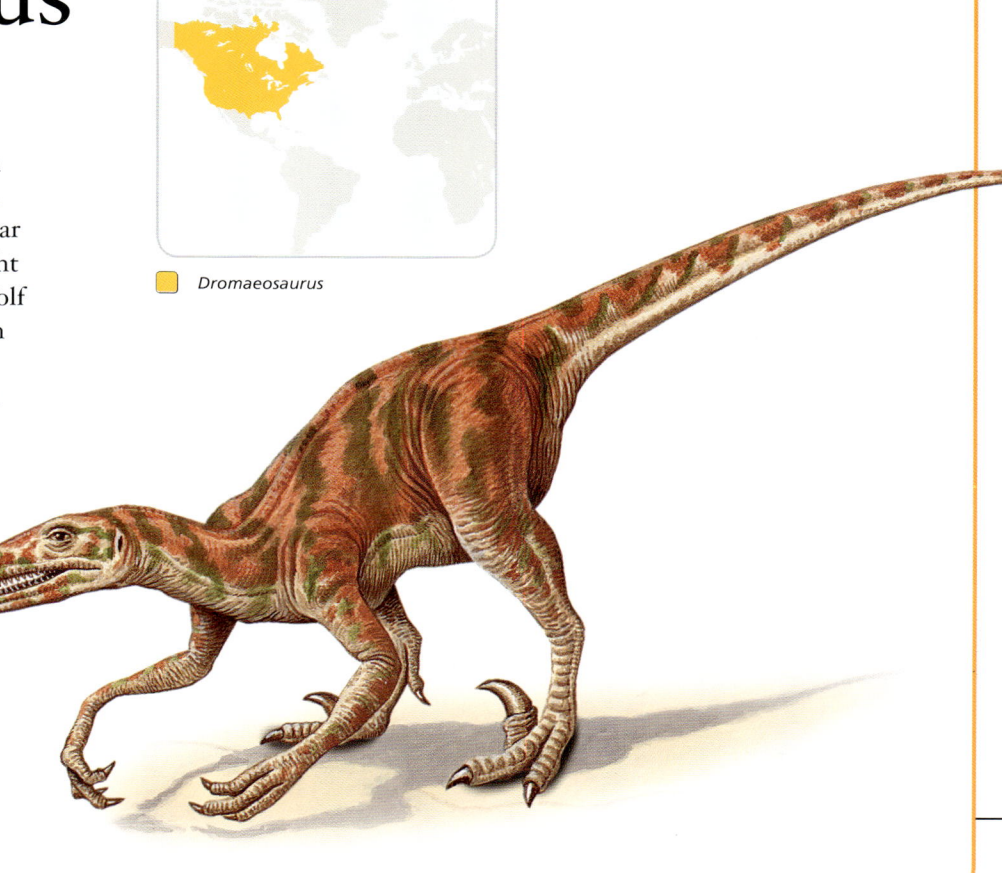

EDMONTONIA 115

Dryosaurus

Dryosaurus

Der Pflanzenfresser war ausgewachsen wahrscheinlich ziemlich groß. Die meisten erhaltenen Exemplare sind jedoch klein. Der *Dryosaurus* war leicht gebaut. Seine einzige Verteidigungsstrategie war die Flucht. Möglicherweise starben viele Dinosaurier schon in der Jugend. Die auffälligen Zähne hatten lange Wurzeln und blattförmige Kronen. Sie waren an das Zerschneiden von Blättern und weichen Pflanzenmaterialien angepasst. Die größte Gefahr bestand für den *Dryosaurus* darin, von einem 30 Mal größeren *Diplodocus*, *Camarasaurus* oder *Brachiosaurus* zertrampelt zu werden.

FAKTEN

BEDEUTUNG: »Eichenechse«
ZEIT: Später Jura
GRUPPE: Ornithopoda
NAHRUNG: Pflanzen
KÖRPERLÄNGE: 3 bis 4 Meter
FOSSILFUNDSTELLEN: USA, England, Tansania 1894

Edmontonia

Edmontonia hatte einen Kopf mit schachtelartig überlappenden Knochenplatten, die Gehirn, Augen und Nase schützten.

Edmontonia

Den Rücken dieses Dinosauriers schützten biegsame Panzerbänder. Er sah aus wie ein lebender Panzer. Mit den Doppelstacheln auf seinen Schultern konnte er die Beine eines Tyrannosauriers durchbohren. Sein Körper war mit dicker Haut, knöchernen Beulen und Stacheln bedeckt. Trotz seiner Größe waren seine Zähne so klein wie die eines Kindes. Ein Wissenschaftler vermutete, dass der Körperpanzer den Dinosaurier vor seiner eigenen Nahrung schützte, die aus Ameisen und Termiten bestand.

FAKTEN

NAME: Benannt nach der Fundstelle in Edmonton (Kanada)
ZEIT: Späte Kreidezeit
GRUPPE: Ankylosauria
NAHRUNG: Pflanzen
KÖRPERLÄNGE: 7 Meter
FOSSILFUNDSTELLEN: USA, Kanada 1928

Edmontosaurus

Der *Edmontosaurus* war ein kammloser Entenschnabeldinosaurier. Man fand einen Meter lange Schädel mit mehr als 720 rautenförmigen, ineinandergreifenden Zähnen. Die Zähne schärften sich selbst und wurden immer wieder ersetzt. Im Verlauf seines Lebens konnte ein Entenschnabeldinosaurier über 10 000 Zähne haben. Die oberen und unteren Zahnreihen waren abgewinkelt und bildeten eine natürliche Mahloberfläche. Der Schnabel bestand aus einer hornartigen Substanz, die den Oberkiefer überlappte und eine scharfe Klinge bildete.

FAKTEN
NAME: »Echse aus Edmonton«
ZEIT: Späte Kreidezeit
GRUPPE: Ornithopoda
NAHRUNG: Pflanzen
KÖRPERLÄNGE: 13 Meter
FOSSILFUNDSTELLEN: USA, Kanada 1917

Edmontosaurus hatte hinten im Maul mehrere Reihen kleiner Zähne, die wie eine Käsereibe funktionierten.

Edmontosaurus

Einiosaurus

Der große Pflanzenfresser lebte vor ungefähr 75 Millionen Jahren. Das Horn auf seiner Nase sah aus wie ein gigantischer altmodischer Dosenöffner. Er hielt seinen Schädel nahe über dem Boden. Das Horn wurde möglicherweise beim Fressen verwendet. Sicher diente es als Verteidigungswaffe. Die beiden Kragenstacheln schützten die Wirbelsäule. *Einiosaurus* bedeutet »Büffelechse«. Der Dinosaurier war jedoch viel langsamer als ein Büffel und konnte auch nicht galoppieren.

FAKTEN
NAME: »Büffelechse«
ZEIT: Späte Kreidezeit
GRUPPE: Ceratopsia
NAHRUNG: Pflanzen
KÖRPERLÄNGE: 6 Meter
FOSSILFUNDSTELLEN: USA 1995

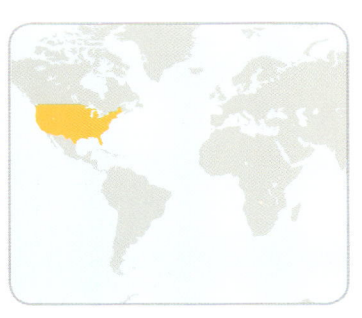

Einiosaurus

Eocarcharia

FAKTEN
NAME: »Dämmerungshai«
ZEIT: Frühe Kreidezeit
GRUPPE: Theropoda
NAHRUNG: Fleisch
KÖRPERLÄNGE: 7 Meter
FOSSILFUNDSTELLEN: Niger 2008

Der Theropode lebte vor 110 Millionen Jahren in Niger (Afrika). Mit den klingenartigen Zähnen konnte er seine Beute in Stücke reißen. Die hervorstehenden Augenbrauen und das Schädeldach bestanden aus dicken Knochen. Möglicherweise stießen die Dinosaurier bei Paarungs- oder Revierkämpfen mit den Köpfen gegeneinander. *Eocarcharia* war viel kleiner als sein späterer Verwandter *Carcharodontosaurus*.

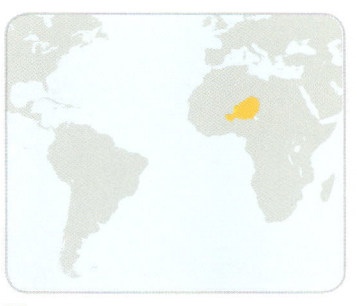

Eocarcharia

Eocursor

FAKTEN
NAME: »Dämmerungsläufer«
ZEIT: Späte Trias
GRUPPE: Ornithopoda
NAHRUNG: Pflanzen
KÖRPERLÄNGE: 1 Meter
FOSSILFUNDSTELLEN: Südafrika, USA 2007

Der *Eocursor* war ein kleiner zweibeiniger Pflanzenfresser und lebte in der späten Trias. Vielleicht war er kein wirklicher Ornithopode, sondern gehörte zu einer Gruppe, die Vorfahren der Ornithopoden waren. Seine Zähne waren, wie die eines Leguans, sowohl an Pflanzen als auch an Insekten angepasst. Seine Schienbeine waren länger als die Oberschenkelknochen. Das deutet darauf hin, dass seine beste Verteidigungsstrategie die Geschwindigkeit war.

Eocursor

Eoraptor

Das Raubtier von der Größe eines Hundes war möglicherweise der primitivste Dinosaurier. Manche Wissenschaftler glauben, dass er zu den ersten Theropoden gehörte. Mit seinen großen Greifhänden konnte der flinke Jäger Beutetiere fangen, die beinahe so groß waren wie er selbst. Er lief meist auf den Hinterbeinen, manchmal aber auch auf allen vieren.

FAKTEN
NAME: »Dämmerungsdieb«
ZEIT: Späte Trias
GRUPPE: Theropoda
NAHRUNG: Fleisch
KÖRPERLÄNGE: 1 Meter
FOSSILFUNDSTELLEN: Argentinien 1993

Eoraptor

Eotyrannus

Der *Eotyrannus* teilt ein Merkmal mit allen anderen Tyrannosauriern. Zerschneidet man einen *Eotyrannus*-Zahn und trennt die obere von der unteren Hälfte, dann sieht der Querschnitt wie der Buchstabe »D« aus. Keine andere Theropodengruppe besitzt dieses Merkmal. Im Gegensatz zu den bekannteren Vertretern seiner Gruppe wie dem *Tyrannosaurus rex* hatte der *Eotyrannus* lange Finger zum Ergreifen der Beute.

FAKTEN
NAME: »Dämmerungstyrann«
ZEIT: Frühe Kreidezeit
GRUPPE: Theropoda
NAHRUNG: Fleisch
KÖRPERLÄNGE: 6 Meter
FOSSILFUNDSTELLEN: England 2001

Eotyrannus

Equijubus

Der asiatische Pflanzenfresser lebte vor 110 Millionen Jahren. Die Größe seines Schädels liegt zwischen dem der leguanzahnigen Dinosaurier wie dem *Iguanodon* und einem Entenschnabeldinosaurier. Er hatte keinen Kamm, aber mehr als eine Zahnreihe. Die meisten entenschnäbligen oder gehörnten Dinosaurier besaßen zwei oder drei Zahnreihen, die anderen Dinosaurier nur eine. *Equijubus* scheint die Vermutung zu bestätigen, dass Entenschnabeldinosaurier zuerst in Asien auftauchten.

FAKTEN
NAME: »Pferdemähne«
ZEIT: Frühe Kreidezeit
GRUPPE: Ornithopoda
NAHRUNG: Pflanzen
KÖRPERLÄNGE: 8 Meter
FOSSILFUNDSTELLEN: China 2003

Erketu

FAKTEN
NAME: »Mächtige Gottheit«
ZEIT: Frühe Kreidezeit
GRUPPE: Sauropodamorpha
NAHRUNG: Pflanzen
KÖRPERLÄNGE: 30 Meter
FOSSILFUNDSTELLEN: China 2006

Der Hals des Sauropoden war zweimal so lang wie sein schwerer Körper, der das Gewicht des Halses ausglich. Der *Erketu* hatte zwei Stachelreihen auf der Oberseite des Halses. Zwischen den Rückenwirbeln setzten Muskeln an, die den Hals hielten. Dasselbe System wird bei den heutigen Hängebrücken angewendet.

Euoplocephalus

Der *Euoplocephalus* ist der Dinosaurier, an den die meisten Menschen denken, wenn von Ankylosauriern die Rede ist: ein Dinosaurier, der wie ein Panzer aussieht. Die letzten Schwanzwirbel waren zu einer massigen Keule verwachsen. Mit seiner Schwanzkeule konnte er das Knie eines Tyrannosauriers zertrümmern. Wurde der *Euoplocephalus* eingekreist, legte er sich auf den Boden, sodass nur sein Panzer zu sehen war.

Euoplocephalus

FAKTEN
NAME: »Gut gepanzerter Kopf«
ZEIT: Späte Kreidezeit
GRUPPE: Ankylosauria
NAHRUNG: Pflanzen
KÖRPERLÄNGE: 8 Meter
FOSSILFUNDSTELLEN: USA, Kanada 1910

Die tödlichste Waffe des *Euoplocephalus* war die doppelköpfige Keule am Ende seines langen, versteiften Schwanzes.

Europasaurus

Der Sauropode aus dem späten Jura war vermutlich ein Zwergdinosaurier. Zwergwuchs tritt auf, wenn Tiere auf Inseln isoliert werden, wo die Nahrungsversorgung eingeschränkt ist. Je kleiner das Tier, desto weniger Futter braucht es zum Überleben und desto weniger wächst es. Damals gab es in Europa viele kleine Inseln, auf denen Tiere stranden konnten.

Europasaurus

FAKTEN
NAME: »Echse aus Europa«
ZEIT: Später Jura
GRUPPE: Sauropodamorpha
NAHRUNG: Pflanzen
KÖRPERLÄNGE: 6 Meter
FOSSILFUNDSTELLEN: Deutschland 2006

Euskelosaurus

FAKTEN
NAME: »Echse mit guten Beinen«
ZEIT: Späte Trias
GRUPPE: Sauropodamorpha
NAHRUNG: Pflanzen
KÖRPERLÄNGE: 9 Meter
FOSSILFUNDSTELLEN: Südafrika, Simbabwe, Lesotho 1866

Der *Euskelosaurus* zählt zu den größten und schwersten Prosauropoden. Er war ein naher Verwandter des *Plateosaurus,* des ersten Riesensauropoden. Beide Dinosaurier lebten auf dem Superkontinent Pangea. Prosauropoden liegen entwicklungsgeschichtlich irgendwo zwischen fleisch- und pflanzenfressenden Dinosauriern. Die Zähne des *Euskelosaurus* konnten Fleisch und Pflanzen verarbeiten. Die Oberschenkelknochen waren nach außen gebogen. Vielleicht brauchte er Platz für einen großen Darm zum Verdauen von Pflanzen.

Euskelosaurus

Eustreptospondylus

Eustreptospondylus

Der Fleischfresser besaß eine Beckenhöhe von zwei Metern. Der *Eustreptospondylus* war ein typischer Theropode mit langen Armen, drei Klauenfingern, einem versteiften Schwanz und kleinen, gezackten Zähnen. Zu seinen Lebzeiten bestand Westeuropa aus vielen kleinen Inseln und Lagunen, hervorragende Jagdgründe für den *Eustreptospondylus*.

FAKTEN
NAME: »Gut gebogene Rückenwirbel«
ZEIT: Später Jura
GRUPPE: Theropoda
NAHRUNG: Fleisch
KÖRPERLÄNGE: 7 Meter
FOSSILFUNDSTELLEN: England 1964

Fabrosaurus

Der kleine Pflanzenfresser zählte zu den ersten Ornithischia oder Vogelbeckendinosauriern. Der *Fabrosaurus* wird vielleicht zum zweiten Mal »aussterben«: Er wurde nur anhand von ein paar Zähnen bestimmt, die aber auch von einem anderen Pflanzenfresser stammen könnten, dem *Lesothosaurus*. Die Beschreibung des *Lesothosaurus* gründet auf besser erhaltenen Fossilien. Paläontologen bezeichnen den *Fabrosaurus* als *nomen dubium* oder »zweifelhaften Namen zum wissenschaftlichen Gebrauch«.

FAKTEN
NAME: »Fabres Echse«
ZEIT: Früher Jura
GRUPPE: Ornithopoda
NAHRUNG: Pflanzen
KÖRPERLÄNGE: 1 Meter
FOSSILFUNDSTELLEN: Südafrika 1964

Fabrosaurus

Falcarius

Der Dinosaurier gehört zu den Therizinosauriern, einer seltsamen Theropodengruppe mit Knochenstrukturen von Pflanzen- und Fleischfressern. Der *Falcarius* hatte ein breites Becken, blattförmige Zähne und einen langen Hals wie ein Pflanzenfresser. Er besaß aber zwölf Zentimeter lange Sichelklauen und Federn und stand auf zwei Beinen wie die Fleischfresser. *Falcarius* wurde in einer 8000 Quadratmeter großen Fossillagerstätte in Utah (USA) entdeckt. Man fand Hunderte fossile Exemplare, von denen bisher aber erst einige untersucht worden sind.

Falcarius

FAKTEN
NAME: »Sichel«
ZEIT: Frühe Kreidezeit
GRUPPE: Theropoda
NAHRUNG: Fleisch
KÖRPERLÄNGE: 4 Meter
FOSSILFUNDSTELLEN: USA 2005

Fukuiraptor

FAKTEN
NAME: »Fukui-Dieb« (japanische Provinz)
ZEIT: Frühe Kreidezeit
GRUPPE: Theropoda
NAHRUNG: Fleisch
KÖRPERLÄNGE: 4,2 Meter
FOSSILFUNDSTELLEN: Japan 2000

Der Dinosaurier lebte zwar in der Kreidezeit, gehört aber zu einer Gruppe, die großteils im Jura auftrat. Er wog ungefähr 175 Kilogamm und war ein flinker Fleischfresser. Unser Wissen über den *Fukuiraptor* gründet sich auf Skelettteile eines jugendlichen Dinosauriers. Wahrscheinlich war ein ausgewachsener *Fukuiraptor* viel größer. Im Vergleich zur Körpergröße waren seine Hände relativ groß – deutlich größer als die Hände des *Allosaurus*.

Fukuiraptor

Fukuisaurus

FAKTEN
NAME: »Fukui-Echse«
ZEIT: Frühe Kreidezeit
GRUPPE: Ornithopoda
NAHRUNG: Pflanzen
KÖRPERLÄNGE: 5 Meter
FOSSILFUNDSTELLEN: Japan 2003

Die Informationen über den seltenen Dinosaurier basieren auf Teilen der Schädelknochen von Jungtieren. Das kurze Gesicht und nur 20 Zahnreihen pro Kiefer weisen darauf hin, dass es sich bei den Fossilien um junge Dinosaurier handelt. Als untypisches Merkmal für einen Pflanzenfresser besaß er einen »unbeweglichen« Schädel. Ober- und Unterkiefer konnten beim Zermahlen der Pflanzen nicht unabhängig voneinander bewegt werden.

Fukuisaurus

Futalongkosaurus

Der *Futalongkosaurus* zählt zu den Titanosauriern, der letzten großen Sauropodengruppe der Erdgeschichte. Er hatte einen dicken Körper, der das Gewicht seines langen Halses ausglich. Der Dinosaurier hielt seinen Hals in die Höhe, um die Blätter der Baumkronen zu fressen. Vielleicht zogen die ausgewachsenen Tiere die Äste für die Jungen herunter. Einjährige Futalongkosaurier fraßen Blätter von Büschen.

FAKTEN

NAME: »Riesenhäuptlingsechse«
ZEIT: Späte Kreidezeit
GRUPPE: Sauropodamorpha
NAHRUNG: Pflanzen
KÖRPERLÄNGE: 33 Meter
FOSSILFUNDSTELLEN: Argentinien 2007

Futalongkosaurus

WAHRE RIESEN

Es gibt mehrere Anwärter auf den Titel »größter Dinosaurier«. Bisher führt der *Amphicoelias* mit einer Körperlänge von 60 Metern, gefolgt vom 44 Meter langen *Bruhathkayosaurus* und dem *Argentinosaurus* mit 35 Metern. Aber von keinem der Sauropoden wurde bisher ein vollständiges Skelett gefunden.

Gallimimus

FAKTEN
NAME: »Hühnervogelnachahmer«
ZEIT: Späte Kreidezeit
GRUPPE: Theropoda
NAHRUNG: Pflanzen und Fleisch
KÖRPERLÄNGE: 5 Meter
FOSSILFUNDSTELLEN: Mongolei 1972

Gallimimus

Stand der Theropode auf seinen Hinterbeinen, war er ungefähr dopppelt so groß wie ein Mensch. Er zählte zu den schnellsten Dinosauriern und konnte einem Tyrannosaurier davonlaufen. Seine Augen waren relativ groß. Sie saßen seitlich am Kopf, sodass der Dinosaurier ein weites Blickfeld hatte, aber ein eher schlechtes räumliches Sehvermögen. Vielleicht jagte er nachts Säugetiere. Der *Gallimimus* besaß einen zahnlosen Schnabel und ernährte sich wahrscheinlich von Pflanzen und Tieren. Mit seinen langen Armen konnte er Pflanzen, Säugetiere, Eidechsen und andere kleine Beutetiere ergreifen. Der zwei Meter hohe und fünf Meter lange *Gallimimus* war der größte Ornithomimide.

Der *Gallimimus* hatte einen scharfen, schmalen Schnabel. Er war bestens an das Fangen von Insekten und kleinen Säugetieren angepasst, die er mit einem Schluck hinunterwürgte.

SCHNELLER LÄUFER

Ein *Gallimimus* flüchtet vor einem schwerfälligen *Albertosaurus*, der keine Chance hat, den schnellen Dinosaurier einzuholen und zu fangen. Der *Gallimimus* konnte eine Geschwindigkeit von 48 km/h erreichen, blitzschnell die Richtung wechseln und binnen kürzester Zeit außer Reichweite sein.

Gargoyleosaurus

Der Dinosaurier gehört zu den beiden frühesten Ankylosauriern, die im Jura auftauchten. Er hatte einen Beckenschild und einen großen, hohlen Rückenpanzer. Seine »Rüstung« ähnelte dem Panzer heutiger Eidechsen wie dem des Dornteufels. Sein Körper war an beiden Seiten mit Stacheln bedeckt. Im vorderen Abschnitt des Mauls saßen sieben Zähne, während die meisten anderen Ankylosaurier an der Vorderseite des Schnabels keine Zähne hatten.

FAKTEN

NAME: »Wasserspeierechse«
ZEIT: Später Jura
GRUPPE: Ankylosauria
NAHRUNG: Pflanzen
KÖRPERLÄNGE: 3 Meter
FOSSILFUNDSTELLEN: USA 1998

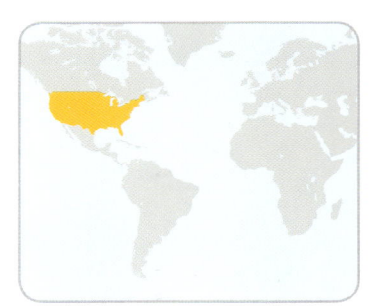

Gargoyleosaurus

GIGANTISCHER JÄGER

Der *Giganotosaurus* lebte Seite an Seite mit mehreren anderen Sauropoden. Er war der einzige Theropode, der groß genug war, um Sauropoden von oben her anzugreifen. Mehrere *Giganotosaurus*-Skelette wurden nahe beieinander gefunden. Deshalb vermuten die Paläontologen, dass die Dinosaurier in Gruppen jagten.

Giganotosaurus

Gastonia

FAKTEN

NAME:	Benannt nach Robert Gaston
ZEIT:	Frühe Kreidezeit
GRUPPE:	Ankylosauria
NAHRUNG:	Pflanzen
KÖRPERLÄNGE:	4,5 Meter
FOSSILFUNDSTELLEN:	USA 1998

Gastonia hatte ein Beckenschild und auf dem Rücken große, spitze Stacheln. Auch der Schwanz war mit kleinen, seitlich abstehenden Stacheln bedeckt. Mit seiner Panzerrüstung wehrte er Angriffe von Raubtieren wie dem *Utahraptor* ab, der im selben Gebiet gefunden wurde. *Gastonia* gehört zu den bestgerüsteten Ankylosauriern. Er besaß jedoch keine Schwanzkeule.

Gastonia

Giganotosaurus

Der *Giganotosaurus* gehört zu den größten Theropoden. Sein Schädel war zwei Meter lang. Neben dem *Carcharodontosaurus* und dem *Tyrannosaurus* ist er der dritte Anwärter auf den Titel des »größten Raubdinosauriers aller Zeiten«. Die Wissenschaftler haben Fossilien von allen drei Dinosauriern gefunden. Sie müssen aber noch genauer untersucht werden. Aufgrund der Namensähnlichkeit wird der *Giganotosaurus* oft mit dem *Gigantosaurus* verwechselt, der jedoch ein Sauropode war.

FAKTEN

NAME:	»Südliche Riesenechse«
ZEIT:	Späte Kreidezeit
GRUPPE:	Theropoda
NAHRUNG:	Fleisch
KÖRPERLÄNGE:	13 Meter
FOSSILFUNDSTELLEN:	Argentinien 1995

Gigantoraptor

Der vogelähnliche Dinosaurier war fünf Meter hoch und wog 1,5 Tonnen. Untersuchungen zeigten, dass es sich bei dem Fossil um ein nicht ganz ausgewachsenes Tier handelt. Der *Gigantoraptor* hatte einen zahnlosen Schnabel und Klauen. Zwar wurden neben den Knochen keine Federn gefunden, aber der Dinosaurier war gefiedert. Er war fast so groß wie ein *Tyrannosaurus*, jedoch flinker und wendiger. Der chinesische Paläontologe Xu Xing entdeckte den *Gigantoraptor*, während er einen Fernsehfilm über einen anderen Dinosaurier drehte.

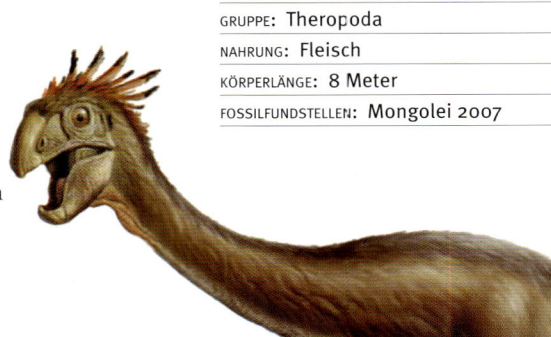

FAKTEN
NAME: »Riesenhafter Dieb«
ZEIT: Späte Kreidezeit
GRUPPE: Theropoda
NAHRUNG: Fleisch
KÖRPERLÄNGE: 8 Meter
FOSSILFUNDSTELLEN: Mongolei 2007

Gigantoraptor

Gojirasaurus

Der Name des *Gojirasaurus* ist berühmter als seine Knochen. »Gojira« ist der ursprüngliche Name für den »König der Dinosaurier«, der in Amerika in »Godzilla« umgeändert wurde. Zu seinen Lebzeiten war der 200 Kilogramm schwere *Gojirasaurus* vermutlich das größte Raubtier Nordamerikas. Er ist ein Vertreter der ersten Theropodengruppe aus relativ kleinen Dinosauriern.

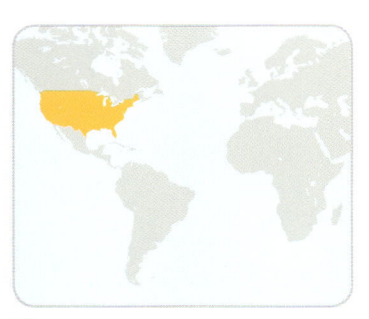

FAKTEN
NAME: »Gojira-(Godzilla-)Echse«
ZEIT: Späte Trias
GRUPPE: Theropoda
NAHRUNG: Fleisch
KÖRPERLÄNGE: 5,5 Meter
FOSSILFUNDSTELLEN: New Mexico, USA 1997

Gojirasaurus

Guanlong

FAKTEN

NAME: »Kronendrache«
ZEIT: Später Jura
GRUPPE: Theropoda
NAHRUNG: Fleisch
KÖRPERLÄNGE: 3 Meter
FOSSILFUNDSTELLEN: China 2006

Guanlong

Der *Guanlong* lebte im ausgehenden Jura vor etwa 160 Millionen Jahren. Er zählt zu den ersten Tyrannosauriern, die erst in der späten Kreidezeit ihre größte Artenvielfalt erreichten. Im Gegensatz zu den zweifingrigen Tyrannosauriern hatte der *Guanlong* drei lange Finger. Ein besonderes Merkmal war seine Kopfhaube. Sie war sechs Zentimeter hoch und ebenso groß wie der Schnauzenbereich, aber sehr fein und viel zu dünn, um beim Kämpfen eingesetzt zu werden. Möglicherweise diente sie zum Anlocken von Paarungspartnern oder als Erkennungsmerkmal für Artgenossen.

FAMILIENBANDE

Der *Guanlong* war ein naher Verwandter des *Dilong* und hatte vermutlich Federn. Sein Becken befand sich auf etwa 1,2 Metern Höhe. Er erreichte ungefähr ein Drittel der Körpergröße seines anderen Verwandten, des *Tyrannosaurus rex*.

Herrerasaurus

Nach Ansicht einiger Wissenschaftler gehört der argentinische Dinosaurier aus der späten Trias zu den frühesten Theropoden. Andere Paläontologen sind der Meinung, dass er gar kein Dinosaurier war. Das Problem liegt in seinem Knochenbau: Am Beckenknochen setzten nur zwei Rückenwirbel an, während bei Dinosauriern drei Rückenwirbel mit dem Becken verwachsen waren. Der *Herrerasaurus* ist also vielleicht gar kein richtiger Theropode.

FAKTEN

NAME: »Herreras Echse«
ZEIT: Späte Trias
GRUPPE: Theropoda
NAHRUNG: Fleisch
KÖRPERLÄNGE: 2 Meter
FOSSILFUNDSTELLEN: Argentinien 1963

Herrerasaurus

Heterodontosaurus

Normalerweise sahen die Zähne im Maul eines Dinosauriers alle gleich aus. Der *Heterodontosaurus* hatte drei verschiedene Arten von Zähnen. Seine Vorderzähne dienten zum Zerschneiden von Pflanzen. Dahinter saßen mehrere Fangzähne. Er besaß auch Backenzähne zum Zermahlen von Pflanzenmaterial. Alle anderen Dinosaurier hatten keine Fangzähne. Bisher haben die Wissenschaftler nicht herausfinden können, wozu die Fangzähne verwendet wurden. Vielleicht benutzte der *Heterodontosaurus* seine Fangzähne nur, um bedrohlicher auszusehen.

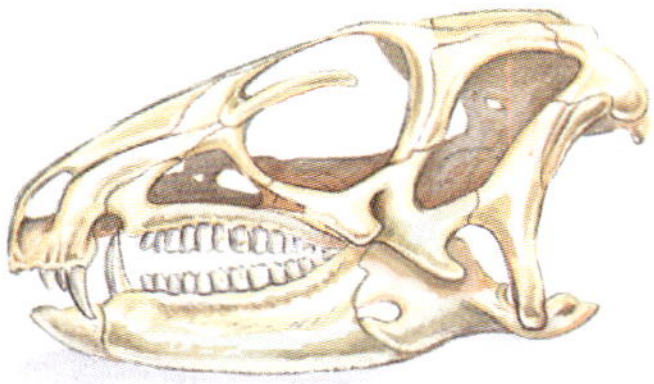

Der *Heterodontosaurus* hatte zwei Paar Fangzähne, die ähnlich aussahen wie die Reißzähne von Raubtieren. Möglicherweise wurden sie zum Ausgraben von Wurzeln oder zur Abwehr von Rivalen eingesetzt.

FAKTEN

NAME: »Echse mit verschiedenen Zähnen«
ZEIT: Früher Jura
GRUPPE: Ceratopsia
NAHRUNG: Pflanzen
KÖRPERLÄNGE: 1,2 Meter
FOSSILFUNDSTELLEN: Südafrika 1962

Heterodontosaurus

Huaxiagnathus

Der kleine Theropode lebte im kreidezeitlichen China. Er gehört zur selben Gruppe wie der *Compsognathus*, ein kleiner Theropode aus dem Jura. Das ungewöhnlichste Merkmal des *Huaxiagnathus* waren die langen Hände. Mit seinen großen Händen konnte der Dinosaurier kleine Beutetiere vom Boden ergreifen.

FAKTEN

NAME: »Kiefer aus Hua Xia«
ZEIT: Frühe Kreidezeit
GRUPPE: Theropoda
NAHRUNG: Fleisch
KÖRPERLÄNGE: 1,2 Meter
FOSSILFUNDSTELLEN: China 2004

Huaxiagnathus

Hypsilophodon

FAKTEN

NAME: »Zahn mit hohen Kämmen«
ZEIT: Frühe Kreidezeit
GRUPPE: Ornithopoda
NAHRUNG: Pflanzen
KÖRPERLÄNGE: 2,1 Meter
FOSSILFUNDSTELLEN: England 1869

Der kleine Pflanzenfresser aus der frühen Kreidezeit wies dieselben Körpermerkmale auf wie Dinosaurier, die Jahrmillionen vor ihm lebten. Zu Beginn der Kreidezeit besaßen die meisten pflanzenfressenden Dinosaurier drei oder vier Finger, der *Hypsilophodon* hatte aber fünf Finger. Außerdem besaßen die meisten damaligen Pflanzenfresser zahnlose Schnäbel, der *Hypsilophodon* hatte jedoch Zähne. Er war also schon in seiner Zeit ein »lebendes Fossil«.

Hypsilophodon

Iguanodon

Das *Iguanodon* zählt zu den bekanntesten Dinosauriern. Es war die zweite urzeitliche Riesenechse, die einen wissenschaftlichen Namen erhielt. Sein berühmtestes Merkmal ist der Daumenstachel, der vermutlich so manchem Theropoden ein Auge ausgestochen hat. 1852 wurde das *Iguanodon* als einer der ersten Dinosaurier in London rekonstruiert. 1878 fanden Arbeiter in einer belgischen Kohlenmine eine Gesteinsschicht, die über 30 *Iguanodon*-Skelette enthielt. 1989 wurde ein Asteroid nach dem Dinosaurier benannt.

FAKTEN

NAME:	»Leguanzahn«
ZEIT:	Frühe Kreidezeit
GRUPPE:	Ornithopoda
NAHRUNG:	Pflanzen
KÖRPERLÄNGE:	10 Meter
FOSSILFUNDSTELLEN:	England 1825

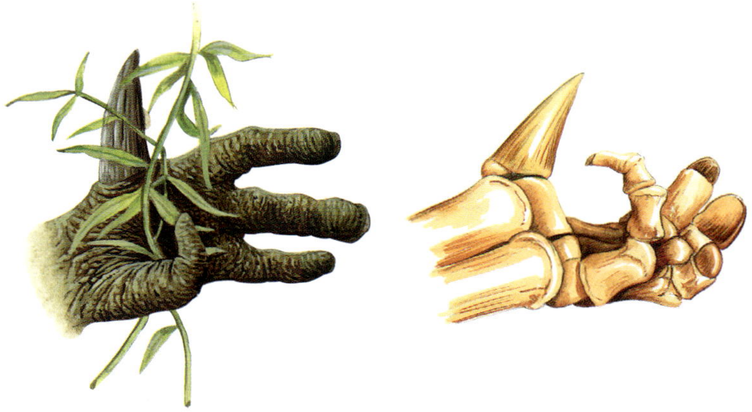

Iguanodon

WICHTIGE FUNDE

Als Mary Ann Mantell, die Ehefrau des berühmten Fossilienjägers Gideon Mantell, die ersten fossilen *Iguanodon*-Zähne entdeckte, dachte ihr Mann, dass sie zu einer ausgestorbenen Reptilienart gehörten. Wissenschaftler sagten ihm, es wären Nashornzähne.

Im Jahr 1822 fand Mary Ann Mantell in einem Steinbruch mehrere *Iguanodon*-Zähne.

In einer Steinplatte wurden im Jahr 1834 zahlreiche *Iguanodon*-Knochen entdeckt.

Nachdem 1878 mehr als 30 Skelette gefunden worden waren, hatten die Paläontologen eine viel bessere Vorstellung davon, wie das *Iguanodon* aussah.

Das *Iguanodon* verwendete seinen großen Stachel als Spaten. Die mittleren drei Finger hatten kappenartige Klauen, um beim Gehen das Gewicht aufzunehmen. Der fünfte Finger konnte abgebogen werden, um Pflanzen und andere Gegenstände zu ergreifen.

WEIT GEWANDERT

Das *Iguanodon* lebte zum Schutz in Herden. Es war wahrscheinlich der am weitesten verbreitete Dinosaurier aller Zeiten. Seine fossilen Überreste wurden in Afrika, Nordamerika, Europa, Asien und sogar in der Arktis gefunden.

KÖRPERBAU DES *IGUANODON*

Zuerst glaubten die Wissenschaftler, dass das *Iguanodon* auf den Hinterbeinen stand und sich mit seinem Schwanz am Boden abstützte. Neue Untersuchungen zeigen, dass es kräftige Vorderbeine und Hufe hatte. Wahrscheinlich verbrachte es die meiste Zeit auf allen vieren und stellte sich nur beim schnellen Laufen auf die Hinterbeine.

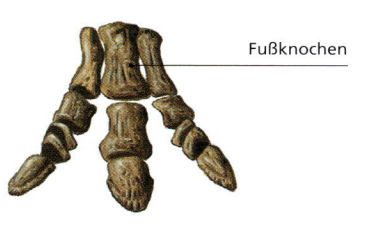

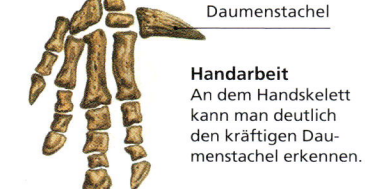

Fußknochen

Wirbelsäule

Zähne

Schnabel

Widerstandsfähige Zähne
Das *Iguanodon* ernährte sich von zähen Pflanzen. Es verwendete seinen Schnabel zum Abreißen von Blättern. Die Mahlzähne verarbeiteten die Blätter zu Brei.

Daumenstachel

Schwanzwirbel

Handarbeit
An dem Handskelett kann man deutlich den kräftigen Daumenstachel erkennen.

GERUCHSSINN

Der Bereich des *Iguanodon*-Gehirns, der den Geruchs- und Tastsinn steuerte, war gut entwickelt. Vermutlich konnte der Dinosaurier versteckte Raubtiere und bevorzugte Pflanzen schon von Weitem riechen.

Incisivosaurus

Der winzige, vogelähnliche Theropode gehörte zur selben Gruppe wie der *Oviraptor*, war aber ein früherer Dinosaurier. Anstelle des zahnlosen Schnabels seiner Verwandten hatte er rattenartige Vorderzähne. Der *Incisivosaurus* besaß Federn und war so groß wie ein großer Vogel. Sein Schädel war nur zehn Zentimeter lang.

FAKTEN

NAME: »Schneidezahnechse«
ZEIT: Frühe Kreidezeit
GRUPPE: Theropoda
NAHRUNG: Fleisch
KÖRPERLÄNGE: 1 Meter
FOSSILFUNDSTELLEN: China 2002

Incisivosaurus

EINE VERWECHSLUNG?

Die meisten *Oviraptores* hatten keine Zähne. Der *Incisivosaurus* besaß aber vorn vergrößerte »Reißzähne« und zapfenartige Zähne in der Backengegend. Viele Wissenschaftler glauben, dass der *Incisivosaurus* eigentlich ein *Protarchaeopteryx* ist.

Jingshanosaurus

FAKTEN
- NAME: »Echse aus Jingshan«
- ZEIT: Späte Trias
- GRUPPE: Sauropodamorpha
- NAHRUNG: Pflanzen
- KÖRPERLÄNGE: 7,5 Meter
- FOSSILFUNDSTELLEN: China 1995

Der *Jingshanosaurus* gehört zu den letzten Prosauropoden, den frühesten Dinosauriern. Sie wurden im Verlauf des Jura von den Sauropoden abgelöst. Der *Jingshanosaurus* hatte dicke, schwere Beine und einen langen Hals. Seine Kiefer waren voller Zähne, mit denen der Dinosaurier dickes, holziges Pflanzenmaterial zerkleinerte. Wissenschaftler fanden ein fast vollständiges Skelett. Ein Gipsabdruck des Skeletts wurde in den 1990er-Jahren in mehreren Museen der Vereinigten Staaten ausgestellt.

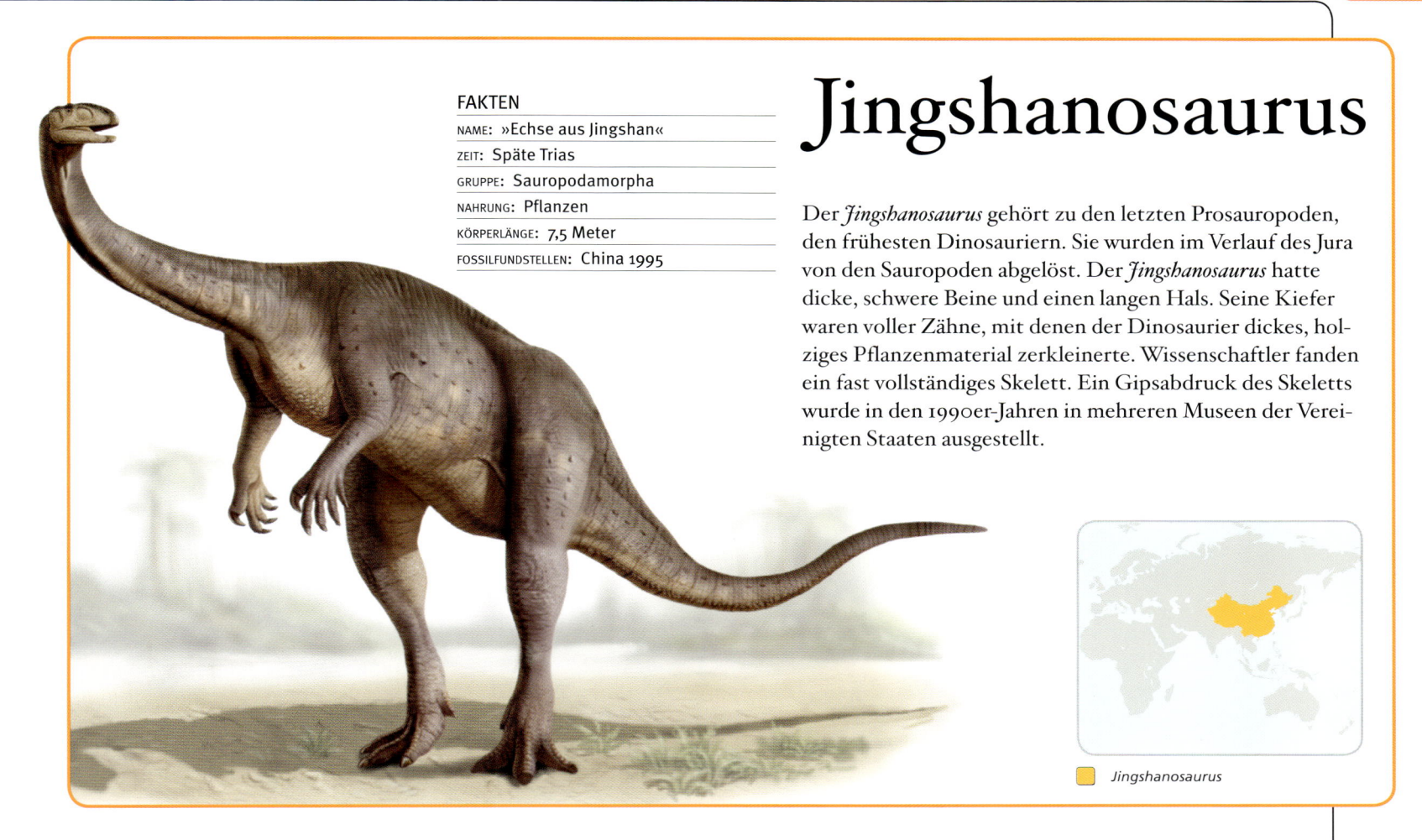

Jingshanosaurus

Juravenator

FAKTEN
- NAME: »Jäger des Jura«
- ZEIT: Später Jura
- GRUPPE: Theropoda
- NAHRUNG: Fleisch
- KÖRPERLÄNGE: 70 Zentimeter
- FOSSILFUNDSTELLEN: Deutschland 2006

Der winzige Theropode lebte im Jura und zählte zu den Coelurosauriern, den Vorfahren der Vögel. Das Skelett stammt von einem Jungtier. Bei den Knochen wurden keine Federn gefunden, obwohl ein Stück Haut erhalten ist. Der *Juravenator* gehört möglicherweise zu einer noch nicht sehr weit entwickelten federlosen Theropodengruppe.

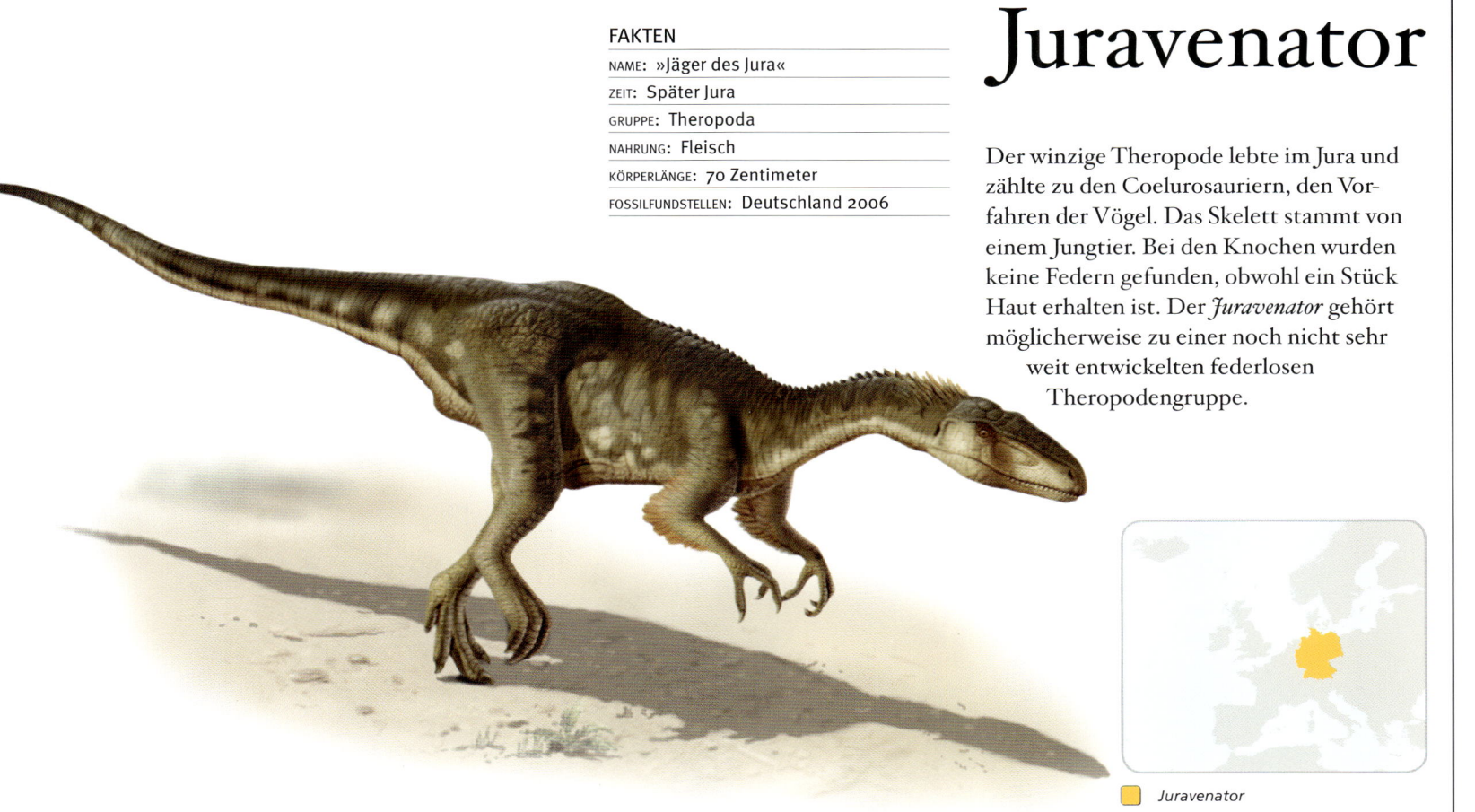

Juravenator

Kentrosaurus

Der Dinosaurier lebte in Tansania und war ein naher Verwandter des amerikanischen *Stegosaurus*. Hals und Rücken waren mit paarweise angeordneten Knochenplatten bedeckt. Auf seinem Becken und Schwanz saßen kleine Stachelpaare. Er war noch nicht so weit entwickelt wie der *Stegosaurus*. Die Originalexemplare des *Kentrosaurus* lagerten in einem deutschen Museum. Während des Zweiten Weltkriegs wurden sie bei einem Bombenangriff großteils zerstört.

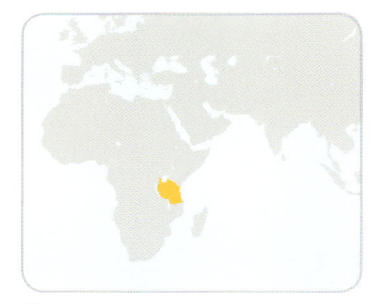

FAKTEN
NAME: »Spitzechse«
ZEIT: Später Jura
GRUPPE: Stegosauria
NAHRUNG: Pflanzen
KÖRPERLÄNGE: 4,9 Meter
FOSSILFUNDSTELLEN: Tansania 1915

Kentrosaurus

Kerberosaurus

Der Entenschnabeldinosaurier lebte im ausgehenden Mesozoikum und war eng mit dem *Prosaurolophus* verwandt. Die nordamerikanischen Entenschnabeldinosaurier dieser Zeit waren weiter entwickelt. Der *Kerberosaurus* lebte am Fluss Amur in Russland. Am Ende des Mesozoikums war es einfach, von Asien nach Nordamerika zu wandern, denn die Kontinente waren durch eine Landbrücke verbunden. Die Dinosaurier zogen über die Kontinente und entwickelten sich unterschiedlich rasch weiter.

FAKTEN
NAME: »Cerberusechse«
ZEIT: Späte Kreidezeit
GRUPPE: Ornithopoda
NAHRUNG: Pflanzen
KÖRPERLÄNGE: 9 Meter
FOSSILFUNDSTELLEN: Russland 2004

Kerberosaurus

Kryptops

FAKTEN
- NAME: »Bedecktes Gesicht«
- ZEIT: Frühe Kreidezeit
- GRUPPE: Theropoda
- NAHRUNG: Fleisch
- KÖRPERLÄNGE: 6 Meter
- FOSSILFUNDSTELLEN: Niger 2000

Der Dinosaurier zählt zu den frühesten und primitivsten Abelisauriern. Er lebte vor 110 Millionen Jahren in Niger (Afrika). Der *Kryptops* war nur halb so groß wie die späteren Abelisaurier. Sein Gesicht war mit einer Knochenhülle bedeckt. Eines der Fossilien hat einen gut erhaltenen Oberkieferknochen, in dem man noch die nachrückenden Ersatzzähne sieht. Der Dinosaurier lebte zur selben Zeit wie *Spinosaurus*, *Nigersaurus*, *Ouranosaurus* und *Lurdusaurus*.

Kryptops

Lambeosaurus

FAKTEN
- NAME: »(Lawrence) Lambes Echse«
- ZEIT: Späte Kreidezeit
- GRUPPE: Ornithopoda
- NAHRUNG: Pflanzen
- KÖRPERLÄNGE: 15 Meter
- FOSSILFUNDSTELLEN: Kanada, USA 1923

Der *Lambeosaurus* zählt zu den bekanntesten kammtragenden Entenschnabeldinosauriern. Im Gegensatz zu den kammlosen Entenschnabeldinosauriern mit den breiten Schnäbeln war der Schnabel des *Lambeosaurus* schmal. Der Dinoaurier musste deshalb bei der Futterwahl pingelig sein. Er wurde nach Lawrence Lambe benannt, einem kanadischen Paläontologen des späten 19. und frühen 20. Jahrhunderts. Lambe entdeckte neben dem *Lambeosaurus* noch weitere Dinosaurierarten.

Lambeosaurus

Leaellynasaura

Der kleine Ornithopode war nur einen Meter lang. Für ihn war es schwierig, sich warm zu halten. Das ist verwunderlich, denn er lebte in einer sehr kalten Region (Australien lag in der Kreidezeit innerhalb des südlichen Polarkreises). Er verbrachte viele Monate in Dunkelheit und hatte sehr große Augen. *Leaellynasaura* wurde vom australischen Paläontologenehepaar Pat Vickers Rich und Tom Rich nach ihrer Tochter benannt.

FAKTEN
NAME: »Leaellyns Echse«
ZEIT: Frühe Kreidezeit
GRUPPE: Ornithopoda
NAHRUNG: Pflanzen
KÖRPERLÄNGE: 1 Meter
FOSSILFUNDSTELLEN: Australien 1989

Leaellynasaura

Liaoningosaurus

Das winzige Fossil dieses Nodosauriers (eine der beiden großen Ankylosauriergruppen) war wahrscheinlich ein Baby. Im Gegensatz zu allen anderen Ankylosauriern war nicht nur sein Rücken, sondern auch sein Bauch gepanzert. Der Dinosaurier wurde nach der chinesischen Provinz Liaoning benannt. Dort befindet sich die berühmte Yixian-Formation, die für die außergewöhnlich gut erhaltenen Fossilien bekannt ist. In der Formation wurden auch die gefiederten chinesischen Dinosaurier entdeckt.

FAKTEN
NAME: »Echse aus Liaoning«
ZEIT: Frühe Kreidezeit
GRUPPE: Ankylosauria
NAHRUNG: Pflanzen
KÖRPERLÄNGE: 34 Zentimeter
FOSSILFUNDSTELLEN: China 2001

Liaoningosaurus

Maiasaura

FAKTEN
- NAME: »Gute Mutterechse«
- ZEIT: Späte Kreidezeit
- GRUPPE: Ornithopoda
- NAHRUNG: Pflanzen
- KÖRPERLÄNGE: 10 Meter
- FOSSILFUNDSTELLEN: USA 1979

Maiasaura kümmerte sich gut um den Nachwuchs und fütterte ihre Jungen. Die Weibchen nisteten in großen Gruppen.

Der Entenschnabeldinosaurier ist das offizielle Staatsfossil von Montana. Das Fossil war das erste Dinosauriernest mit frisch geschlüpften Dinosaurierbabys, das in den USA entdeckt wurde. Wissenschaftler fanden heraus, dass einjährige *Maiasaura* einen Meter lang waren. Ausgewachsenen Tiere waren zehn Meter lang. Das rasche Wachstum lässt darauf schließen, dass Dinosaurier viel mehr Energie benötigten als die heutigen Reptilien.

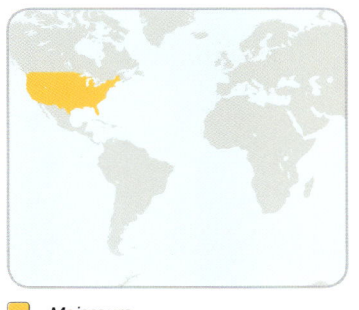

Maiasaura

Majungasaurus

FAKTEN
- NAME: »Echse aus Mahajanga«
- ZEIT: Späte Kreidezeit
- GRUPPE: Theropoda
- NAHRUNG: Fleisch
- KÖRPERLÄNGE: 8 Meter
- FOSSILFUNDSTELLEN: Madagaskar 1955

Vom *Majungasaurus* wurden zahlreiche Skelette und ein vollständiger Schädel gefunden. Sein Hals und seine Schnauze waren dick und kräftig. Ein Exemplar hatte ein abgebissenes Schwanzende. Der *Majungasaurus* gehörte zu einer relativ primitiven Theropodengruppe. Sein bevorzugtes Beutetier war vermutlich der sauropode *Rapetosaurus*. Es gibt Hinweise darauf, dass der *Majungasaurus* ein Kannibale war. Der Dinosaurier wurde auf Madagaskar entdeckt, das am Ende der Kreidezeit bereits eine Insel war.

Majungasaurus

Mamenchisaurus

Der chinesische Dinosaurier lebte im Jura. Sein Hals war zwölf Meter lang. Auf beiden Seiten der Halswirbel saßen mehrere hohle Kammern, die den Hals leichter machten. Auch Theropoden hatten solche Kammern, die man heute noch bei den Vögeln findet. Das Gewicht des langen Halses wurde durch Körper und Schwanz ausgeglichen. Der *Mamenchisaurus* konnte die weichen Blätter von den Baumwipfeln fressen, die andere Sauropoden nicht erreichten.

FAKTEN
NAME: »Echse aus Mamenchi«
ZEIT: Später Jura
GRUPPE: Sauropodamorpha
NAHRUNG: Pflanzen
KÖRPERLÄNGE: 25 Meter
FOSSILFUNDSTELLEN: China 1954

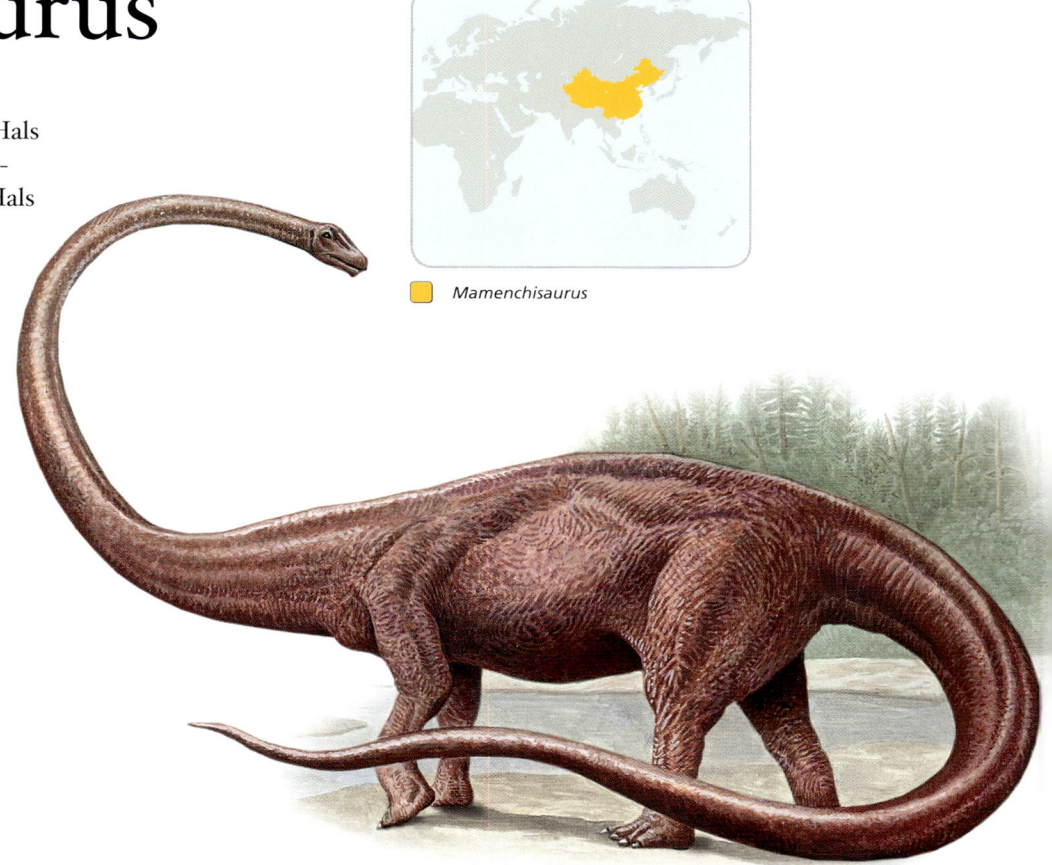

Mamenchisaurus

Masiakasaurus

FAKTEN
NAME: »Bösartige Echse«
ZEIT: Späte Kreidezeit
GRUPPE: Theropoden
NAHRUNG: Fleisch
KÖRPERLÄNGE: 1,8 Meter
FOSSILFUNDSTELLEN: Madagaskar 2001

Der Theropode aus der späten Kreidezeit zählt zu den Abelisauriern. Diese Dinosauriergruppe war auf allen südlichen Kontinenten verbreitet, als diese noch zur Landmasse Gondwana gehörten. Kiefer und Zähne des *Masiakasaurus* sind einzigartig. Die Kieferränder waren nach außen gebogen. Dadurch standen die Zähne nach vorn. Die kleinen Zähne waren an das Festhalten und nicht, wie bei anderen Theropoden, an das Zerschneiden oder Zerreißen der Beute angepasst.

Masiakasaurus

Massospondylus

Massospondylus

Der Prosauropode wurde nach dem berühmten Paläontologen Richard Owen benannt, der 1842 den Begriff »Dinosauria« prägte. Die Hinterbeine des Dinosauriers waren deutlich länger als die Vorderbeine. Eine große Klaue an jeder Hand machte es ihm unmöglich, die Vorderbeine zum Gehen zu benutzen. Vermutlich lief der *Massospondylus* auf zwei Beinen und ruhte sich auf allen vieren aus. Zähne und Kiefer waren ans Pflanzenfressen angepasst. Wahrscheinlich fraß der Dinosaurier auch Aas und kleine Tiere, die er im Ganzen hinunterschlang.

Der *Massospondylus* hatte an jeder Hand eine große Sichelklaue. Wahrscheinlich wehrte er damit Angreifer ab, während er sich auf seine Hinterbeine stellte.

FAKTEN
NAME: »Verlängerte Wirbelknochen«
ZEIT: Früher Jura
GRUPPE: Sauropodamorpha
NAHRUNG: Pflanzen
KÖRPERLÄNGE: 5 Meter
FOSSILFUNDSTELLEN: Südafrika, USA 1854

Megalosaurus

Der *Megalosaurus* hatte kräftige, drehbare Klauen und gebogene Sägezähne. Er war ein gefährliches Raubtier.

Megalosaurus

Im Jahr 1824 erhielt der *Megalosaurus* als erster Dinosaurier einen wissenschaftlichen Namen. Unglücklicherweise wurde nur ein unvollständiges Skelett gefunden. Deshalb weiß man wenig über diesen Dinosaurier. Lange Zeit wurden alle in Europa entdeckten Knochenteile von Theropoden dem *Megalosaurus* zugeordnet. Wir wissen nur, dass er ein mittelgroßes Raubtier war.

FAKTEN
NAME: »Große Echse«
ZEIT: Später Jura
GRUPPE: Theropoda
NAHRUNG: Fleisch
KÖRPERLÄNGE: 9 Meter
FOSSILFUNDSTELLEN: Europa 1822

Mei

Wären nur alle Entdeckungen so spektakulär wie dieser Dinosaurier! Das Fossil wurde in Schlafposition gefunden. Der Kopf war unter den Unterarm gesteckt. Das ist auch die typische Ruhestellung der heutigen Vögel. Möglicherweise ist der Dinosaurier an giftigen Vulkangasen erstickt. Das Fossil ist beinahe vollständig erhalten und nur leicht zerdrückt. Es handelt sich vermutlich um ein Baby, denn die Schädelknochen waren noch nicht ganz zusammengewachsen.

FAKTEN
NAME:	»Tief schlafend(er Drache)«
ZEIT:	Frühe Kreidezeit
GRUPPE:	Theropoda
NAHRUNG:	Fleisch
KÖRPERLÄNGE:	0,5 bis 1 Meter
FOSSILFUNDSTELLEN:	China 2004

Mei

SCHLAFENDE SCHÖNHEIT

Nie zuvor haben Paläontologen ein schlafendes Dinosaurierfossil gefunden. Das perfekt erhaltene und 130 Millionen Jahre alte Skelett war auf dieselbe Weise zusammengerollt wie ein schlafender Vogel.

Microraptor

Das Ungewöhnlichste an dem kleinen Dinosaurier waren die gefiederten Hinterbeine. Die langen, zugespitzten Federn setzten direkt an Oberschenkelknochen und Schienbeinen an. Dadurch sah der *Microraptor* aus, als hätte er vier Flügel. Genauere Untersuchungen ergaben, dass die hinteren Flügel nicht zum Fliegen taugten. Wahrscheinlich wurden sie zum Gleitflug eingesetzt.

FAKTEN

NAME: »Kleiner Dieb«
ZEIT: Frühe Kreidezeit
GRUPPE: Theropoda
NAHRUNG: Fleisch
KÖRPERLÄNGE: 50 Zentimeter
FOSSILFUNDSTELLEN: China 2000

Microraptor

Minmi

Minmi

Der Ankylosaurier wurde im australischen Queensland entdeckt. Er hatte einen relativ kleinen Panzer. Die Panzer der meisten Ankylosaurier verliefen in Bändern von einer Seite zur anderen. Die Panzerstreifen des *Minmi* verliefen von vorn nach hinten. Sein Bauchpanzer bestand aus kleinen, sechseckigen Knochenplatten. Ankylosaurier wanderten im Jura nach Australien, das damals auf dem südlichen Kontinent Gondwana lag.

FAKTEN

NAME: »Echse aus Minmi Crossing«
ZEIT: Frühe Kreidezeit
GRUPPE: Ankylosauria
NAHRUNG: Pflanzen
KÖRPERLÄNGE: 2,5 Meter
FOSSILFUNDSTELLEN: Australien 1980

Mononykus

Das besondere Merkmal des vogelgroßen Theropoden war die einzelne Klaue am Ende jedes Arms. Seine seitlich sitzenden Arme waren zu kurz, um das Maul zu erreichen. Möglicherweise benutzte er seine Klauen zum Graben in Termitenhügeln. Die kleinen Zähne, die keine Schneideränder hatten, stützen diese Theorie.

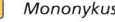

FAKTEN
NAME: »Einzelklaue«
ZEIT: Späte Kreidezeit
GRUPPE: Theropoda
NAHRUNG: Fleisch
KÖRPERLÄNGE: 1 Meter
FOSSILFUNDSTELLEN: Mongolei 1993

Mononykus

Der *Mononykus* hatte graziöse Hinterbeine. Seine Arme waren äußerst kurz und seine Hände besaßen nur einen Finger, eine Daumenklaue.

Muttaburrasaurus

Der große und ungewöhnliche australische Ornithopode hatte einen erweiterten Nasenbereich, ähnlich wie die Hadrosaurier. Seine Daumenklaue erinnert an die eines Iguanodonten. Im Gegensatz zu allen anderen Ornithopoden besaß er Scherenzähne. Wegen der Vermischung dieser ungewöhnlichen Merkmale ist es schwierig, den *Muttaburrasaurus* in irgendeine der bekannten Ornithopodenfamilien einzuordnen.

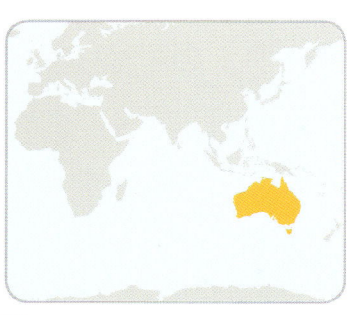

FAKTEN
NAME: »Echse aus Muttaburra«
ZEIT: Frühe Kreidezeit
GRUPPE: Ornithopoda
NAHRUNG: Pflanzen
KÖRPERLÄNGE: 10 Meter
FOSSILFUNDSTELLEN: Australien 1981

Muttaburrasaurus

Nigersaurus

Nigersaurus

Der *Nigersaurus* war ein Sauropode. Sein Maul sah aus wie der gerade Aufsatz eines Staubsaugers. Er hatte über 80 kleine Zähne, die eine Reihe bildeten. Hinter jedem Zahn steckten weitere Zähne in einer Spalte, die bei Bedarf nachrückten. War ein Zahn abgenutzt, wurde er abgestoßen, und der nächste in der Reihe nahm seinen Platz ein. Da die Zähne sehr klein waren, fraß der *Nigersaurus* vermutlich nur weichfaserige Pflanzen.

FAKTEN
NAME:	»Echse aus Niger«
ZEIT:	Frühe Kreidezeit
GRUPPE:	Sauropodamorpha
NAHRUNG:	Pflanzen
KÖRPERLÄNGE:	15 Meter
FOSSILFUNDSTELLEN:	Niger 1999

Nomingia

Nomingia

Der Theropode war der erste entdeckte Dinosaurier mit einem Pygostyl oder Bürzel aus verwachsenen Wirbeln, an dem ein Fächer aus Schwanzfedern ansetzte. Der Fächer bestand entweder aus Schmuckfedern oder Federn, die den Flug steuerten. Schwanzfedern sind vor allem beim langsamen Fliegen und beim Landen wichtig. Der Schwanzfächer des *Nomingia* war jedoch zu groß, um beim Fliegen eingesetzt zu werden. Wahrscheinlich diente er nur als Schmuck.

FAKTEN
NAME:	»Aus Nomingiin« (Wüste Gobi)
ZEIT:	Späte Kreidezeit
GRUPPE:	Theropoda
NAHRUNG:	Fleisch
KÖRPERLÄNGE:	1,7 Meter
FOSSILFUNDSTELLEN:	Mongolei 2000

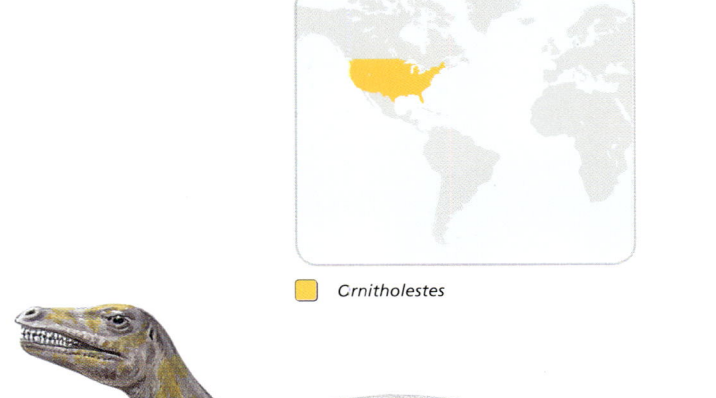

Ornitholestes

Der *Ornitholestes* war ein Theropode aus dem Jura. Er wurde in der berühmten Morrison-Formation (USA) entdeckt. Unser Wissen über diesen Dinosaurier gründet großteils auf einem Schädel und einem Skelett, das vor mehr als hundert Jahren entdeckt wurde. Seither wurden keine vollständigen Fossilien gefunden. Er konnte seine Hände so halten, dass sich die Handflächen berührten. Dadurch konnte er kleine Beutetiere besser packen und festhalten. Wir wissen nicht, ob dieser Dinosaurier Federn hatte.

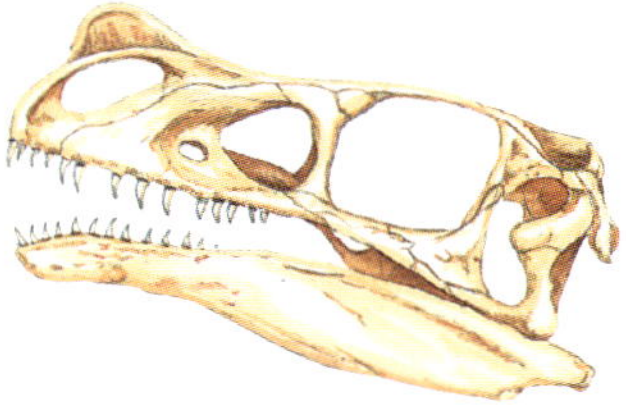

Ornitholestes

Der Schädel zeigt ein mögliches Horn. Manche Rekonstruktionen des *Ornitholestes* haben über der Nase ein dünnes Horn.

FAKTEN
NAME: »Vogelräuber«
ZEIT: Später Jura
GRUPPE: Theropoda
NAHRUNG: Fleisch
KÖRPERLÄNGE: 2 Meter
FOSSILFUNDSTELLEN: USA 1903

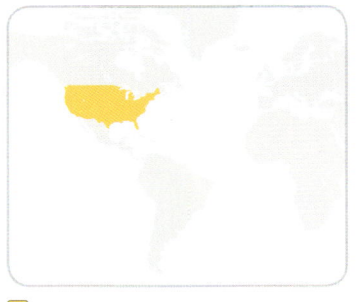

Oryctodromeus

Der kleine Dinosaurier wog ungefähr 30 Kilogramm. Er war der erste Ornithopode, der in seinem Bau gefunden wurde. Ein ausgewachsener Dinosaurier und zwei Jungtiere lassen darauf schließen, dass die Familie gleichzeitig ums Leben gekommen ist. Der *Oryctodromeus* kümmerte sich um seinen Nachwuchs. Arme und Kopf der Dinosaurierart weisen Anpassungen an das Graben auf, aber nicht in dem Maß wie bei heutigen Tieren, die ihr Leben in unterirdischen Bauen verbringen.

Oryctodromeus

FAKTEN
NAME: »Grabender Läufer«
ZEIT: Späte Kreidezeit
GRUPPE: Ornithopoda
NAHRUNG: Pflanzen
KÖRPERLÄNGE: 2 Meter
FOSSILFUNDSTELLEN: USA 2007

Ouranosaurus

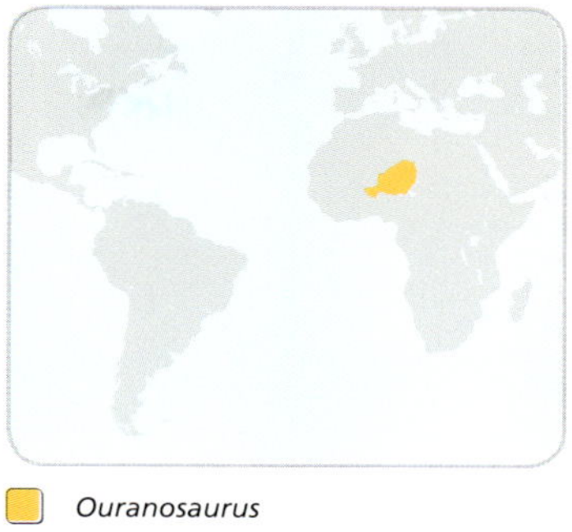

Auf dem Rücken des Ornithopoden befand sich ein großes »Segel« aus Stacheln, die von der Wirbelsäule nach oben ragten. Das Segel war zu zerbrechlich, um den Dinosaurier zu schützen. Vermutlich wurde es bei der Paarungswerbung eingesetzt. Es könnte aber auch bei der Regulierung der Körpertemperatur geholfen haben. Stand der Dinosaurier im Schatten, strahlte sein Körper überschüssige Hitze ab. Dadurch konnte sich der 1,8 Tonnen schwere Pflanzenfresser abkühlen.

Ouranosaurus

Bei geschlossenem Maul bewegten sich die Knochen im Oberkiefer des *Ouranosaurus* und zermalmten die Nahrung mit den Backenzahnreihen.

FAKTEN
NAME: »Kühne Echse«
ZEIT: Frühe Kreidezeit
GRUPPE: Ornithopoda
NAHRUNG: Pflanzen
KÖRPERLÄNGE: 7 Meter
FOSSILFUNDSTELLEN: Niger 1976

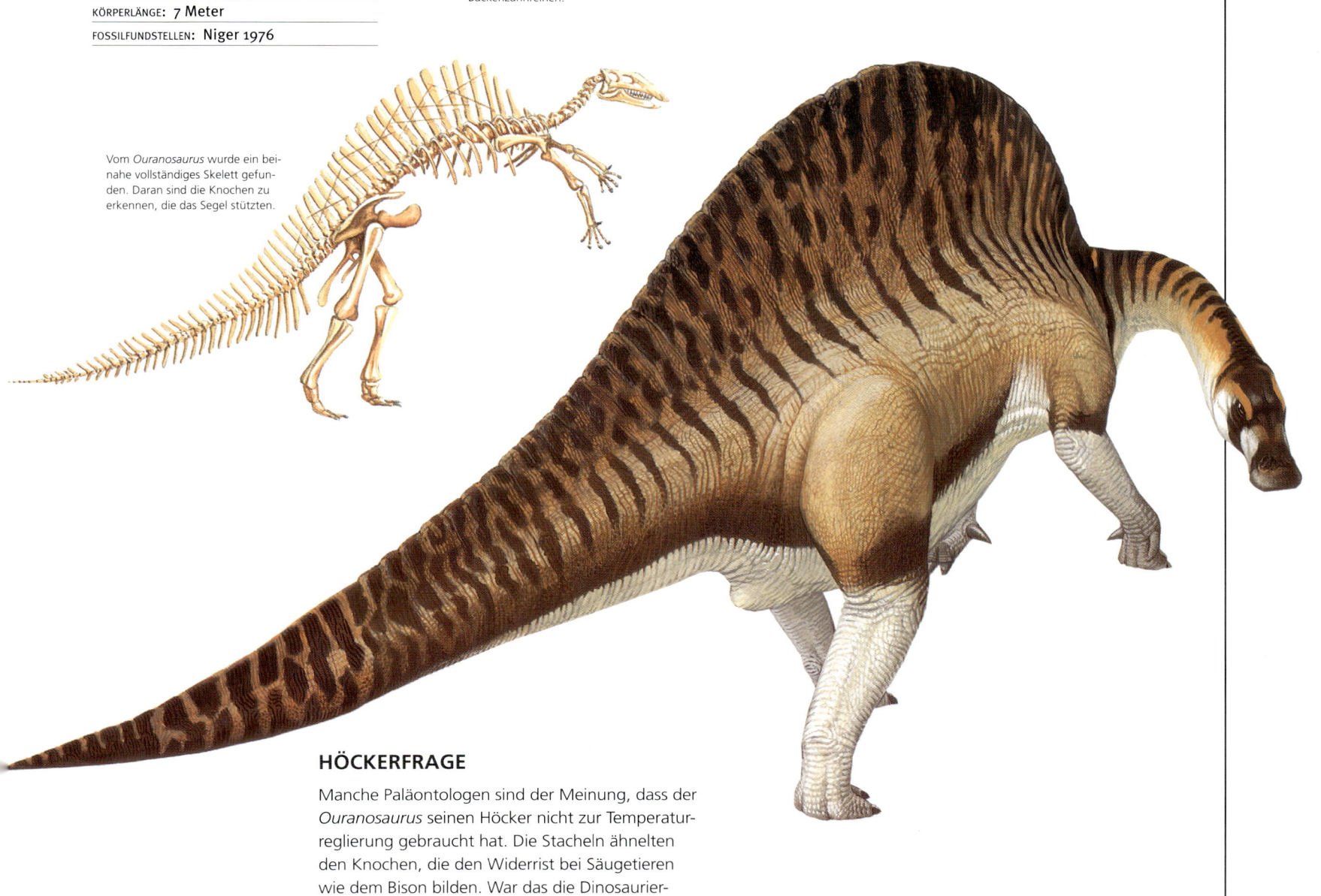

Vom *Ouranosaurus* wurde ein beinahe vollständiges Skelett gefunden. Daran sind die Knochen zu erkennen, die das Segel stützten.

HÖCKERFRAGE

Manche Paläontologen sind der Meinung, dass der *Ouranosaurus* seinen Höcker nicht zur Temperaturregulierung gebraucht hat. Die Stacheln ähnelten den Knochen, die den Widerrist bei Säugetieren wie dem Bison bilden. War das die Dinosaurierversion eines Kamels oder Büffels?

Oviraptor

Als der Theropode im Jahr 1924 seinen Namen erhielt, glaubte man, dass das entdeckte Exemplar beim Rauben von *Protoceratops*-Eiern ums Leben kam. Heute wissen die Wissenschaftler, dass das Tier seine eigenen Eier beschützte. Man fand ausgewachsene Dinosaurier im Nest. Die gefiederten Arme waren schützend über den Eiern gefaltet. Der Kamm des *Oviraptor* veränderte sich mit dem Alter. An der Mauloberseite hatte der Dinosaurier zahnähnliche Strukturen, aber in seinem Schnabel befanden sich keine richtigen Zähne.

Dinosaurierhauben waren unterschiedlich und veränderten sich im Lauf des Lebens.

Der *Oviraptor* wurde ursprünglich als »Eierdieb« bezeichnet. Heute glauben die Paläontologen, dass er sich um seine eigenen Eier kümmerte und nicht die Eier anderer Dinosaurier raubte.

FAKTEN
- **NAME:** »Eierdieb«
- **ZEIT:** Späte Kreidezeit
- **GRUPPE:** Theropoda
- **NAHRUNG:** Fleisch und Pflanzen
- **KÖRPERLÄNGE:** 3 Meter
- **FOSSILFUNDSTELLEN:** China, Mongolei 1924

Oviraptor

FÜTTERUNGSZEIT

Eine *Oviraptor*-Mutter kehrt zu den hungrigen Jungen zurück. Sie bringt ein frisch erlegtes *Velociraptor*-Baby zum Mittagessen. Wissenschaftler fanden *Oviraptor*-Skelette, die auf den Nestern saßen und die Vorderbeine um die Eier geschlungen hatten. Wahrscheinlich waren es Eltern, die ihre Eier ausbrüteten und beschützten.

Pachycephalosaurus

FAKTEN
NAME: »Dickkopfechse«
ZEIT: Späte Kreidezeit
GRUPPE: Pachycephalosauria
NAHRUNG: Pflanzen
KÖRPERLÄNGE: 8 Meter
FOSSILFUNDSTELLEN: USA 1943

Der *Pachycephalosaurus* ist der namensgebende Dinosaurier der Kuppelköpfe oder Pachycephalosaurier (»Dickkopfechsen«). Manche Kuppeln waren bis zu 18 Zentimeter dick. Früher glaubte man, dass die Kuppel zum Rammen anderer Männchen eingesetzt wurde. Dabei hätten sich aber beide Dinosaurier das Genick gebrochen. Heute vertreten die meisten Wissenschaftler die Ansicht, dass die Kuppel dazu verwendet wurde, Beine oder Hälse von Theropoden zu rammen. Die Kuppel befand sich auf Höhe des Knies eines Tyrannosauriers.

Pachycephalosaurus

Parasaurolophus

Parasaurolophus

Der Hadrosaurier war die Posaune der Kreidezeit. Der große, hohle Kamm auf seinem Kopf wurde vom Oberlippenknochen gebildet. Die Luft drang in die Nase, lief an der Oberseite der hohlen Röhre entlang, machte an der Spitze der Röhre eine Drehung und gelangte danach in die Kehle. Rekonstruktionen der Röhre zeigen, dass der *Parasaurolophus* wie die heutigen Elefanten tieffrequente Töne erzeugen konnte, die kilometerweit zu hören waren. Dadurch wurden Informationen zwischen den Herden ausgetauscht, wie zum Beispiel »Ich habe Wasser gefunden« oder »Ich habe gerade einen Tyrannosaurier gesehen«.

FAKTEN
NAME: »Nahe einer (wie eine) Haubenechse«
ZEIT: Späte Kreidezeit
GRUPPE: Ornithopoda
NAHRUNG: Pflanzen
KÖRPERLÄNGE: 11 Meter
FOSSILFUNDSTELLEN: Kanada, USA 1922

Pelecanimimus

Der ungewöhnliche Ornithomimosaurier (eine Gruppe von schnellen, straußenartigen Dinosauriern) hatte über 220 Zähne. Sie arbeiteten wie ein feines Schneidewerkzeug. Möglicherweise wurden sie auch dazu verwendet, Nahrung aus dem Wasser zu filtern. Der *Pelecanimimus* hatte eine kräftige Zunge. Drei Finger an den langen Händen wurden als Haken verwendet. Man fand zwar keine Federn, aber einige Abdrücke von Federansätzen in der Haut des Dinosaurierfossils.

FAKTEN
NAME:	»Pelikannachahmer«
ZEIT:	Frühe Kreidezeit
GRUPPE:	Theropoda
NAHRUNG:	Fleisch
KÖRPERLÄNGE:	2 bis 2,5 Meter
FOSSILFUNDSTELLEN:	Spanien 1994

Pelecanimimus

KEHLSACK

Eines der herausragendsten Merkmale des *Pelecanimimus* waren die ungewöhnlichen Hautfalten unter seiner Kehle. Vielleicht bildeten sie einen Kehlsack wie bei einem Pelikan.

Plateosaurus

FAKTEN
- NAME: »Flache Echse«
- ZEIT: Späte Trias
- GRUPPE: Sauropodamorpha
- NAHRUNG: Pflanzen und Tiere
- KÖRPERLÄNGE: 8 Meter
- FOSSILFUNDSTELLEN: Europa 1837

Der *Plateosaurus* ist der berühmteste Vertreter der Prosauropoden, der ersten Riesensauropoden. Die Zähne in dem langen Schädel waren an das Pflanzenfressen angepasst, aber dick genug, um gelegentlich kleine Tiere fressen zu können. In einigen Schädeln fand man dieselben Knochen, die heutigen Raubtieren beim Fokussieren des Blicks helfen. Der Dinosaurier hatte große Klauen. Seine langen Hinterbeine waren kräftig genug, um den schweren Rumpf zu stützen, wenn er auf zwei Beinen stand.

Plateosaurus

Prosaurolophus

FAKTEN
- NAME: »Vor der Haubenechse«
- ZEIT: Späte Kreidezeit
- GRUPPE: Ornithopoda
- NAHRUNG: Pflanzen
- KÖRPERLÄNGE: 8 Meter
- FOSSILFUNDSTELLEN: Kanada, USA 1916

Von dem Entenschnabeldinosaurier wurden mehrere vollständige Schädel und Skelette gefunden. Er hatte einen dicken Kamm und war eng mit dem *Saurolophus* verwandt. Der *Prosaurolophus* zählte zu den ersten Dinosauriern des Dinosaurier-Provinzparks im kanadischen Alberta, der einen wissenschaftlichen Namen erhielt. Es wurden aber nur wenige Exemplare gefunden. Vermutlich lebte er in trockenen Gebieten, weshalb kaum Skelette erhalten blieben.

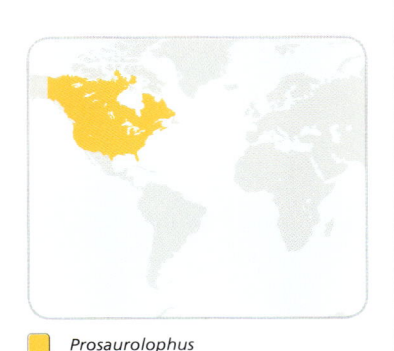

Prosaurolophus

Protoceratops

Von dem asiatischen Dinosaurier wurden Hunderte vollständige Skelette gefunden. In der Wüste Gobi wurden so viele Schädel entdeckt, dass man die Dinosaurier vom Ei bis zum ausgewachsenen Tier untersuchen konnte. Zu den berühmtesten Funden gehören die »kämpfenden Dinosaurier«. Man fand einen *Protoceratops* und einen *Velociraptor*, die miteinander kämpften. Der Arm des *Velociraptor* steckte im Maul des *Protoceratops*. Vermutlich kämpften sie auf einer Sanddüne, die einstürzte und die beiden Dinosaurier unter sich begrub.

FAKTEN

NAME:	»Erstes Horngesicht«
ZEIT:	Frühe Kreidezeit
GRUPPE:	Ceratopsia
NAHRUNG:	Pflanzen
KÖRPERLÄNGE:	3 Meter
FOSSILFUNDSTELLEN:	China, Mongolei 1923

◼ Protoceratops

KÄMPFEN BIS ZUM ENDE

Ein *Velociraptor* kämpft mit einem *Protoceratops*, wobei einige Dinosauriereier zerdrückt werden. Die Darstellung ist eine Nachbildung des 70 Millionen Jahre alten Fossils der beiden »kämpfenden Dinosaurier«.

Der gut entwicklelte Kragen des *Protoceratops* reichte vom Nacken bis ins Gesicht. Er hatte keine Hörner.

Der *Protoceratops* hatte einen papageienartigen Schnabel und scherenartige Zähne, die die Nahrung zerschnitten.

Psittacosaurus

FAKTEN
NAME: »Papageienechse«
ZEIT: Frühe Kreidezeit
GRUPPE: Ceratopsia
NAHRUNG: Pflanzen
KÖRPERLÄNGE: 3 Meter
FOSSILFUNDSTELLEN: China, Mongolei, Thailand 1923

Der kleine Dinosaurier konnte auf zwei oder auf vier Beinen laufen. Er hatte einen papageienähnlichen Schnabel. Seine Zähne konnten Pflanzen abschneiden, aber nicht zerkauen. Man fand das Fossil eines ausgewachsenen Tieres mit mehr als 30 Babys im Schlepptau. In der chinesischen Yixian-Formation wurde vor Kurzem ein Exemplar mit federkielartigen Strukturen an der Schwanzoberseite entdeckt. Wir wissen nicht, wozu sie verwendet wurden.

Psittacosaurus

Qantassaurus

FAKTEN
NAME: »Qantasechse« (nach der australischen Fluglinie)
ZEIT: Frühe Kreidezeit
GRUPPE: Ornithopoda
NAHRUNG: Pflanzen
KÖRPERLÄNGE: 2 Meter
FOSSILFUNDSTELLEN: Australien 1999

Der kleine Pflanzenfresser lebte vor 115 Millionen Jahren in Australien, das damals innerhalb des südlichen Polarkreises lag. Der *Qantassaurus* lebte einige Monate im Jahr in der »Polarnacht«. Wahrscheinlich waren seine Augen deshalb so groß. Untersuchungen der Knochen zeigten, dass er das ganze Jahr hindurch weiterwuchs. Er fiel also nicht in Winterstarre und war möglicherweise warmblütig. Er wurde nach einer Fluglinie benannt, die damals beim Transport von Dinosaurierausstellungen behilflich war.

Qantassaurus

Rugops

Der Abelisaurier aus Niger (Afrika) hatte dicke Schmuckknochen auf der Nasenspitze und zwischen den Augen. Wahrscheinlich besaß er auch eine Schmuckhaube. Sein Schädel war breit und kurz. Einige Wissenschaftler vermuten, dass seine Kiefer zu schwach waren für einen Jäger. Er fraß vermutlich die Überreste toter Dinosaurier. Sein Oberkiefer war nach oben gebogen, sodass der Dinosaurier wahrscheinlich aussah, als würde er lächeln.

FAKTEN

NAME:	»Runzelgesicht«
ZEIT:	Späte Kreidezeit
GRUPPE:	Theropoda
NAHRUNG:	Fleisch
KÖRPERLÄNGE:	7 bis 8 Meter
FOSSILFUNDSTELLEN:	Niger 2004

▮ Rugops

NEUE BEWEISE

Der *Rugops* lebte vor etwa 95 Millionen Jahren. Die Entdeckung eines *Rugops*-Schädels in Niger zeigte, dass die Landmasse in dieser Phase der Erdgeschichte noch immer Teil des südlichen Kontinents Gondwana war.

Saltasaurus

FAKTEN
NAME: »Echse aus Salta«
ZEIT: Späte Kreidezeit
GRUPPE: Sauropodamorpha
NAHRUNG: Pflanzen
KÖRPERLÄNGE: 12 Meter
FOSSILFUNDSTELLEN: Argentinien 1980

Der Sauropode lebte am Ende der Kreidezeit in Argentinien. Er war kurz und stämmig. An den Seiten der Wirbelsäule befanden sich in der Haut zahlreiche knöcherne Beulen, sogenannte Hautknöchelchen. Sie waren zwischen 2,5 und 20 Zentimeter lang, also zu schmal für einen Panzer. Vielleicht waren sie groß genug, um die Zähne angreifender Theropoden zu zerbrechen.

Saltasaurus

Saurolophus

Der Entenschnabeldinosaurier konnte auf zwei und vier Beinen gehen. Er hatte einen dicken Kamm, der an der Spitze des Kopfes nach oben und hinten ragte. Wahrscheinlich stützte der Kamm einen Nasenhautsack, der einen oboenartigen Ton erzeugen konnte. Diese Theorie kann nur überprüft werden, wenn ein derartiger Sack gefunden wird.

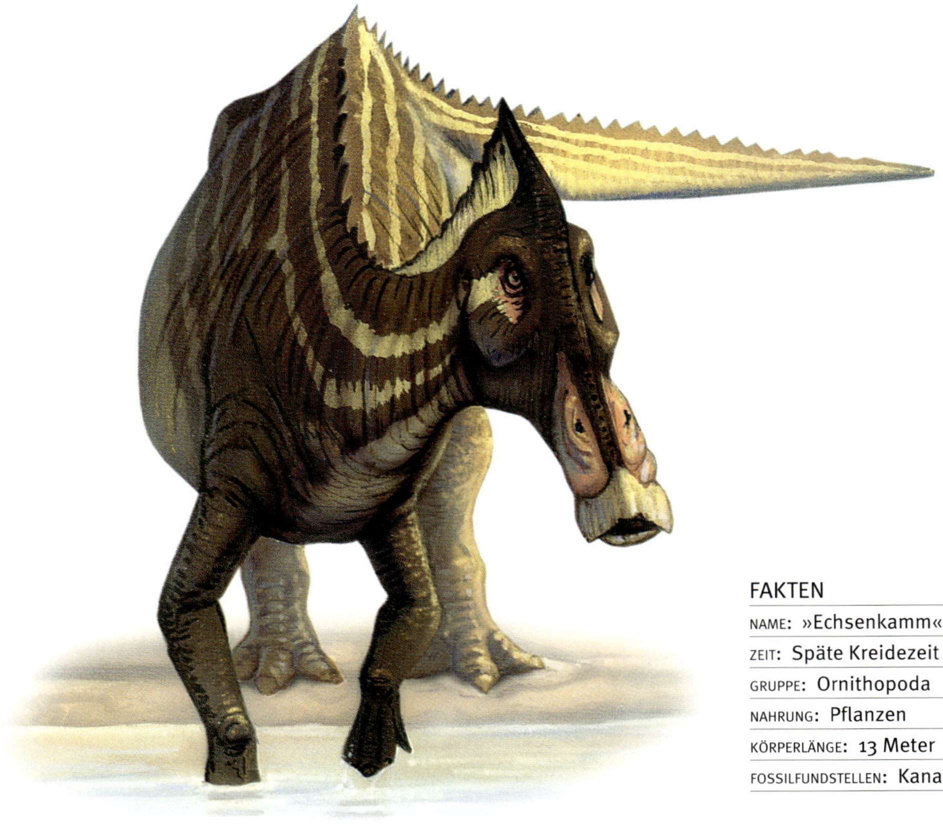

FAKTEN
NAME: »Echsenkamm«
ZEIT: Späte Kreidezeit
GRUPPE: Ornithopoda
NAHRUNG: Pflanzen
KÖRPERLÄNGE: 13 Meter
FOSSILFUNDSTELLEN: Kanada, USA, China 1912

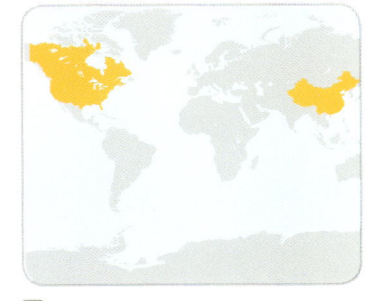

Saurolophus

Scelidosaurus

Der *Scelidosaurus* erhielt seinen Namen von dem berühmten Paläontologen Richard Owen. Er gehört zu den frühesten gepanzerten Dinosauriern. In seiner Haut waren kleine Knochenbeulen, die in parallelen Reihen über Rumpf und Schwanz liefen. Die Beschreibung des Dinosauriers basiert auf einem beinahe vollständig erhaltenen Schädel und Skelett. Der *Scelidosaurus* lief auf vier Beinen. Seine Hinterbeine waren länger als die Vorderbeine.

FAKTEN

NAME: »Rippenechse«
ZEIT: Früher Jura
GRUPPE: Ornithopoda
NAHRUNG: Pflanzen
KÖRPERLÄNGE: 4 Meter
FOSSILFUNDSTELLEN: England 1859

Scelidosaurus

Scipionyx

Der Theropode lebte vor ungefähr 110 Millionen Jahren in Italien und zählt zu den am besten erhaltenen Dinosauriern, die je entdeckt wurden. Er war unter sauerstoffarmen Bedingungen in Sandstein begraben, wodurch der normalerweise bei der Versteinerung auftretende Verfall verhindert wurde. Das Fossil ist ein seltener Fund, denn auch weiches Körpergewebe wie Darm, Leber und Muskeln sind erhalten.

FAKTEN

NAME: Benannt nach Scipione Breislak
ZEIT: Frühe Kreidezeit
GRUPPE: Theropoda
NAHRUNG: Fleisch
KÖRPERLÄNGE: 2 Meter
FOSSILFUNDSTELLEN: Italien 1998

Scipionyx

Scutellosaurus

Der kleine Dinosaurier hatte den Körperbau eines gepanzerten Vogelbeckendinosauriers. Er war aber zu primitiv, um den Stegosauriern oder Ankylosaurien zugeordnet zu werden. In der Haut auf seinem Rücken befanden sich knöcherne Beulen. Manche waren flach, andere erhoben sich wie Bergrücken. Sie lagen so weit auseinander, dass sich ein Theropode mindestens einen Zahn ausbrach, wenn er versuchte, einen *Scutellosaurus* zu beißen. Im Gegensatz zu anderen gepanzerten Ornithischia lief der Dinosaurier auf zwei Beinen.

FAKTEN

NAME:	»Kleine Schildechse«
ZEIT:	Früher Jura
GRUPPE:	Stegosauria
NAHRUNG:	Pflanzen
KÖRPERLÄNGE:	1,3 Meter
FOSSILFUNDSTELLEN:	USA 1981

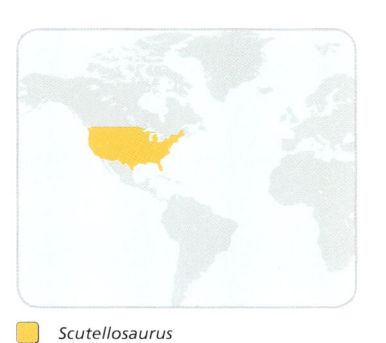

Scutellosaurus

Segnosaurus

FAKTEN

NAME:	»Langsame Echse«
ZEIT:	Späte Kreidezeit
GRUPPE:	Theropoda
NAHRUNG:	Fleisch
KÖRPERLÄNGE:	6 Meter
FOSSILFUNDSTELLEN:	Mongolei 1979

Der kreidezeitliche Theropode gehört zu den Therizinosauriern, einer Theropodengruppe mit einer seltsamen Mischung verschiedener Merkmale. Der *Segnosaurus* hatte einen langen Schädel mit kleinen Zähnen wie die Prosauropoden der Trias. An den Händen saßen lange Klauen. Die Füße hatten vier Zehen und nicht drei wie bei den meisten anderen Theropoden. Die Körpermerkmale lassen vermuten, dass der *Segnosaurus* vermutlich Fische jagte.

Segnosaurus

Shunosaurus

Der chinesische Dinosaurier zählt zu den primitivsten Sauropoden. Er hatte sowohl runde als auch löffelförmige Zähne und einen kürzeren Hals als andere Sauropoden. Ein Fossil ist so gut erhalten, dass im Schädelinneren noch die Formen der Gehirnarterien zu erkennen sind. Bei Dashanpu (China) fand man so viele Skelette, dass an der Fundstelle ein Museum errichtet wurde. Es ist das chinesische Gegenstück zum Dinosaurier-Nationalpark der USA.

FAKTEN
NAME: »Echse aus Shu« (Sichuan, China)
ZEIT: Später Jura
GRUPPE: Sauropodamorpha
NAHRUNG: Pflanzen
KÖRPERLÄNGE: 10 Meter
FOSSILFUNDSTELLEN: China 1984

Shunosaurus

Shuvuuia

Der winzige gefiederte Theropode hatte kurze Arme, die er zum Graben verwendete. Er konnte seinen Oberkiefer wie ein Vogel unabhängig vom restlichen Kopf bewegen. Der *Shuvuuia* fraß Insekten, Käfer, Termiten und Würmer. Er lebte zur selben Zeit und im selben Gebiet wie der *Velociraptor*. Die beiden Dinosaurier hatten jedoch unterschiedliche Nahrungsgewohnheiten.

FAKTEN
NAME: »Vogel« (Mongolischer Dialekt)
ZEIT: Späte Kreidezeit
GRUPPE: Theropoda
NAHRUNG: Fleisch
KÖRPERLÄNGE: 60 Zentimeter
FOSSILFUNDSTELLEN: Mongolei 1998

Shuvuuia

Sinocalliopteryx

Der chinesische Dinosaurier war ein flugunfähiger gefiederter Teropode. Der *Sinocalliopteryx* lebte in der Kreidezeit, gehört aber zu einer Dinosauriergruppe, die schon im Jura auftauchte. Er hatte keine Flugfedern, aber primitive Federn an den Knöcheln. In der Magengegend eines fossilen Exemplars fand man das Bein eines anderern Theropoden. Wahrscheinlich fraß der Dinosaurier vor allem kleinere gefiederte Dinosaurier.

Sinocalliopteryx

FAKTEN
NAME: »Chinesische schöne Feder«
ZEIT: Frühe Kreidezeit
GRUPPE: Theropoda
NAHRUNG: Fleisch
KÖRPERLÄNGE: 2,4 Meter
FOSSILFUNDSTELLEN: China 2007

GEFIEDERTE FREUNDE

Der *Sinocalliopteryx* ist der längste gefiederte Dinosaurier. Er war mit dem *Huaxiagnathus* verwandt, der etwa halb so groß war und auch im kreidezeitlichen China lebte.

Sinornithomimus

Die Beschreibung des *Sinornithomimus* gründet auf der Untersuchung der Skelette von neun jungen Dinosauriern, die nebeneinanderlagen. Sie gehörten vermutlich zu einer Familiengruppe und starben gleichzeitig. Die Eltern waren entweder auf Futtersuche, als das Unglück geschah, oder konnten entkommen. Man fand Federn und Magensteine (Gastrolithen), die darauf hinweisen, dass der *Sinornithomimus* auch Pflanzen fraß.

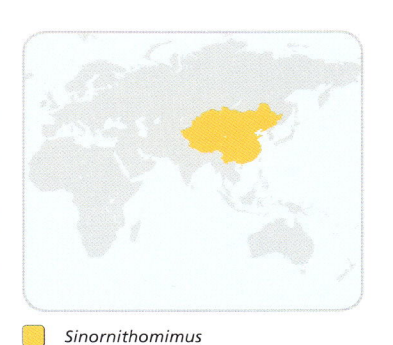

FAKTEN
NAME: »Chinesischer Vogelnachahmer«
ZEIT: Späte Kreidezeit
GRUPPE: Theropoda
NAHRUNG: Fleisch und Pflanzen
KÖRPERLÄNGE: 2 Meter
FOSSILFUNDSTELLEN: China, Mongolei 2003

Sinornithomimus

Sinornithosaurus

Das kleine Raubtier hatte daunenartige Federbüschel, Körperfedern und primitive Flugfedern. Es konnte die Arme wie die heutigen Vögel auf und ab bewegen, was nicht alle gefiederten Dinosaurier konnten. Der *Sinornithosaurus* hatte auf jedem Fuß eine Sichelklaue. Er erhielt seinen Namen von dem berühmten chinesischen Paläontologen Xu Xing, der mehr gefiederte Dinosaurier benannt hat als irgendein anderer Wissenschaftler.

FAKTEN
NAME: »Chinesische Vogelechse«
ZEIT: Frühe Kreidezeit
GRUPPE: Theropoda
NAHRUNG: Fleisch
KÖRPERLÄNGE: 1 Meter
FOSSILFUNDSTELLEN: China 1999

Sinornithosaurus

Sinosauropteryx

FAKTEN

NAME:	»Chinesischer Echsenflügel«
ZEIT:	Frühe Kreidezeit
GRUPPE:	Theropoda
NAHRUNG:	Fleisch
KÖRPERLÄNGE:	1 Meter
FOSSILFUNDSTELLEN:	China 1996

Der *Sinosauropteryx* war ein gefiederter kreidezeitlicher Theropode. Er war der erste Dinosaurier aus den chinesischen Fossilllagerstätten von Liaoning, der einen wissenschaftlichen Namen erhielt. Obwohl der *Sinosauropteryx* Jahrmillionen nach dem *Archaeopteryx* lebte, hatte er keine Flugfedern. Im Magen eines fossilen *Sinosauropteryx*-Exemplars fand man drei Kieferknochen von Säugetieren.

◻ *Sinosauropteryx*

Sinovenator

FAKTEN

NAME:	»Chinajäger«
ZEIT:	Untere Kreidezeit
GRUPPE:	Theropoda
NAHRUNG:	Fleisch
KÖRPERLÄNGE:	1 Meter
FOSSILFUNDSTELLEN:	China 2002

Der *Sinovenator* zählt zu den Troodonten oder vogelähnlichen Dinosauriern. Seine Beine waren viel länger als die Arme. Er hatte zwar Federn, konnte aber nicht fliegen. Im Gegensatz zum berühmten *Troodon* hatten die Zähne des *Sinovenator* keine großen, sägeartigen Zacken zum Zerreißen von Fleisch. Sein Gebiss war an das Fressen von Eidechsen und Insekten angepasst und vermutlich fraß der Dinosaurier auch Aas.

◻ *Sinovenator*

Sinraptor

Der gewaltige Fleischfresser lebte im Jura und war größer als der *Allosaurus*. An einem der ersten Fossilien, die entdeckt wurden, fand man Spuren von Zähnen eines anderen Raubdinosauriers, vielleicht sogar von einem anderen *Sinraptor*. Die Verletzungen zeigen, dass Theropoden miteinander kämpften und dabei ihre Zähne einsetzten. Bei einer Schädellänge von einem Meter waren solche Kämpfe sicher sehr dramatisch und blutig.

Sinraptor

FAKTEN
NAME:	»Chinaräuber«
ZEIT:	Später Jura
GRUPPE:	Theropoda
NAHRUNG:	Fleisch
KÖRPERLÄNGE:	7,2 Meter
FOSSILFUNDSTELLEN:	China 1993

Sonidosaurus

Der *Sonidosaurus* war ein asiatischer Titanosaurier. Die Gruppe der Titanosaurier hatte knöcherne Platten in der Haut. Der *Sonidosaurus* besaß sowohl Körpermerkmale von frühen als auch von späteren Titanosauriern. Einige Paläontologen vermuten, dass er ein früher Titanosaurier war, der sich in Asien entwickelte, weitab von der Hauptgruppe der Titanosaurier.

FAKTEN
NAME:	»Echse aus Sonid«
ZEIT:	Späte Kreidezeit
GRUPPE:	Sauropodamorpha
NAHRUNG:	Pflanzen
KÖRPERLÄNGE:	9 Meter
FOSSILFUNDSTELLEN:	China, Mongolei 2006

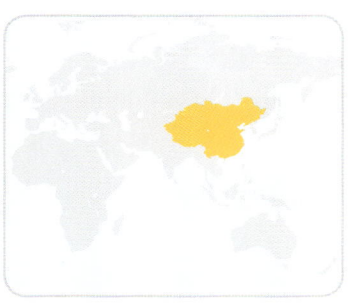

Sonidosaurus

Spinosaurus

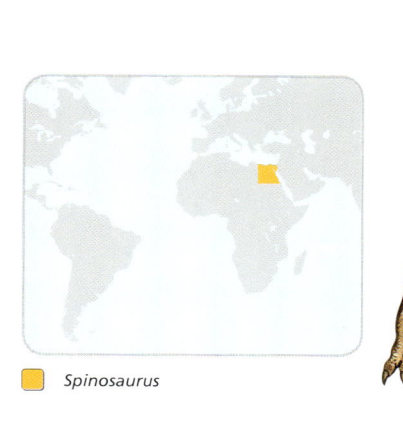

Der 10,8 Tonnen schwere Räuber gehört zu den Spinosauriern. Die Dinosaurier dieser ungewöhnlichen Theropodengruppe hatten krokodilähnliche Schädel und auf dem Rücken ein »Segel«. Wahrscheinlich half das Segel bei der Temperaturregulierung und wurde zum Anlocken von Paarungspartnern sowie zum Anzeigen von Revieransprüchen eingesetzt. Die Stacheln auf dem Rücken des *Spinosaurus* waren über 1,8 Meter lang. Der Dinosaurier besaß lange Hände mit gebogenen Klauen, die vielleicht zum Fischen verwendet wurden.

Der Name *Spinosaurus* weist auf die großen Stacheln hin, die aus der Wirbelsäule des Dinosauriers ragten.

■ Spinosaurus

FAKTEN
- **NAME:** »Stachelechse«
- **ZEIT:** Frühe Kreidezeit
- **GRUPPE:** Theropoda
- **NAHRUNG:** Fleisch
- **KÖRPERLÄNGE:** 10 Meter
- **FOSSILFUNDSTELLEN:** Ägypten 1915

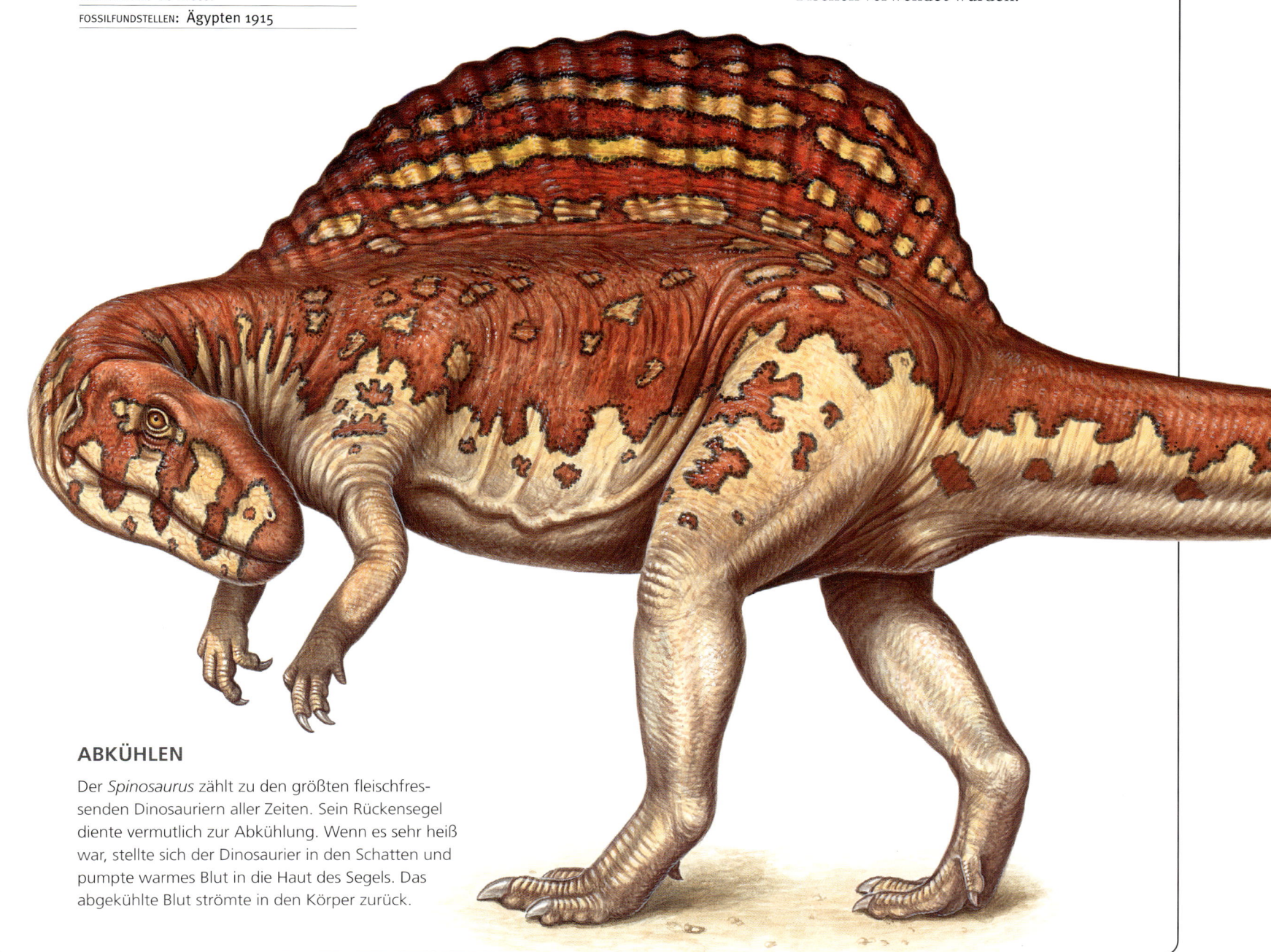

ABKÜHLEN

Der *Spinosaurus* zählt zu den größten fleischfressenden Dinosauriern aller Zeiten. Sein Rückensegel diente vermutlich zur Abkühlung. Wenn es sehr heiß war, stellte sich der Dinosaurier in den Schatten und pumpte warmes Blut in die Haut des Segels. Das abgekühlte Blut strömte in den Körper zurück.

Stegosaurus

Der *Stegosaurus* ist der berühmteste gepanzerte Dinosaurier. Sein Körper war so gebaut, dass er sich gegen seine Hauptfeinde (*Allosaurus*, *Ceratosaurus* und *Torvosaurus*) verteidigen konnte. Er hatte 17 große Panzerplatten und vier Schwanzstacheln. Der *Stegosaurus* konnte Angreifern nicht davonlaufen. Er war sehr langsam und musste sich auf seine Verteidigungswaffen verlassen. Sogar seine Kehle war mit über 100 kleinen Hautknochen geschützt.

FAKTEN
NAME:	»Dachechse«
ZEIT:	Später Jura
GRUPPE:	Stegosauria
NAHRUNG:	Pflanzen
KÖRPERLÄNGE:	9 Meter
FOSSILFUNDSTELLEN:	USA 1877

■ *Stegosaurus*

STACHELN UND PLATTEN

Der *Stegosaurus* verteidigte sich mit den Schwanzstacheln gegen Angreifer. Seine Panzerplatten dienten zum Schutz, vielleicht aber auch zur Temperaturregulierung.

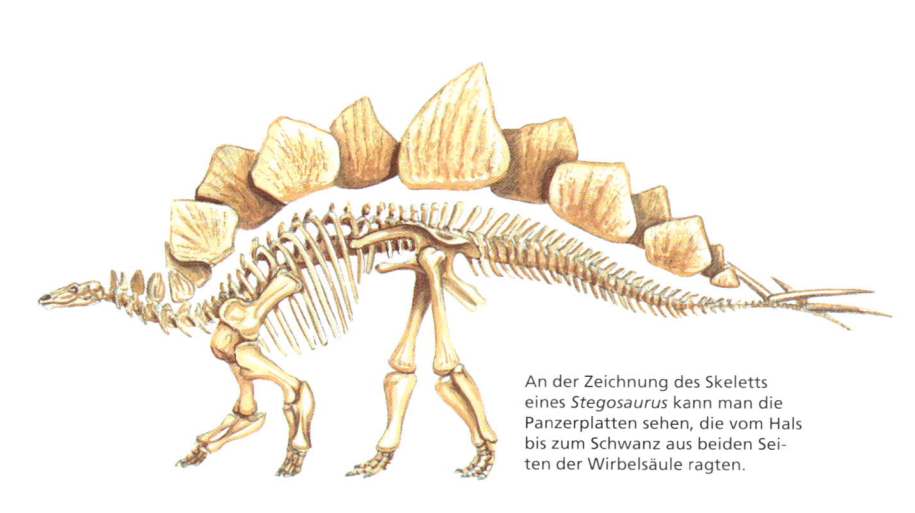

Platten   Stacheln

An der Zeichnung des Skeletts eines *Stegosaurus* kann man die Panzerplatten sehen, die vom Hals bis zum Schwanz aus beiden Seiten der Wirbelsäule ragten.

Das *Stegosaurus*-Skelett ist im Royal Tyrrell Museum of Paleontology im kanadischen Alberta ausgestellt. Seine Füße sind im Vergleich zur Länge des Kopfes ungewöhnlich groß.

RIESIGER PFLANZENFRESSER

Der *Stegosaurus* hatte einen kleinen Kopf und eine lange Nase. Seine Zähne saßen hinten und konnten pflanzliche Nahrung abschneiden und zermahlen. Der vordere Teil des Mauls endete in einem scharfen Schnabel, der die Pflanzen wie eine Schere zerschneiden konnte. Möglicherweise hatte der *Stegosaurus* Backentaschen, in denen er das Futter aufbewahrte, ehe er es zerkaute.

Struthiomimus

Der *Struthiomimus* war ein straußenähnlicher Dinosaurier. Er hatte große Augen, lange Arme und lange Finger. Möglicherweise besaß er auch Federn. Seine zahnlosen Kiefer waren schwach, aber kräftig genug, um kleine Beutetiere zu fressen. Der *Struthiomimus* jagte vermutlich in der Nacht kleine Säugetiere und Eidechsen.

Struthiomimus

FAKTEN
NAME:	»Straußnachahmer«
ZEIT:	Späte Kreidezeit
GRUPPE:	Theropoda
NAHRUNG:	Fleisch
KÖRPERLÄNGE:	4 Meter
FOSSILFUNDSTELLEN:	Kanada, USA 1917

Stygimoloch

Der *Stygimoloch* war ein kuppelköpfiger Dinosaurier. Die Wissenschaftler vermuten, dass die drei »Kuppelköpfe« *Stygimoloch*, *Dracorex* und *Pachycephalosaurus* verschiedene Wachstumsstadien derselben Dinosaurierart waren. Die Beulen, Haken und Knoten auf dem Kopf entwickelten sich schrittweise zu einer festen Knochenkuppel. Die voll entwickelte Kuppel signalisierte den anderen Dinosauriern: »Ich bin ein ausgewachsenes Tier und stark genug, um mein Revier zu verteidigen!«

FAKTEN
NAME:	»Gehörnter Teufel vom Fluss Styx«
ZEIT:	Späte Kreidezeit
GRUPPE:	Pachycephalosauria
NAHRUNG:	Pflanzen
KÖRPERLÄNGE:	6 Meter
FOSSILFUNDSTELLEN:	USA 1983

Stygimoloch

Styracosaurus

FAKTEN

NAME: »Stachelechse«
ZEIT: Späte Kreidezeit
GRUPPE: Ceratopsia
NAHRUNG: Pflanzen
KÖRPERLÄNGE: 5,5 Meter
FOSSILFUNDSTELLEN: Kanada, USA 1913

Styracosaurus

Die Ceratopsia sind in zwei Hauptgruppen unterteilt: Centrosaurine und Chasmosaurine. Centrosaurine hatten einen kurzen Kragen. Ihre Köpfe waren mit Stacheln, Knoten und Haken geschmückt. Das Nasenhorn war größer. Die Chasmosaurinen, zu denen der *Triceratops* gehörte, hatten längere Krägen und ein größeres Brauenhorn. Der Centrosaurine *Styracosaurus* besaß mehrere Kragenstacheln, einen Backenstachel und ein langes Nasenhorn, mit dem er das Bein eines Theropoden aufspießen konnte.

AGGRESSIONSVERHALTEN

Das Nasenhorn des *Styracosaurus* und der stachelige Kopfschild sahen gefährlich aus. Der stachelige Kragen schützte den Hals. Mit dem gewaltigen Nasenhorn konnte der Dinosaurier einem Angreifer den Bauch aufschlitzen.

Talenkauen

Der Ornithopode lebte gegen Ende der Kreidezeit im heutigen Argentinien. Er sah jedoch aus wie ein Ornithopode aus dem Jura. Über seinen Rippen hatte er mehrere kleine, drei Millimeter dicke Panzerplatten, die einander überlappten. Im Gegensatz zum theropodensicheren Panzer der Ankylo- und Stegosaurier waren seine Knochenplatten zu dünn, um vor Angriffen zu schützen. *Talenkauen* hatte lange Beine und einen leichten Körper. Seine Verteidigung war die Flucht.

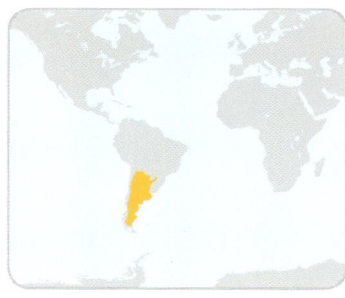

Talenkauen

FAKTEN
NAME: »Kleiner Schädel«
ZEIT: Späte Kreidezeit
GRUPPE: Ornithopoda
NAHRUNG: Pflanzen
KÖRPERLÄNGE: 4 Meter
FOSSILFUNDSTELLEN: Argentinien 2004

Tazoudasaurus

FAKTEN
NAME: »Echse aus Tazouda«
ZEIT: Früher Jura
GRUPPE: Sauropodamorpha
NAHRUNG: Pflanzen
KÖRPERLÄNGE: 9 Meter
FOSSILFUNDSTELLEN: Marokko 2004

Der *Tazoudasaurus* besaß sowohl Merkmale eines Prosauropoden als auch eines richtigen Sauropoden. Seine Zähne hatten kleine Zacken zum Abreißen des Futters. Gezackte Zähne sind bei Sauropoden, die ihr Futter normalerweise im Ganzen verschlangen, eine Besonderheit. Der *Tazoudasaurus* ist der primitivste Sauropode, der bisher entdeckt wurde.

Tazoudasaurus

Tenontosaurus

FAKTEN
NAME: »Sehnenechse«
ZEIT: Frühe Kreidezeit
GRUPPE: Ornithopoda
NAHRUNG: Pflanzen
KÖRPERLÄNGE: 8 Meter
FOSSILFUNDSTELLEN: USA 1970

Der Ornithopode war das beliebteste Beutetier des *Deinonychus*. An einer Fundstelle wurde ein *Tenontosaurus* neben zwei *Deinonychus*-Skeletten entdeckt. Die Wissenschaftler vermuten, dass der Pflanzenfresser von einem *Deinonychus* getötet und teilweise gefressen wurde. Die anderen *Deinonychus*-Dinosaurier wurden von der Gratismahlzeit angezogen. Es kam zu einem Kampf, bei dem zwei *Deinonychus*-Exemplare getötet wurden. An den *Tenontosaurus*-Knochen waren Abdrücke von *Deinonychus*-Zähnen zu erkennen.

Tenontosaurus

Torosaurus

FAKTEN
NAME: »Stierechse«
ZEIT: Späte Kreidezeit
GRUPPE: Ceratopsia
NAHRUNG: Pflanzen
KÖRPERLÄNGE: 7,5 Meter
FOSSILFUNDSTELLEN: Kanada, USA 1891

Der drei Meter lange Schädel des *Torosaurus* zählt zu den längsten Dinosaurierschädeln, die bisher entdeckt wurden. Sein Kragen war mehr als halb so lang wie der Schädel und hatte zwei große Öffungen, die ihn leichter machten. Schädel und Rumpf waren leichter gebaut als beim massigen *Triceratops*. Beide Dinosaurier lebten gegen Ende der Kreidezeit. Der *Torosaurus* war jedoch seltener. Auf einen *Torosaurus*-Schädel kommen 15 *Triceratops*-Schädel.

Torosaurus

Triceratops

Der berühmte Dinosaurier zählte zu den letzten Dinosauriern der Erdgeschichte. Der *Triceratops* war das beliebteste Beutetier des *Tyrannosaurus rex*. Sein Kragen bildete das Gegengewicht zum Kopf, an dem massige Kiefermuskeln ansetzten. Er hatte die kräftigsten Kiefer aller Pflanzenfresser. Seine Zähne waren wie gewaltige Scherenklingen und schärften sich beim Fressen selbst. Sie wurden immer wieder durch neue Zähne ersetzt. Der *Triceratops* konnte jede Pflanze fressen. Er sah zwar aus wie ein Nashorn, konnte aber nicht galoppieren wie die heutigen Nashörner. Zur Verteidigung musste er sich auf seine gewaltigen Hörner verlassen, denn er war viel langsamer als der *Tyrannosaurus rex*.

An dem fossilen Skelett eines *Triceratops* sind deutlich der Kragen aus festem Knochen und drei Hörner zu erkennen. Der Kragen schützte den weichen Hals des Dinosauriers vor Angriffen.

Triceratops

FAKTEN
NAME: »Dreihörniges Gesicht«
ZEIT: Späte Kreidezeit
GRUPPE: Ceratopsia
NAHRUNG: Pflanzen
KÖRPERLÄNGE: 9 Meter
FOSSILFUNDSTELLEN: Kanada, USA 1889

HÖRNER UND KRAGEN DES *TRICERATOPS*

Die beiden Hörner über den Augen des *Triceratops* waren bis zu einem Meter lang. Das Nasenhorn war kleiner. Der Kragen diente vermutlich zur Paarungswerbung und zur Temperaturregulierung.

Die knöchernen Hörner des *Triceratops* waren Teil des Schädels.

Der *Triceratops* hatte einen kurzen Kragen aus festem Knochen, der mit Haut bedeckt war.

EIN ÜBERLEBENSKÜNSTLER

Obwohl der *Triceratops* zur selben Zeit lebte wie viele gefährliche Theropoden (darunter auch der *Tyrannosaurus*), überlebte er bis zum Ende der Kreidezeit. Mit seinen drei Hörnern konnte er sich gegen Angreifer wehren. Der Kragen schützte seinen Hals vor den Zähnen der großen Raubdinosaurier.

TRICERATOPS 171

Troodon

Der Theropode besaß viele einzigartige Merkmale. Im Vergleich zur Körpergröße hatte er eines der größten Gehirne aller Dinosaurier. Vermutlich gehörte er zu den intelligentesten Dinosauriern. Er hatte sehr große Augen und eine gute Tiefenwahrnehmung. Seine Zähne wiesen große Kerben auf und ähnelten den Zähnen von pflanzenfressenden Prosauropoden. Das lässt darauf schließen, dass der Dinosaurier Pflanzen und Fleisch fraß. Das *Troodon* war einer der ersten Dinosaurier der USA, der einen wissenschaftlichen Namen erhielt.

FAKTEN

NAME:	»Verwundender Zahn«
ZEIT:	Späte Kreidezeit
GRUPPE:	Theropoda
NAHRUNG:	Fleisch
KÖRPERLÄNGE:	3 Meter
FOSSILFUNDSTELLEN:	Kanada, USA 1856

Troodon

Tuojiangosaurus

Der *Tuojiangosaurus* sah genau so aus, wie ein Vorfahre des *Stegosaurus* aussehen müsste. Beide Dinosaurierarten hatten Panzerplatten und Schwanzstacheln. Die Platten des *Tuojiangosaurus* waren kleiner und zugespitzt. Im Gegensatz zum *Stegosaurus* ragte aus seiner Schulter ein langer Stachel. Der *Tuojiangosaurus* gehört zu den bekanntesten chinesischen Stegosauriern. In China wurden sehr viele Stegosaurier entdeckt. Deshalb vermuten die Wissenschaftler, dass diese Dinosauriergruppe zuerst in Asien auftauchte.

FAKTEN

NAME:	»Echse vom Fluss Tuo«
ZEIT:	Später Jura
GRUPPE:	Stegosauria
NAHRUNG:	Pflanzen
KÖRPERLÄNGE:	7 Meter
FOSSILFUNDSTELLEN:	China 1977

Tuojiangosaurus

Turiasaurus

FAKTEN

NAME: »Echse aus Teruel«
ZEIT: Übergang zwischen Jura und Kreidezeit
GRUPPE: Sauropodamorpha
NAHRUNG: Pflanzen
KÖRPERLÄNGE: 30–37 Meter
FOSSILFUNDSTELLEN: Spanien 2006

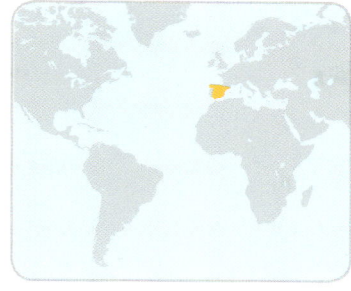

Turiasaurus

Der größte Dinosaurier, der bisher in Europa entdeckt wurde, besaß einen 1,8 Meter langen Oberarmknochen. Die großen Zehenklauen an den Hinterbeinen hatten die Länge eines Fußballs. Der *Turiasaurus* gehörte zu einer neuen Sauropodengruppe, die sich unabhängig von den bekannteren Arten *Diplodocus* und *Brachiosaurus* entwickelte.

GROSS, ABER NICHT DER GRÖSSTE

Der *Turiasaurus* hatte das Gewicht von acht ausgewachsenen Afrikanischen Elefanten. Vermutlich war er der größte Sauropode Europas. Die amerikanischen und afrikanischen Riesenechsen waren noch größer.

Tyrannosaurus

Der *Tyrannosaurus rex* ist wohl der berühmteste Dinosaurier aller Zeiten. Er lebte am Ende der Kreidezeit. Seine bevorzugten Beutetiere waren der *Triceratops* und der *Edmontosaurus*. Für den Titel »größtes Landraubtier aller Zeiten« gibt es noch zwei weitere Anwärter, den *Carcharodontosaurus* und den *Giganotosaurus*. Der *Tyrannosaurus rex* hatte aber den größten und kräftigsten Schädel. Seine Zähne waren länger und dicker. Sie ragten über 14 Zentimeter aus dem Zahnfleisch und waren an zwei Seiten sägeartig gezackt. Der *Tyrannosaurus rex* konnte 20 Kilogramm Fleisch auf einmal verschlingen. Er war vermutlich sowohl Jäger als auch Aasfresser.

FAKTEN

NAME: »Tyrannenechse«
ZEIT: Späte Kreidezeit
GRUPPE: Theropoda
NAHRUNG: Fleisch
KÖRPERLÄNGE: 12 Meter
FOSSILFUNDSTELLEN: Kanada, USA, China, Mongolei 1905

SCHÄDEL DES *TYRANNOSAURUS*

Der Schädel des *Tyrannosaurus* war kräftig genug, um seine Beute zerbeißen und töten zu können. Der schwere Kiefer hatte ein zusätzliches Gelenk. Dadurch konnte das Maul weit aufgerissen werden. Die Augen waren durch Knochenstückchen vor den Klauen der zappelnden Beutetiere geschützt.

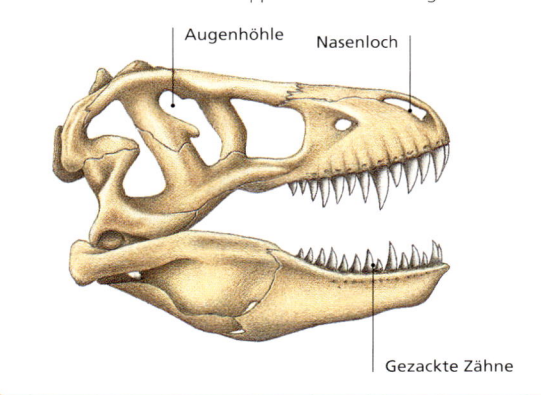

Augenhöhle Nasenloch

Gezackte Zähne

MÄCHTIGER JÄGER

Der *Tyrannosaurus* hatte scharfe Augen, kräftige Kiefer und ebenso kräftige Beine. Die zweifingrigen Hände an den kleinen Armen waren mit Klauen ausgestattet. Der *Tyrannosaurus* war sowohl ein Aasfresser als auch ein aktiver Beutejäger. Auf der Abbildung frisst er gerade den Kadaver eines *Edmontosaurus*.

Der Oberschenkelknochen eines *Tyrannosaurus* gehört zu einem beinahe vollständigen Skelett, das in den USA entdeckt wurde und für eine Ausstellung vorbereitet wird.

TYRANNOSAURUS

Tyrannosaurus

Unaysaurus

Der kleine, 75 Kilogramm schwere Prosauropode wurde in Brasilien entdeckt. Er zählt zu den frühesten Dinosauriern. Der *Unaysaurus* lebte in der Trias, als die Landmassen noch in dem Superkontinent Pangea vereint waren. Er war eng mit dem *Plateosaurus* verwandt, dem ersten Riesensauropoden, der in dem Teil des Urkontinents lebte, der jetzt Europa bildet. Am Ende der Trias konnte man von Brasilien bis nach Deutschland wandern.

Unaysaurus

FAKTEN

NAME: »Schwarzwasserechse«
ZEIT: Späte Trias
GRUPPE: Sauropodamorpha
NAHRUNG: Pflanzen
KÖRPERLÄNGE: 2,5 Meter
FOSSILFUNDSTELLEN: Brasilien 2004

ALT, ABER GUT ERHALTEN

Obwohl der *Unaysaurus* zu den ältesten bekannten Dinosauriern gehört, ist das entdeckte Fossil gut erhalten. Zwar ist es unvollständig, aber es zählt zu den vollständigsten Skeletten, die bisher gefunden wurden. Viele Knochen befinden sich noch immer an der ursprünglichen Stelle.

Utahraptor

Der *Utahraptor* war ein riesiger Dromaeosaurier (vogelähnliche Theropoden). An den Füßen saß je eine 23 Zentimeter lange Sichelklaue, die seine Hauptangriffswaffe war. Er wog 700 Kilogramm und war schnell genug, um jedes Tier zu fangen, das kleiner war als er selbst. Wahrscheinlich waren die Arme und der Körper gefiedert wie bei den anderen Dromaeosauriern.

MÄCHTIGER RÄUBER

Die mächtigen Klauen des *Utahraptor* wurden vermutlich zum Aufspießen oder Aufschlitzen der Beute verwendet.

▢ Utahraptor

FAKTEN

NAME:	»Dieb aus Utah«
ZEIT:	Frühe Kreidezeit
GRUPPE:	Theropoda
NAHRUNG:	Fleisch
KÖRPERLÄNGE:	6 bis 7 Meter
FOSSILFUNDSTELLEN:	USA 1993

Velociraptor

Der *Velociraptor* hatte einen leichten Körperbau. Er war ein schnelles Raubtier mit einer todbringenden Sichelklaue an jedem Fuß. Sein relativ großes Gehirn lässt vermuten, dass er zu den intelligentesten Dinosauriern zählte. Er ist auch eine der berühmtesten Riesenechsen. In der Wüste Gobi wurde 1971 ein vollständiges Skelett in Todesumklammerung mit einem *Protoceratops* gefunden. Die beiden Dinosaurier lagen mehr als 75 Millionen Jahre lang in dieser Kampfstellung begraben.

☐ *Velociraptor*

FAKTEN
NAME:	»Schneller Dieb«
ZEIT:	Späte Kreidezeit
GRUPPE:	Theropoda
NAHRUNG:	Fleisch
KÖRPERLÄNGE:	1 Meter
FOSSILFUNDSTELLEN:	Mongolei 1924

Verglichen mit seiner Körperlänge war das Gehirn des *Velociraptor* relativ groß. Der einzige bekannte Dinosaurier, der vermutlich noch intelligenter war, ist *Troodon*.

BEULEN AUF DEN FLÜGELN

Der *Velociraptor* war ein zweibeiniger gefiederter Dinosaurier. Wir wissen, dass er Federn hatte, weil man vor Kurzem Knoten am Unterarm eines fossilen Exemplars entdeckt hat. Sie sehen aus wie die Beulen auf den Flügelknochen der Vögel, an denen die Federn ansetzen.

Wuerhosaurus

FAKTEN

NAME:	»Echse aus Wuerho«
ZEIT:	Frühe Kreidezeit
GRUPPE:	Stegosauria
NAHRUNG:	Pflanzen
KÖRPERLÄNGE:	6 Meter
FOSSILFUNDSTELLEN:	China 1973

Der gepanzerte kreidezeitliche Dinosaurier war einer der letzten Stegosaurier. Die meisten Stegosaurier lebten im Jura. Er hatte wie sein amerikanischer Vetter, der *Stegosaurus*, vier Stacheln am Schwanzende. Sein Rücken war durch mehrere Panzerplatten geschützt. Sie waren länger als die großen, dreieckigen Knochenplatten des *Stegosaurus*. Der *Wuerhosaurus* hielt seinen Kopf tief über dem Boden.

■ *Wuerhosaurus*

Yinlong

FAKTEN

NAME:	»Versteckter Drache«
ZEIT:	Später Jura
GRUPPE:	Theropoda
NAHRUNG:	Fleisch
KÖRPERLÄNGE:	1 Meter
FOSSILFUNDSTELLEN:	China 2006

■ *Yinlong*

Der *Yinlong* ist der einzige bekannte Dinosaurier aus der Gruppe der Ceratopsia des Jura. Alle anderen Ceratopsia lebten in der Kreidezeit. An der Hinterseite seines Schädels saßen knöcherne Auswüchse wie bei den Pachycephalosauriern oder »Kuppelköpfen«. Der Dinosaurier hatte einen oberen Schnabelknochen (ein Merkmal aller Ceratopsia) und zwei »Fangzähne«. Für einen Dinosaurier aus dem Jura waren diese Körpermerkmale äußerst ungewöhnlich.

AUF EINEN BLICK

Vergleiche

EIN DURCHSCHNITTLICHER DINOSAURIER

Wenn wir an Dinosaurier denken, fällt uns für gewöhnlich das Wort »groß« ein. Die Mehrzahl der Dinosaurier war deutlich kleiner als der *Seismosaurus* oder der *Giganotosaurus*. Die meisten waren klein wie der *Velociraptor*, der etwa die Körpergröße eines Basset erreichte.

Basset
1,2 Meter lang
0,6 Meter hoch

Velociraptor
1,8 Meter lang
0,6 Meter hoch

DIE SCHWERGEWICHTE

Der Afrikanische Elefant ist das schwerste lebende Landtier der heutigen Zeit. Er ist schwerer als viele kleine Dinosaurier und wiegt wahrscheinlich so viel wie der *Tyrannosaurus*. Er hat das fünfzehnfache Gewicht eines *Protoceratops*. Im Vergleich mit pflanzenfressenden Dinosaurierriesen wie dem *Argentinosaurus* ist der Afrikanische Elefant jedoch ein Fliegengewicht.

15 *Protoceratops*
jeder 400 Kilogramm =
1 Afrikanischer Elefant
6,5 Tonnen

1 *Tyrannosaurus*
6,5 Tonnen =
1 Afrikanischer Elefant
6,5 Tonnen

1 *Argentinosaurus*
110,5 Tonnen =
17 Afrikanische Elefanten
zu je 6,5 Tonnen

PFLANZENFRESSER UND FLEISCHFRESSER

Durch die Untersuchung der Fossilien können Paläontologen bestimmen, was die Dinosaurier fraßen. Von allen entdeckten Dinosauriern waren etwa 65 Prozent Pflanzenfresser. Die Wissenschaftler vermuten, dass der Anteil an Pflanzenfressern wahrscheinlich noch höher war. Fleischfresser ernährten sich von pflanzenfressenden Dinosauriern, kleinen Säugetieren, Eidechsen oder Insekten – Pflanzenfresser von Palmfarnen, Baumfarnen, Blättern oder Samen.

Pflanzenfressende Dinosaurier 65%   Fleischfressende Dinosaurier 35%

GEFÄHRLICHE KLAUEN

Der *Therizinosaurus* hatte die längsten Klauen. Die Klauen an den Hinterbeinen des *Deinonychus* waren etwa genauso groß wie die der Harpyie.

Harpyie
Klauenlänge: 13 Zentimeter

Deinonychus
Klauenlänge: 13 Zentimeter

Therizinosaurus
Klauenlänge: 91 Zentimeter

GROSS UND KLEIN

Der *Giganotosaurus* ist bisher der größte Fleischfresser, der *Argentinosaurus* der längste Pflanzenfresser. Der kleinste Dinosaurier, der bisher gefunden wurde, schlüpfte gerade aus seinem Ei.

LÄNGSTER DINOSAURIER
ARGENTINOSAURUS
Körperlänge: 45 Meter
Schulterhöhe 5,5 Meter

GRÖSSTER FLEISCHFRESSER
GIGANOTOSAURUS
Körperlänge: 14 Meter
Schulterhöhe: 3,6 Meter

GIRAFFE
Körperhöhe: 5,5 Meter

JUNGE
Körperhöhe: 1,4 Meter

Paläontologie

FELDARBEIT

Anhand von Fossilien erforscht ein Paläontologe ausgestorbene Tiere. Fossilien sind die erhaltenen Überreste von Pflanzen und Tieren, die zu Stein geworden sind oder Abdrücke im Gestein hinterlassen haben.

KÖNNTEN DINOSAURIER ZURÜCKKEHREN?

In Filmen wird oft gezeigt, dass Dinosaurier zur selben Zeit leben wie Menschen. Wir wissen, dass das nicht stimmt. Aber könnten sie zurückkehren, um in der heutigen Zeit zu leben? Im Film *Jurassic Park* brachten Wissenschaftler die Dinosaurier mit Hilfe der Gentechnik ins Leben zurück. Dazu braucht man aber Dinosaurier-DNA. Wir haben keine vollständige Dinosaurier-DNA und werden sie wahrscheinlich nie bekommen.

FOSSILE HINWEISE

Seit Beginn der Erdgeschichte wurden Gesteinsschichten abgelagert. Die tiefste Gesteinsschicht eines Gebirges ist die älteste. Die tiefsten Gesteinsschichten stammen aus der Frühzeit der Erde und enthalten keine oder nur wenige fossile Materialien. Je näher die Schichten an die Oberfläche gelangen, desto mehr Fossilien finden die Wissenschaftler. Manchmal befinden sich darunter auch vollständige Skelette.

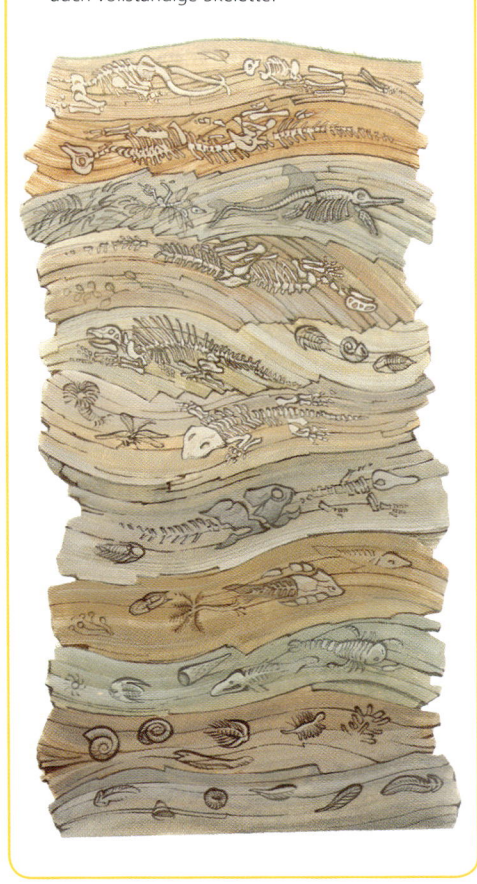

SÄUBERN VON FOSSILIEN

Dinosaurierknochen müssen gesäubert, repariert und untersucht werden, ehe sie zu einem Skelett zusammengesetzt werden können. Dazu benötigen Labortechniker viele Stunden. Sie müssen sehr vorsichtig sein, um die Knochen nicht zu beschädigen.

MEISSEL UND SÄGE
Beim Präparieren der Skelette wird zuerst mit Hämmern, Meißeln und Sägen so viel Gestein wie möglich entfernt. Die Labortechniker brauchen oft Monate, um ein Fossil vom umgebenden Gestein zu befreien.

SPRENGEN
Ist der fossile Knochen sehr hart, sprengen die Techniker das Gestein mit winzigen Sandkörnern weg. Manchmal wird das Fossil in Säure getaucht, die das Gestein auflöst.

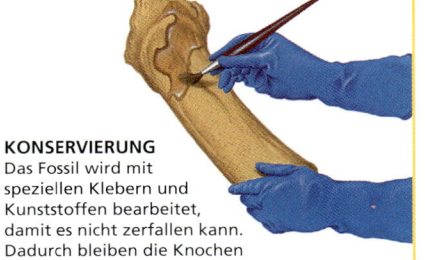

KONSERVIERUNG
Das Fossil wird mit speziellen Klebern und Kunststoffen bearbeitet, damit es nicht zerfallen kann. Dadurch bleiben die Knochen dauerhaft erhalten.

FEINSCHLIFF
Um die letzten Gesteinsteilchen zu entfernen oder winzige Fossilteilchen zu bearbeiten, verwenden die Techniker ein Mikroskop. Bei der Feinarbeit benutzen sie Skalpelle, Zahnarztbohrer und sogar Sicherheitsnadeln.

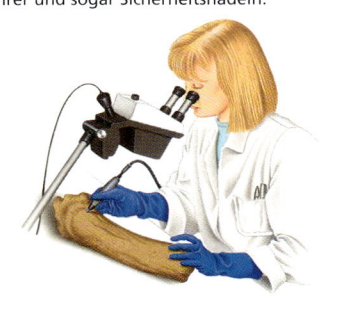

DAS VOKABULAR DER PALÄONTOLOGEN

Kennst du den Unterschied zwischen den folgenden Wörtern? *Tyrannosaurus*, tyrannosaurid, tyrannosauroid, Tyrannosauridae, Tyrannosauroidea? Paläontologen verwenden bestimmte Endsilben, die auf die Art und Bedeutung der Namen hinzuweisen. Die Endungen basieren auf lateinischen oder altgriechischen Wörtern. Es gibt internationale Regelungen für die Verwendung der Dinosauriernamen.

Wissenschaftliche Namen bestehen aus zwei Wörtern für die **Gattung** und die **Art**. Jede Gattung besteht aus einer oder mehreren Arten. Der Gattungsname beginnt immer mit einem Großbuchstaben, während die Artbezeichnung immer kleingeschrieben wird. Eng verwandte Gattungen werden in Familien eingeteilt.

Der *Tyrannosaurus* ist ein Vertreter der Familie Tyrannosauridae. Familiennamen werden immer großgeschrieben, denn sie bestehen aus Hauptwörtern wie unsere Familiennamen. Die Endung »idae« weist darauf hin, dass es sich um den Namen einer Familie handelt.

Wird der Familienname zur Bezeichnung eines Dinosauriers verwendet, dann wird die Endung in »id« abgeändert, und der Name wird kleingeschrieben wie bei einem Eigenschaftswort.

Jetzt kannst du folgende Sätze verwenden: Der *Tyrannosaurus rex* ist eine Art der Gattung *Tyrannosaurus*. Der *Tyrannosaurus* gehört zur Familie Tyrannosauridae. Auch der *Albertosaurus* und der *Gorgosaurus* sind tyrannosauride Arten.

Smithsonian Institution

WASHINGTON D. C., VEREINIGTE STAATEN VON AMERIKA

Die Smithsonian Institution ist der größte Museumskomplex und auch die größte Forschungseinrichtung der Welt. Sie besteht aus 19 Museeen und neun Forschungszentren. Im National Museum of Natural History werden beinahe 50 Millionen Fossilien aufbewahrt. Die Dinosauriersammlung enthält über 1500 Fossilien. Zur Sammlung gehören Dinosaurier aus dem späten Jura wie *Allosaurus*, *Stegosaurus*, *Ceratosaurus* und *Diplodocus*. Zu den ständig ausgestellten Dinosaurierskeletten gehören *Albertosaurus*, *Allosaurus*, *Camarasaurus*, *Diplodocus*, *Ceratosaurus*, *Corythosaurus*, *Edmontosaurus*, *Stegosaurus* und *Triceratops* sowie die Skelettabdrücke eines *Maiasaura*-Babys und des kleinen südafrikanischen Dinosauriers *Heterodontosaurus*. Es gibt ein Fossilienlabor, wo man Paläontologen beim Säubern der Fossilien und Anfertigen von Abdrücken und Gussformen zusehen kann.

AUSGESTELLT
Theropoden aus der späten Kreidezeit wie Hadrosaurier und Neoceratopsidae sowie Dinosaurier aus der Morrison-Formation in Wyoming aus dem ausgehenden Jura.

www.mnh.si.edu

Ausgestellter *Tyrannosaurus*

Smithsonian Institution

American Museum of Natural History

NEW YORK, VEREINIGTE STAATEN VON AMERIKA

Das American Museum of Natural History (Amerikanisches Naturhistorisches Museum) in New York wurde im Jahr 1869 gegründet. Heute ist es das größte private Museum der Welt. Es beherbergt eine große Dinosauriersammlung, darunter die weltweit größte Sammlung von Dinosauriermaterialien. Es ist ein wichtiges Forschungszentrum, das sich mit Systematik und Entwicklung der Dinosaurier beschäftigt. In der Halle der Echsen- und Vogelbeckendinosaurier, die Mitte der 1990er-Jahre fertiggestellt wurde, sind über 100 Dinosaurierskelette zu sehen. Etwa 85 Prozent der ausgestellten Exemplare, darunter *Tyrannosaurus*, *Apatosaurus*, *Triceratops* und *Euoplocephalus*, bestehen aus Originalknochen.

AUSGESTELLT
Zahlreiche Echsen- und Vogelbeckendinosaurier wie die Skelette von *Tyrannosaurus*, *Diplodocus*, *Triceratops* und *Euoplocephalus*.

www.amnh.org

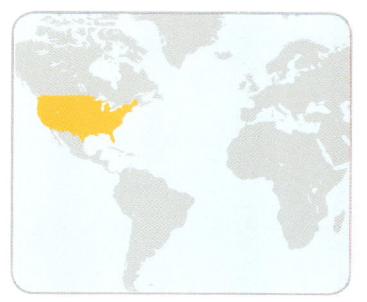

Haupteingang

American Museum of Natural History

Natural History Museum

LONDON, GROSSBRITANNIEN

Das Londoner Natural History Museum beherbergt seit 200 Jahren die ersten Dinosaurierfossilien, die je entdeckt wurden. Es besitzt eine gewaltige Fossiliensammlung aus der ganzen Welt. Das Museum ist ein bekanntes paläontologisches Forschungszentrum, das auch Dinosaurierstudien macht. Zur Dinosauriersammlung zählen Fossilien des *Megalosaurus*, *Baryonyx*, *Cetiosauriscus*, *Hylaeosaurus*, *Hypsilophodon*, *Dacentrurus*, *Rhabdodon*, *Polacanthus*, *Euoplocephalus*, *Thecodontosaurus* und *Brachiosaurus*. Es sind Skelette eines *Tyrannosaurus rex* und *Triceratops* ausgestellt sowie das Modell eines *Maiasaura*-Nests mit Dinosaurierjungen.

AUSGESTELLT
Zahlreiche Dinosaurier aus der ganzen Welt wie *Euoplocephalus*, *Diplodocus*, *Triceratops*, *Scelidosaurus*, *Baryonyx*, *Hypsilophodon*, *Brachiosaurus*, *Archaeopteryx* und ein *Iguanodon*.

www.nhm.ac.uk

Das Natural History Museum

Natural History Museum

Musée National d'Histoire Naturelle

PARIS, FRANKREICH

Das Institut de Paléontologie (Institut für Paläontologie) ist Teil des französischen Musée National d'Histoire Naturelle (Nationalmuseum für Naturgeschichte). Das Museum beherbergt die große anatomische Sammlung des berühmten französischen Anatomen Baron Georges Cuvier (1769–1832), aber auch zahlreiche Fossilien aus der ganzen Welt. Es besitzt Dinosaurierfossilien aus Frankreich, Afrika und Teilen Südostasiens. Zu den Dinosauriern des Instituts zählen der Prosauropode *Plateosaurus* und marokkanische *Azendohsaurus*-Exemplare. Der vollständigste erhaltene Dinosaurier Frankreichs lebte im Zeitalter der Trias. Es ist das kleine Skelett des Theropoden *Compsognathus corallestris*.

AUSGESTELLT
Unter den ausgestellten Dinsauriern befinden sich ein *Iguanodon*, *Allosaurus*, *Diplodocus*, *Tyrannosaurus* und ein *Tarbosaurus*.

La Galérie de Palinto

www.mnhn.fr

Musée National d'Histoire Naturelle

Glossar

Aasfresser Fleischfressendes Tier, das sich von toten Tieren oder Kadavern ernährt. Aasfresser warten, bis das Raubtier satt ist, oder stehlen das tote Tier.

Abdruck Genaue Nachbildung eines fossilen Knochens oder Skeletts aus Kunststoff, Gips oder Harz. Auch weiches Körpergewebe kann als Fossilabdruck im Gestein erhalten bleiben.

Abelisauridae Gruppe von großen, fleischfressenden Dinosauriern auf zwei Beinen in der kreidezeitlichen Gondwana. Sie waren das Gegenstück zu den Tyrannosauriern in Laurasia.

Allesfresser Tier, das andere Tiere, aber auch Pflanzen frisst.

Ankylosauridae Gruppe von pflanzenfressenden Dinosauriern, wie der *Euoplocephalus*, die auf der ganzen Welt verbreitet waren. Ihre Körper waren mit dicken Knochenplatten, Stacheln und knöcherner Haut gepanzert. Sie hatten dicke Schädel und Schwanzkeulen aus festem Knochen.

Ära Zeitabschnitt der Erdgeschichte. Die Geologen unterteilen die Ära in Perioden.

Archosaurier Große Reptiliengruppe, zu der sowohl die heutigen Krokodile und Alligatoren als auch die ausgestorbenen Dinosaurier und Pterosaurier sowie deren nahe Verwandte zählen.

Art Gruppe aus Tieren und Pflanzen, die sich paaren und fortpflanzungsfähigen Nachwuchs zeugen können. Eng verwandte Arten bilden eine Gattung. Der *Tyrannosaurus rex* war eine Art aus der Gattung *Tyrannosaurus*.

Ausgraben Etwas entdecken und danach aus der Erde graben. Fossilien müssen vorsichtig ausgegraben werden.

Aussterben Das Aussterben einer Art oder großen Tier- und Pflanzengemeinschaft (ein Massensterben). Die mesozoischen Dinosaurier starben am Ende der Kreidezeit aus, die Vögel aber nicht.

Bakterien Winzige Lebewesen, die zu den ersten Lebensformen der Erde gehörten.

Beutetiere Tiere, die von Raubtieren erlegt und gefressen werden.

Blütenpflanze Alle blühenden Pflanzen wie Gräser, Magnolien und Lilien.

Canyon Schlucht; tiefes Tal mit steilen Wänden, das durch Gesteinsabtragung entstand.

Carnosaurier Primitive Dinosauriergruppe aus federlosen, mächtigen und fleischfressenden Theropoden, wie der *Allosaurus* und *Giganotosaurus*. Sie waren sowohl Raubtiere als auch Aasfresser.

Ceratopsia Gruppe aus vierbeinigen pflanzenfressenden Dinosauriern, wie der *Triceratops*. Sie hatten große Köpfe mit Hörnern und knöchernen Krägen. Sie zählten zu den letzten Dinosauriern und wanderten 20 Millionen Jahre hindurch in großen Herden über die Ebenen Nordamerikas und Asiens.

Ceratosaurier Mittelgroße theropode Dinosaurier mit kleinen Hauben oder Knochenhörnern auf den Nasen, die im Zeitalter des Jura lebten. Fußspuren weisen darauf hin, dass der *Ceratosaurus* wahrscheinlich in Rudeln jagte, um größere Dinosaurier zu erlegen.

Coelurosaurier Größte Gruppe von fleischfressenden Dinosauriern. Sie waren in der Kreidezeit weitverbreitet und die Vorfahren der Vögel. Alle gefiederten Dinosaurier sowie der *Tyrannosaurus* gehören zu dieser Gruppe.

Crocodilia Die einzigen lebenden Reptilien, die zu den Archosauriern gehören: Krokodile, Alligatoren und Kaimane.

Darmbein Hauptbeckenknochen. Das Darmbein stützt die Beine und ist mit der Wirbelsäule verwachsen.

Dromaeosaurier Gruppe aus vogelähnlichen Dinosauriern mit scharfen Klauen, zu denen der *Velociraptor* gehörte. Sie waren die engsten Verwandten der ersten Vögel.

Erosion Abtragung der Erdoberfläche durch Flüsse, Regen, Wellen, Gletscher oder Wind.

Evolution Schrittweise Veränderung von Pflanzen und Tieren über Millionen von Jahren. Die Dinosaurier entwickelten sich aus ihren Vorfahren. Im Mesozoikum spalteten sie sich in verschiedene Arten auf.

Fleischfresser Tier, das sich vom Fleisch anderer Tiere ernährt.

Fossil Die erhaltenen Überreste oder Spuren von Pflanzen und Tieren. Sie wurden verschüttet und haben sich in Gestein verwandelt oder einen Abdruck im Gestein hinterlassen.

Gastrolithen Magensteine. Einige Dinosaurier verschluckten Steine, um die Nahrung im Magen leichter verdauen zu können.

Gattung Gruppe aus nah verwandten Arten.

Geologe Jemand, der Geologie studiert hat und sich mit der Erforschung der Erde beschäftigt, um nach bestimmten Gesteinen oder Mineralien zu suchen.

Geologie Die Wissenschaft von der Erde. Gesteine, Mineralien und Fossilien liefern Hinweise auf die Erdgeschichte.

Geologische Zeit Die lange Zeit von der Entstehung der Erde bis in die Gegenwart. Die geologische Zeit wird in Äonen, Perioden, Epochen und Phasen eingeteilt.

Gondwana Südlicher Superkontinent, der entstand, als der Urkontinent Pangea vor ungefähr 240 Millionen auseinanderzubrechen begann. Gondwana bestand aus dem heutigen Afrika, der Antarktis, Australien, Indien, Madagaskar und Südamerika.

Hadrosaurier Pflanzenfressende Entenschnabeldinosaurier wie der *Parasaurolophus*. Sie hatten breite, entenartige Schnäbel und mehrere Mahlzahnreihen. Viele Hadrosaurier hatten knöcherne Kopfhauben. Sie tauchten zu Beginn der Kreidezeit in Asien auf, bevor sie sich in Europa sowie Nord- und Südamerika verbreiteten. Hadrosaurier waren die häufigsten Ornithopoden der Kreidezeit.

Heterodontosaurier Südafrikanische Ornithopodengruppe aus dem frühen Jura. Heterodontosaurier waren vermutlich die Vorfahren der Ceratopsia.

Hirnschale Teil des Schädels, der das Gehirn schützend umgibt. Dinosauriergehirne sind selten erhalten. Paläontologen können die Größe des Gehirns ermitteln, indem sie die Hirnschale untersuchen.

Hypsilophodontidae Gruppe von kleinen, zweibeinigen und pflanzenfressenden Dinosauriern, die vor allem in der Kreidezeit verbreitet waren.

Ichthyosaurier Gruppe von delfinartigen Meeresreptilien, die zur selben Zeit gelebt haben wie die Dinosaurier. Sie brachten ihre Jungen lebend zur Welt.

Iguanodontidae Große, pflanzenfressende ornithopode Dinosaurier wie das *Iguanodon*, die die meiste Zeit auf vier Beinen liefen. Sie tauchten im Jura auf und waren zu Beginn der Kreidezeit bereits weitverbreitet.

Jura Mittlerer geologischer Zeitabschnitt des Mesozoikums. Er begann vor 208 Millionen Jahren und endete vor 144 Millionen Jahren. Das Klima auf der Erde begünstigte die Entwicklung neuer Dinosauriergruppen wie der gewaltigen, langhalsigen Sauropoden.

Kaltblüter Veralteter Ausdruck für Tiere wie Schlangen und Eidechsen, die ihre Körperwärme von der Umgebung beziehen, indem sie sich in die Sonne setzen. An kalten Tagen sind sie weniger aktiv.

Känozoikum Geologisches Zeitalter, das mit dem Aussterben der Dinosaurier vor 65 Millionen Jahren begann und bis heute andauert. Es wird auch das Zeitalter der Säugetiere genannt.

Klima Langzeitiges Muster der Wetterbedingungen in einem Gebiet.

Knochenlagerstätte Gesteinsschicht mit fossilien Knochen. Im kanadischen Dinosaurier-Provinzpark gibt es eine berühmte Kochenlagerstätte.

Knorpel Weiche, gummiartige Substanz zwischen den Knochen, die beim Heranwachsen des Skeletts zu Knochen werden kann. Knorpel versteinern selten.

Kohle Sedimentgestein, das durch Verdichtung von Pflanzenüberresten und Sedimentschichten entsteht. Kohle kann zur Energiegewinnung verbrannt werden.

Kontinent Großes Gebiet aus kontinentaler Kruste, deren Oberfläche über dem Meeresspiegel liegt. Es gibt sieben Kontinente: Afrika, Antarktis, Asien, Australien, Europa, Nordamerika, Südamerika.

Kopffüßer Gruppe von Tieren mit weichen Körpern, die mit den Schnecken verwandt sind und im Inneren harter Schalen leben. Dazu zählen Ammoniten, Tintenfische und Kraken.

Koprolith Versteinerter Kot.

Kreidezeit Drittes und letztes geologisches Zeitalter des Mesozoikums, in dem sich viele Dinosaurier entwickelten und danach ausstarben. Sie begann vor 144 und endete vor 65 Millionen Jahren.

Laurasia Nördlicher Superkontinent. Er entstand, als Pangea in zwei Teile zerbrach. Laurasia schloss das heutige Europa, Nordamerika und den Großteil von Asien mit ein.

Marginocephalidae Gruppe von Vogelbeckendinosauriern mit knöchernen Auswüchsen auf dem Schädelrand. Zur Familie der Marginocephalidae gehörten die Ceratopsia und Pachycephalosaurier.

Matrix Gestein, das ein ausgegrabenes Fossil umgibt. Die Gesteinsmatrix um ein Fossil wird von erfahrenen Labortechnikern vorsichtig entfernt.

Mesozoikum Zeitalter der Dinosaurier. Es begann vor 250 Millionen Jahren (noch vor dem Auftauchen der Dinosaurier) und endete vor 65 Millionen Jahren mit einem Massensterben von Pflanzen und Tieren. Das Mesozoikum besteht aus den Zeitperioden Trias, Jura und Kreidezeit.

Meteor Lichtstreifen am Nachthimmel, der von einem in die Erdatmosphäre dringenden Gesteinsklumpen verursacht wird. Bevor der Fels in die Atmosphäre eindringt, wird er Meteorid genannt. Landet er auf der Erdoberfläche, spricht man von einem Meteoriten.

Meteorit Klumpen aus Gestein oder Metall, der von einem Meteor im Weltall auf die Erde gefallen ist.

Mineral Natürliche feste Substanz mit geordneten Atomen, die man in der Erdkruste findet und die nicht von Pflanzen oder Tieren stammt.

Mittelfußknochen Langer Fußknochen, der sich hinter den Zehen befindet.

Mosasaurier Ausgestorbene Gruppe von großen Meeresechsen, die auch »Meeresdrachen« genannt werden. Sie lebten in den seichten Küstengewässern der späten Kreidezeit. Mosasaurier hatten dicke, aalförmige Körper mit vier Flossen.

Mumifizierung Von Wind oder Hitze ausgetrocknet. Einige Dinosaurier blieben auf diese Weise erhalten, ehe sie von Sandstürmen oder Vulkanasche begraben wurden. Bei der Mumifizierung können sogar innere Organe und Hautteile erhalten bleiben.

Nadelholzgewächse Bäume mit harten, nadelähnlichen Blättern, deren Samen in Zapfen heranreifen. Kiefern oder Tannen sind Nadelbäume.

Nodosauridae Eine der beiden großen Ankylosauriergruppen. Die Vertreter dieser Gruppe hatten keine knöchernen Schwanzkeulen.

Ödland Landschaft, in der viele Dinosaurierfossilien gefunden werden. Diese Gebiete sind oft abgelegen, trocken und karg. Wind und Flüsse haben die Gesteinsschichten abgetragen und die Fossilien freigelegt. Solche Landschaften findet man in Montana, Utah, Wyoming, Colorado und New Mexico (USA); in Alberta (Kanada), Patagonien (Südamerika) und in der Wüste Gobi (China, Mongolei).

Ökosystem Eine voneinander abhängige Lebensgemeinschaft aus Pflanzen, Tieren und anderen Organismen sowie deren Lebensraum, wie Feuchtgebiete, Wüsten, Teiche oder Korallenriffe.

Ornithischia Vogelbeckendinosaurier.

Bei den Vertretern dieser Gruppe zeigte das Schambein nach unten und hinten und lag parallel zum Sitzbein. Alle Vogelbeckendinosaurier waren Pflanzenfresser.

Ornithomimosaurier Gruppe aus schnellen, straußenähnlichen Theropoden wie dem *Gallimimus*.

Ornithopoden »Vogelfüßige« zweibeinige Vogelbeckendinosaurier. Zu dieser Gruppe gehörten die Hadrosaurier und die Iguanodontiden.

Pachycephalosaurier »Dickkopfechse«. Gruppe aus pflanzenfressenden Dinosauriern mit kuppelartigen Knochenauswüchsen auf dem Schädel. Die meisten Pachycephalosaurier lebten in der späten Kreidezeit in Asien und Nordamerika.

Paläontologe Wissenschaftler, der anhand fossiler Pflanzen und Tiere urzeitliche Lebensformen erforscht.

Paläozoikum Zeitalter vor dem Mesozoikum, in dem die ersten Lebensformen auftraten. Es wird in sechs Perioden unterteilt: Kambrium, Ordovizium, Silur, Devon, Karbon und Perm. Das Paläozoikum begann vor 540 Millionen Jahren mit der sogenannten »Kambrischen Explosion« und endete vor 245 Millionen Jahren mit dem Massensterben im ausgehenden Perm.

Palmfarne Primitive, palmenartige Bäume, die in der Trias und im Jura weitverbreitet waren. Palmfarne hatten harte hölzerne Stämme mit großen Blättern. Die Samen reiften in Zapfen heran. Heute gibt es nur noch wenige Arten, die zudem für Säugetiere giftig sind.

Pangea Superkontinent, der alle gegenwärtigen Kontinente der Erde einschloss. Er bildete sich im Verlauf des Perm und begann in der Trias auseinanderzubrechen.

Periode Zeitabschnitt der Erdgeschichte.

Pflanzenfresser Tier, das sich ausschließlich von Pflanzen ernährt.

Plesiosaurier Große, fischfressende Meeresreptilien, die im Jura und in der Kreidezeit weitverbreitet waren. Ihre langen Hälse ragten über die Wasseroberfläche hinaus. Mit vier paddelartigen Flossen schwammen sie durchs Wasser.

Pliosaurier Gruppe aus Meeresreptilien mit großen Köpfen, kräftigen Zähnen und stromlinienförmigen Körpern. Im Mesozoikum zählten sie zu den größten Meeresraubtieren.

Prosauropoden Früheste Gruppe von

Riesendinosauriern. Sie waren Pflanzenfresser und lebten von der späten Trias bis in den frühen Jura. Der *Plateosaurus* war ein Prosauropode.

Pterosaurier Fliegende Reptilien, die nur entfernt mit den Dinosauriern verwandt waren. Pterosaurier tauchten in der späten Trias auf. Sie erreichten Flügelspannweiten zwischen 30 Zentimetern und 14 Metern.

Raubtiere Tiere, die andere Tiere jagen und auffressen.

Reptilien Wirbeltiergruppe. Reptilien haben eine schuppige Haut. Ihre Jungen schlüpfen aus hartschaligen Eiern. Zu den heutigen Reptilien gehören Schlangen, Eidechsen und Krokodile.

Sägezähne Zähne mit gezackten Rändern. Viele Theropoden hatten Sägezähne, mit denen sie das Fleisch ihrer Opfer zerreißen konnten.

Säugetiere Gruppe von Wirbeltieren mit Haaren oder Pelz, die ihre Jungen mit Milch füttern. Menschen, Hunde, Katzen und Fledermäuse sind Säugetiere.

Saurischia Echsenbeckendinosaurier mit nach vorn gerichtetem Schambein. Zu den Saurischia oder Echsenbeckendinosauriern zählen sowohl die zweibeinigen fleischfressenden Theropoden als auch die pflanzenfressenden Sauropoden.

Sauropoden Gruppe aus vierbeinigen Echsenbeckendinosauriern mit langen Hälsen und Schwänzen. Sauropoden wie der *Diplodocus* hatten Echsenbecken, während die meisten anderen großen Pflanzenfresser vogelartige Beckenknochen hatten. Sauropode Dinosaurier tauchten in der späten Trias auf, darunter auch die größten Tiere, die je auf der Erde gelebt haben.

Schachtelhalmfarne Primitive Sumpfpflanzen, die mit den Farnen verwandt sind. Schachtelhalmfarne wurden so groß wie Bäume. Heute gibt es nur noch wenige kleine Arten.

Schambein Beckenknochen. Bei den Echsenbeckendinosauriern zeigte das Schambein nach vorn. Bei den Vogelbeckendinosauriern lag es parallel zum Darmbein und wies nach hinten.

Sitzbein Beckenknochen. Bei Dinosauriern zeigte das Sitzbein nach unten und hinten. Es stützte die Bein- und Schwanzmuskulatur.

Spinosaurier Kreidezeitliche Theropodengruppe mit »Segeln« auf dem Rücken, vergrößerten Daumenklauen und langen, krokodilähnlichen Schnauzen. Spinosaurier waren in Gondwana weitverbreitet.

Stegosaurier Vierbeinige pflanzenfressende Dinosaurier mit Knochenplatten und langen, scharfen Schwanzstacheln. Stegosaurier wanderten im späten Jura über die Ebenen Nordamerikas, Europas, Asiens und Afrikas.

Synapsiden Tiergruppe, die zur selben Zeit auftauchte wie die Reptilien. Synapsiden lebten vor den Dinosauriern und waren die Vorfahren der Säugetiere.

Therizinosaurier Gruppe aus ungewöhnlichen Dinosauriern. Sie gehören zu den Theropoden, hatten aber einige Körpermerkmale, die an Prosauropoden erinnern. Sie lebten in der Kreidezeit.

Theropoden Alle fleischfressenden Dinosaurier. Sie hatten Echsenbecken und liefen auf den Hinterbeinen.

Trias Erster geologischer Zeitabschnitt des Mesozoikums, der vor 245 Millionen Jahren begann und vor 208 Millionen Jahren endete. Die Dinosaurier tauchten vor 228 Millionen Jahren auf.

Trilobiten Kleine, krebsähnliche Lebewesen mit drei Körperabschnitten, die in den Meeren des Paläozoikums lebten. Trilobiten starben zu Ende des Perm aus, ehe das Zeitalter der Dinosaurier begann.

Tyrannosaurier Theropodengruppe, zu der der *Albertosaurus* gehört. Alle Tyrannosaurier sind mit den letzten Exemplar der Gruppe, dem *Tyrannosaurus*, verwandt.

Versteinerung Knochen und organische Materialien, die durch Mineralien ersetzt wurden.

Wanderungen Viele Tierarten wandern zu bestimmten Jahreszeiten in andere Gebiete, um zu brüten oder Nahrung zu finden. Hadrosaurier und Ceratopsia wanderten in Herden durch Nordamerika.

Warmblüter Veraltete Bezeichnung von Tieren, deren Körpertemperatur konstant bleibt. Sie gewinnen die nötige Körperwärme bei der Verdauung ihrer Nahrung.

Wirbel Knochen der Wirbelsäule, die vom Schädelansatz bis zum Schwanz reicht. Die Wirbel schützen das Rückgrat.

Wirbellose Tiere, die keine Wirbelsäule haben, wie Würmer, Weichtiere, Trilobiten oder Insekten.

Wirbeltiere Tiere, die eine Wirbelsäule haben. Säugetiere, Vögel, Reptilien, Amphibien und Fische sind Wirbeltiere.

Zweibeinig Auf zwei Beinen laufend.

Register

A

Aasfresser 60–61
Abelisaurier 20–21, 105, 137, 140
Abelisaurus 90
    Fakten 90
    Fleischfresser 90
Abfallbeseitigung 53
Agustinia 90
    Fakten 90
    Haut 90
Albertoceratops 31, 91
    Fakten 91
    Gehörnter Dinosaurier 91
Albertosaurus 44, 78, 91, 125, 181–182
    Fakten 91
    Tyrannosaurus rex 91
Allesfresser 94
Alligatoren 31
Allosaurus 18, 34, 38, 70, 78, 92–93, 112, 162, 164, 182–183
    Fakten 92
    Fressgewohnheiten 92–93
    Körperbau 92
Alvarezsaurus 94
    Fakten 94
Alwalkeria 16, 94
    Fakten 94
Amargasaurus 95
    Fakten 95
American Museum of Natural History 182
Amniotisches Ei 22
Amphibien 14–15
    Amphibienei 22
Amphicoelias 64, 98, 124
Anchisaurus 95
    Fakten 95
    Fußabdrücke 95
Ankylosaurier 21, 36–37, 68
Ankylosaurus 41, 63, 78, 96
    Fakten 96
    Schwanzkeule 96

Anpassung 28, 34, 36–37, 140, 141, 146
Antarctopelta 97
    Fakten 97
Apatosaurus 52, 78, 97, 182
    Fakten 97
Appalachen 12
Ära 180
Archaeopteryx 19, 26–27, 31, 79, 108, 125, 128, 142, 158, 161
Archosaurier (»Herrscherreptilien«) 16, 40–41
Argentinosaurus 64–65, 98, 124, 180
    Fakten 98
Asteroid 28, 132
Atlantischer Ozean 12, 18
Atlascopcosaurus 99
    Fakten 99
Aufrechtes Stehen 35, 39
Auftauchen der Dinosaurier 16, 34–35
Ausrottungstheorien 29
Avimimus 99
    Fakten 99
Azhdarchide Pterodactylen 24

B

Bambiraptor 100
    Fakten 100
Barosaurus 100
    Fakten 100
Baryonyx 45, 63, 74, 101, 183
    Fakten 101
Beckenknochen 34, 38–39, 48–49, 68, 74, 85, 130
    Darmbein 38–39
    Muster der Beckenknochen 38
    Schambein 38–39
    Sitzbein 38–39
Beipiaosaurus 102
    Fakten 102
Bonitasaura 102

    Fakten 102
Brachiosaurus 19, 42, 103, 115, 173, 183
    Fakten 103
    Nasenlöcher 55
    Zähne und Kiefer 42
Byronosaurus 86, 103
    Fakten 103

C

Camarasaurus 48–49, 100, 104, 115, 182
    Fakten 104
Canis dirus 30
Carcharodontosaurus 104
    Fakten 104
Carnotaurus 21, 105
    Fakten 105
Caudipteryx 26, 79, 105
    Fakten 105
Centrosaurine 167
Centrosaurus 78, 106
    Fakten 106
Cerapoden 40–41
Ceratopsia 36
Ceratosaurier 37
Ceratosaurus 48, 59, 62, 106, 164, 182
    Einzelgängerisches Raubtier 59
    Fakten 106
Chasmosaurine 68, 167
Chasmosaurus 107
    Fakten 107
Chicxulub, Asteroid 29
Coelophysis 17, 40, 53, 108
    Fakten 108
    Schlüsselbeine 26
Compsognathus 44, 65, 79, 108, 131, 183
    Fakten 108
Corythosaurus 34–35, 55, 78, 107, 109, 182
    Fakten 109
Cuvier, Baron Georges 183

Cyrolophosaurus 109
    Fakten 109
    Spitzname 109

D

Dacentrurus 70, 110, 183
    Fakten 110
Darm 52–53
Dashanpu, China 158
Deinonychus 40, 63, 70, 111, 169, 180
    Fakten 111
    Körperbau 111
Dilong 37, 112, 129
    Fakten 112
Dilophosaurus 18, 35, 112
    Fakten 112
Dimetrodon 15, 35
Dinosauria 141
Dinosaurierbabys 49, 55–56, 76, 81, 92, 94, 138, 142, 148, 182
Dinosauriergruppen 34, 36–37
Dinosaurierhöhle 99
Dinosauriernahrung 19
Dinosaurier-Provinzpark (Kanada) 78, 106, 151
Diplodocus 18, 40, 54, 58, 62, 93, 100, 113, 115, 172, 182–183
    Fakten 113
    Fuß 113
Dracorex 37, 114, 166
    Fakten 114
Dromaeosaurus 114
    Fakten 114
Dryosaurus 78, 115
    Fakten 115
Dunkleosteus 15

E

Echsenbeckendinosaurier 38,

REGISTER

18, 40 *siehe auch* Saurischia
Edmontonia 78, 115
   Fakten 115
Edmontosaurus 39, 116, 174, 182
   Fakten 114
Eidechse 39
Eier 34, 49, 56, 148, 180
   Amniotisches Ei 22
   Amphibienei 22
   Dinosaurierei 56
   Formen 56
   Gelegemuster 56
   Reptilienei 22
Eierdieb 148
Einiosaurus 116
   Fakten 116
Eiszeit 29
Entenschnabeldinosaurier 36, 51, 56, 67, 109, 116, 136, 137, 139, 151, 155
Eocarcharia 37, 117
   Fakten 117
Eocursor 17, 117
   Fakten 117
Eoraptor 79, 118
   Fakten 118
Eotyrannus 118
   Fakten 118
Equijubus 119
   Fakten 119
Erdbeben 12, 29
Erde
   Entstehung 12–13
Erdgeschichte 12–13, 15, 22, 181
Erketu 20, 119
   Fakten 119
Euoplocephalus 21, 34, 68, 78, 120, 182–183
   Fakten 120
Europasaurus 120
   Fakten 120
Euskelosaurus 16, 121
   Fakten 121
Eustreptospondylus 121
   Fakten 121

Evolution der Vögel 27

F

Fabrosaurus 122
   Fakten 122
Falcarius 122
   Fakten 122
Farbe 66–67
Federn 18, 26–27, 34, 37, 40, 76, 79, 129, 135
   Entwicklung 18, 26
Fische
   Dunkleosteus 15
   Kieferlose Fische 14
   Seeskorpione 14
Fleischfressende Dinosaurier 16, 36, 44–45, 60–61, 180
   Aufzucht der Jungtiere 57
   Gehirn 50–51
   Farbe 67
   Kleinster Raubdinosaurier 65
   Körperbau 180
   Kreidezeitliches Gefecht 60
   Laufen 46
   Raubtiere und Aasfresser 60–61
   Schädel 48
   Tyrannosaurus 40, 45, 51, 64, 69, 91, 104, 112, 118, 129, 170, 174, 181, 183 174–175
   Überlebensstrategien 62–63
   Unterkiefer 44
   Verdauung 52–53
   Waffen und Nahrung 44–45
   Zähne und Kiefer 44, 48, 63, 70
Flug 26–27
   Flugmuskulatur 27
   Vom Arm zum Flügel 26
Fossilien
   Ammoniten 14
   Besterhaltene Fossilien 156
   Dinosaurierhaut 50, 67
   Dinosaurierherz 47

Entdeckung von Fossilien 17
Federn 26
Fossilbefund 12, 27
Gliedmaßen 24
Hinweise auf Herden 59
Kot (Koprolith) 52
Pterodactylusfossil 24
Quallenfossil 14
Säubern von Fossilien 181
Schlafender Dinosaurier 142
Seymouria-Fossil 14
Steinbrüche von Canyon City 59
Trilobiten 14
Fukuiraptor 123
   Fakten 123
Fukuisaurus 123
   Fakten 123
Futalongkosaurus 37, 124
   Fakten 124
Fütterungszeit 57

G

Gallimimus 45, 125
   Fakten 125
   Schneller Läufer 125
Gargoyleosaurus 37, 126
   Fakten 126
Gastonia 126
   Fakten 126
Gastrolithen 42, 52, 76, 105, 160
Gaviale 31
Gefiederte Dinosaurier
   Avimimus 99
   Bambiraptor 100
   Beipiaosaurus 102
   Caudipteryx 105
   Deinonychus 111
   Dilong 112
   Dromaeosaurus 114
   Falcarius 122
   Gigantoraptor 128
   Guanlong 129
   Incisivosaurus 134

Juravenator 135
Liaoningosaurus 138
Microraptor 143
Nomingia 145
Oviraptor 148
Pelecanimimus 150
Shuvuuia 158
Sinocalliopteryx 159
Sinornithosaurus 160
Sinosauropteryx 161
Sinovenator 161
Struthiomimus 166
Utahraptor 177
Velociraptor 178
Gehirn *siehe* Körperbau eines Dinosauriers
Gehör 50
Gepanzerte Pflanzenfresser 36–37, 41
Geruchssinn 50
Geschmackssinn 50
Geschwindigkeit 64
Gesteinsbefunde 13
   Grand Canyon 13
Gewicht 181
   Größtes Körpergewicht 65
Giganotosaurus 46, 63–64, 98, 127, 174, 180
   Fakten 127
Gigantoraptor 128
   Fakten 128
Gigantosaurus 127
Godzilla 128
Gojirasaurus 17, 128
   Fakten 128
Gondwana 12, 16, 18, 20, 40, 140, 143, 154
Grand Canyon 13
Größter Dinosaurier 64–65, 98, 124–125, 127, 163, 173–174, 180
   Längster Dinosaurier 64, 180
   Längster Dinosaurierfinger 35, 180
   Schwerster Dinosaurier 65, 180
Größtes fliegendes Tier 24
Guanlong 18, 129

Fakten 129
Familienbande 129

H

Hadrosaurier 21, 36, 51, 56, 70, 79, 144, 149, 182
Hadrosaurus 80
Haut 34, 41, 46–47, 50, 54, 55, 60–61, 66–68, 74–75, 96, 90, 111, 114, 126, 135, 147, 150, 155–157, 162–164, 170
Hautknochen 41
Hautknöchelchen 155
Herden 20–21, 36, 44, 57, 58–59, 62–63, 77, 99, 104, 106–107, 149
Herrerasaurus 130
   Fakten 130
Heterodontosaurus 43, 130
   Fakten 130
   Zähne und Kiefer 43
Höhlenbär 30
Hörner 34, 36–37, 40–41, 58–59, 62–63, 67–69, 76, 91, 105–107, 109, 116, 119, 126, 133, 146, 152, 166–167, 170–173
   Brauenhörner 68–69, 91, 107, 167
   Gehörnte Dinosaurier 91
   Nasenhörner 68, 116, 167
Huaxiagnathus 131, 159
   Fakten 131
Hypsilophodon 49, 131, 183
   Fakten 131

I

Ichthyosaurier 17, 24–25, 30
Iguanodon 20, 34, 41, 50, 63, 76, 80, 87, 119, 132–133, 144, 183

Fakten 132
Geruchssinn 133
Körperbau 133
Verbreitung 132
Incisivosaurus 134
   Fakten 134
   Zähne 134
Insekten 15
   Meganeura 15

J

Jingshanosaurus 17, 135
   Fakten 135
Jura 12–13, 18–19
   Auftauchen der Dinosaurier 18–19
   Landschaft 19
Jurassic Park 180
Juravenator 135
   Fakten 135

K

Kämpfende Dinosaurier 152
Kannemeyeria 17
Känozoikum 13
   Vögel 27
Kentrosaurus 136
   Fakten 136
Kerberosaurus 136
   Fakten 136
Kiefer 42–43, 48–49
Klauen 31, 34, 44–46, 49, 60, 62–63, 70, 74–75, 77, 92, 95, 97, 101, 111, 121, 128, 132, 141, 144, 151, 163, 173–174, 177–178, 180
Klauen und Stacheln 70–71
   Klauen an Händen und Füßen 63
Kleinster Dinosaurier 65

Klima-Zeittafel 28–29
Knochen 26–27, 34, 36, 41, 44, 47–49, 50–52, 54, 56–57, 60, 63–64, 66, 68, 74–76, 78, 80, 82–83, 86–87, 96, 98, 102, 109–110, 112, 117, 120, 122, 128, 130, 133, 135, 138, 141–142, 147, 151, 153–154, 164, 166, 169–170, 173, 176, 178–179, 181
   Beckenknochen 38–39
   Verwachsene Knochen 34
   Verwachsene Schlüsselbeine 26
Kohle
   Entstehung 14
   Kohle aus dem Karbon 14
   Kohlevorkommen 14
Kommunikation 51
   Hupe 51
   Rufe 51
   Signale 51
Kontinentale Platten 12
Kontinentalverschiebung 12
Kopf 35
Körperbau eines Dinosauriers 46–47
   Beine 46, 48–49
   Gehirn 50
   Hals 46
   Haut 46
   Knochen 47–49
   Organe und Muskeln 46–47
   Sinne 50
   Skelette 48–49
   Schädel 48–49, 51
   Schwänze 46, 48, 62
   Temperaturregulierung 54–55, 68
   Verdauung 52–53
   Warmblüter 47, 54
Kreidezeit 12–13, 20–21
   Pflanzen 20–21
Kreidezeitliche Dinosaurier 20–21
Krokodile 16, 31, 35, 39
Kryptops 137

Fakten 137
Kubanischer Hummelkolibri 27
Kuppelköpfe 40–41, 63, 149, 166, 179

L

Lambe, Lawrence 137
Lambeosaurus 36, 43, 78, 137
   Fakten 137
   Zähne und Kiefer 43
Längste Dinosaurierklauen 180
Längste Dinosaurierstacheln 70
Längster Dinosaurier 64, 180
Längster Dinosaurierfinger 35
Längster Dinosaurierschädel 169
Längster gefiederter Dinosaurier 159
Längstes Dinosaurierhorn 69
Laurasia 12, 18
Leaellynasaura 79, 138
   Fakten 138
Lebenszyklus 180
Liaoning-Fossillagerstätten 138, 161
Liaoningosaurus 138, 179
   Fakten 138
Libelle
   Meganeura 15

M

Magensteine *siehe* Gastrolithen
Magnolien 21
Maiasaura 21, 139, 183
   Fakten 139
   Herden 57
   Nester 57
Majungasaurus 139
   Fakten 139
Mamenchisaurus 19, 140
   Fakten 140

Masiakasaurus 140
    Fakten 140
Massenspektrometer 13
Massensterben 28–29
    Asteroideneinschlag 29
    Nach dem Massensterben 30
    Opfer und Überlebende 30
Massospondylus 141
    Fakten 141
Meeresorganismen
    Trilobiten 14
Megalosaurus 34, 74, 80, 141, 183
    Fakten 141
Mei 142
    Fakten 142
    Schlafendes Fossil 142
Menschen
    Entwicklungsgeschichte 30
    Werkzeuge 30
Mesozoikum 12–13
    Erster Zeitabschnitt 16
Meteoritenreste 29
Micropachycephalosaurus 65
Microraptor 26, 81, 143
    Fakten 143
Minmi 143
    Fakten 143
Mittelmeer 12
Mörderklaue 111
Mononykus 70, 144
    Fakten 144
Museé National d'Histoire Naturelle 183
Muskelmagen 42, 52
Muttaburrasaurus 144
    Fakten 144

N

Nach den Dinosauriern 30–31
Nachwuchs 56–57
Natural History Museum London 183
Nigersaurus 137, 145
    Fakten 145
Nisten 56–57
Nodosaurier 21, 138
Nomingia 145
    Fakten 145
    Schwanzfedern 145
Nothosaurier 35

O

Organismen mit weichen Körpern 14
Ornithischia *siehe auch* Vogelbeckendinosaurier 16, 31, 38–39, 40–41, 50, 68, 106, 122, 157, 182
    Cerapoden 40–41
    Thyreophorans 40–41
Ornitholestes 146
    Fakten 146
Ornithopoden 36
Oryctodromeus 146
    Fakten 146
Osteodermen 90
Ostrom, Professor John 111
Ouranosaurus 48, 54–55, 137, 147
    Fakten 147
    Segel 54–55, 147
    Temperaturregulierung 147
Oviraptor 44, 56–57, 99, 134, 148
    Fakten 148
Owen, Richard 141, 156
Ozeanische Platten 12

P

Pachycephalosaurier 36
Pachycephalosaurus 37, 63, 78, 114, 149, 166
    Fakten 149
Pachypleurosaurier
    Körpergröße 24
Paläontologie 46–47, 67, 76, 78
    Vokabular 181
Paläozän 13, 30
Paläozoikum 12, 15
    Ende 15
Pangea 12, 16, 18, 176
Panthalassa 16
Panzer *siehe* Verteidigungspanzer
Parasaurolophus 20–21, 51, 149
    Fakten 149
Pazifischer Ozean 12
Pazifische Platte 12
Pelecanimimus 150
    Fakten 150
    Pelikantasche 150
Pelycosaurier 35
Perm 12
    Raubtiere 15
Petrolacosaurus 22
Pflanzen
    Auftauchen 15
    Blütenpflanzen 21
    Gingko 42
    Trias 17
Pflanzenfressende Dinosaurier 16, 36, 42–43, 180
    Aufzucht der Jungen 57
    Blütenlose Pflanzen 42
    Gehirn 50–51
    Große Eingeweide 42, 52
    Farbe 67
    Kiefer 42–43
    Kleinster 65
    Körperbau 180
    Lebenszyklus 180
    Magensteine (Gastrolithen) 42, 52
    Ornithischia *siehe auch* Vogelbeckendinosaurier 68
    Pflanzenfresserherden 107
    Riesenpflanzenfresser 165
    Überlebensstragegien 62–63
    Verdauungssystem 46, 52–53
    Zähne 42–43, 70
Phorusrhacidae 27
Plateosaurus 16–17, 40, 42, 70, 121, 151, 176, 183
    Fakten 151
    Zähne und Kiefer 42
Plesiosaurier 24–25, 35
    Körpergröße 24
Pliosaurier 25
Posaune 149
Präkambrium 12
Prosaurolophus 78, 137, 151
    Fakten 151
Prosauropoden 16
Protoceratops 43, 152
    Fakten 152
    Kämpfende Dinosaurier 152
    Zähne und Kiefer 43
Pseudosuchians 15
Psittacosaurus 153
    Fakten 153
Pteranodon 23
Pterodactylen 24, 35
    Azhdarchid 24
Pterodactylus 108
Pterosaurier 16, 24, 35
    Untergruppen 24

Q

Qantassaurus 153
    Fakten 153

R

Raubtier 60–61
    Größter Raubdinosaurier 64, 127
Reptilien 14
    Erste Reptilien 14, 22–23
    Fliegen 24
    »Herrscherreptilien« 31
    Hylonomus 14
    Meeresreptilien 25
    Mesozoikum 24
    Reptilienei 22
    Trias 17

Zeittafel 22
Rhamphorhynchoiden 24–25
    Zähne 25
Rich, Pat Vickers und Tom 138
Rugops 154
    Fakten 154

S

Säbelzahntiger 30
Saltasaurus 34, 52, 155
    Fakten 155
Säugetiere
    Auftauchen der Säugetiere 16
    Evolution 30–31
Saurischia *siehe auch* Echsenbeckendinosaurier 18, 31, 38–39, 40–41, 182
Saurolophus 36, 50, 151, 155
    Fakten 155
Sauropoden 16, 18, 36, 40–41
    Lange Hälse 36–37
    Oberschenkelknochen 48
    Pflanzenfresser 40–41
Sauropodomorpha 40
Sauroposeidon 65
Sauropsiden 14
Scelidosaurus 18, 156, 183
    Fakten 156
»Schreckensvögel« 27, 30
Schwanzkeule 68, 96–97, 120, 126
Schwerster Dinosaurier 65, 180
Scipionyx 47, 81, 156
    Darm 81
    Fakten 156
Scutellosaurus 157
    Fakten 157
Seerosen 21
Segnosaurus 157
    Fakten 157
Sehen 50
Seven-Sisters-Klippe 21

Shunosaurus 18, 158
    Fakten 158
Shuvuuia 158
    Fakten 158
Sichelklaue 111, 122, 141, 177–178
Sinnesorgane *siehe* Körperbau eines Dinosauriers
Sinocalliopteryx 159
    Fakten 159
Sinornithomimus 160
    Fakten 160
Sinornithosaurus 160
    Fakten 160
Sinosauropteryx 26, 161
    Fakten 161
Sinovenator 161
    Fakten 161
Sinraptor 19, 162
    Fakten 162
Smithsonian Institution 182
Solnhofen 79
Sonidosaurus 162
    Fakten 162
Spinosaurus 20, 64, 137, 163
    Fakten 163
Stacheln 90, 110, 167, 172, 179
Stegosaurier 36
Stegosaurus 19, 23, 34, 36, 41, 43, 50, 54, 68, 70, 78, 110, 136, 172, 179, 164–165, 182
    Fakten 164
    Knochenplatten 54, 68, 164
    Pflanzenfresser 43, 165
    Schwanzstacheln 164
Struthiomimus 21, 64, 78, 166
    Fakten 166
Stygimoloch 114, 166
    Fakten 166
Styracosaurus 167
    Fakten 167
    Nasenhorn 167
    Stacheln 167
Sumpf 132
Synapsiden 14–15, 22

T

Talenkauen 168
    Fakten 168
Tastsinn 50
Tazoudasaurus 168
    Fakten 168
Temperaturregulierung 54–55, 68
    Abkühlen 163
    Ankylosaurus 96
    Luftstrom 55
    Panzerplatten 54
    Reptilien 54
    Säugetiere 54
    Segel 54–55
Tenontosaurus 60, 111, 169
    Fakten 169
Teratorn 27
Theropoden 16, 18, 21, 36–37, 40–41
    Deinonychus 40
    Erster fliegender Theropode 26
    Fleischfresser 40
    Körperbau 37
    Tyrannosaurus rex 40
    Überlebensmethoden 31
Thyreophora 40–41
Tiere
    Größtes fliegendes Tier 24
    Körpergröße 64
    Schalen 14
    Wirbeltiere 14
    Zeittafel 12–13
Töne 51
Torosaurus 78, 169
    Fakten 169
Trias 12–17
    Pflanzen 17
    Reptilien 17
Triceratops 21, 34, 40–41, 59, 63, 69, 76, 107, 167, 169, 170–171, 174, 182–183
    Fakten 170
    Herdenleben 59
    Horn 69, 170

    Kragen 170
    Überlebenskünstler 170
Troodon 50, 61, 78, 161, 172, 178
    Fakten 172
Tsunamis 29
Tuojiangosaurus 19, 70, 172
    Fakten 172
Turiasaurus 173
    Fakten 173
Tyrannosaurier 20
Tyrannosaurus 40, 45, 51, 64, 69, 91, 104, 112, 118, 129, 170, 174, 181, 183 174–175
    Bedeutung des Namens 45
    Fakten 174
    Fleischfresser 45
    Kiefermuskulatur 44
    Körpergröße 64
    Raubdinosaurier 61– 62
    Schädel 174
    Tötungsmaschine 45, 175
    Verdauung 52
    Zähne 70
Tyrannosaurus rex 40, 45, 51, 64, 69, 91, 104, 112, 118, 129, 170, 174, 181, 183

U

Überlebensstrategien 62–53
Unaysaurus 176
    Fakten 176
Utahraptor 70, 126, 177
    Fakten 177

V

Velociraptor 63, 79, 148, 152, 158, 178
    Fakten 178
Verdauung 52–53, 76

Magensteine 42, 52
Verwachsene Knochen 34
Verwachsene Wirbel 145
Verteidigungspanzer 14–15, 21, 34, 36–37, 40– 41, 44, 46, 62–63, 68–69, 90, 96, 115, 120, 126, 138, 143, 155–157, 164, 168, 172, 179
   Knochenpanzer 96
   Körperschild 97, 126, 138
Verteidigungsstrategien 41, 44, 48–49, 62–63, 67, 68–69, 70, 95, 106, 110, 115, 116–117, 164, 168, 170
Vierbeinige Dinosaurier 16, 35–37, 46, 48–49, 75, 77, 118, 133, 141, 152, 155, 156
Vögel 30–31
   Evolution 12, 26–27
   Fliegen 26–27, 31
   Form des Handgelenks 26
   Schambein 26
   »Schreckensvögel« 27, 30
   Überleben der Vögel 31
   Verwachsene Schlüsselbeine 26
   Vom Dinosaurier zum Vogel 27
Vogelähnliche Dinosaurier 70, 94, 99–100, 102, 105, 134, 143–144, 148, 160, 161, 177
Vogelbeckendinosaurier *siehe auch* Ornithischia 20, 22, 26–28, 30–31, 38, 40–41, 46–47, 49–50, 52–54, 56, 60, 74–77, 86, 94, 100, 102–103, 105, 108, 135, 140, 142, 158, 160
Vorherrschaft 12
Vulkane 12, 29

W

Wissenschaftliche Namen 181
Wolfe-Creek-Krater 29

Wuerhosaurus 179
   Fakten 179

X

Xu Xing 128, 160

Y

Yinlong 179
   Fakten 179
Yixian-Formation 112, 138, 153

Z

Zähne 42–44, 48, 63, 70, 90, 130
Zeittafel 12–13
Zweibeinige Dinosaurier 16, 35–37, 40, 45–49, 51, 64–65, 75, 117, 122, 178
Zwergwuchs 120

Bildnachweis

ABKÜRZUNGEN
o=oben; l=links; r=rechts; lo=links oben; oMl=obere Mitte links; oM=obere Mitte; oMr=obere Mitte rechts; ro=rechts oben; Ml=Mitte links; M=Mitte; Mr=Mitte rechts; u=unten; lu=links unten; uMl=untere Mitte links; uM=untere Mitte; uMr=untere Mitte rechts; ru=rechts unten

AUS = Auscape International; BCC = Bruce Coleman Collection; CBT = Corbis; GI = Getty Images; NHM = Natural History Museum, London; PD = Photodisc; PL = photolibrary.com; SH = Shutterstock; TSA = Tom Stack & Associates; WP = Wave Productions

FOTOGRAFIEN
13ro CBT, **14**uM CBT, uMl NHM, lu TSA **17**M GI **19**ro SH **21**oMr PL **24**lu und Ml PL, l CBT **26**M GI **29**oMl AUS **30**uMl und r PL **40**oM SH **42**lo NHM **44**Mr CBT **47**ru, lo PL **48**l CBT **49**uMr und ru CBT **50**u NHM **51**Ml PL **52**M NHM **53**o CBT **56**oMr AUS **57**o CBT **59**ru CBT **70**lu PD, l CBT **75**u Australian Museum, o GI **76**uM, ru, ro, und oMr NHM, lu und lo AUS, Ml und Mr CBT, oM TSA **77**lo AUS **78**u CBT, M Hammer & Hammer Paleotek, lo PL **79**oM und uM PL, o und u MUT, M OLM **80**CBT, l NHM, ro The Granger Collection **81**M und ro CBT, l PL **82**Ml und Mr NHM, r AUS, oMl Dinosaur National Museum **83**M WP, ro NHM **84**lu CBT **85**uM NHM, ru WP **96**l CBT **164**ru CBT **174**u Volker Steger/Science Photo Library **182**u CBT, o Smithsonian Institution (Chip Clark) **183**u Musée National d'Histoire Naturelle, o NHM

KARTEN
Kartenillustrationen/Andrew Davies

ILLUSTRATIONEN
Anne Bowman 75M; **John Bull** 28–29u; **Peter Bull Art Studio** 65lo, 180oMr, 180Ml, 180M, 180ro, 180ru; **Leonello Calvetti** 40lu, 41r, 47ro, 63ro, 87o, 178ro, lu; **© Karen Carr** 12–13u, 16–17u, 18–19u, 20–21u, 22lu, 26u, 30l, 31uMl, 40l, 40uMr, 56lu, 56l, 63lo, 63lu; **Barry Croucher/The Art Agency** 27M, 30M, 70ru; **Wendy de Paauw** 86–87u; **Simone End** 19oMr, 24oM, 35r, 39lo, 42–43u, 51oM, 51ru, 54lu, 55ro; **Christer Eriksson** 26ro, 31l, 31u, 45M, 60–61, 64M, 167, 174r; **Cecilia Fitzsimons/The Art Agency** 66o, 68l, 70uMr, 99ur, 108ro, 108M, 112uM, 115M, 130M, 132M, 141Mr, 141oMl, 144Ml, 164lu; **Chris Forsey** 12M, 13M; **John Francis/Bernard Thornton Artists UK** 44l, 113M; **Murray Frederick** 77; **Lee Gibbons** 28M, 29uM, 30Ml; **Malcolm Godwin** 56M; **Gino Hasler** 27uMl, 92lu; **Philip Hood/The Art Agency** 95u, 99u, 104o, 106o, 106u, 108u, 114u, 120o, 140o, 141u, 179o; **Robert Hynes** 23M, 101u, 108o, 112u, 115o, 115u, 122o, 130o, 131u, 136o, 139o, 143u, 157; **Steve Kirk/The Art Agency** 30ru, 68M, 92l, 97u, 103o, 104u, 105o, 109o, 109u, 116oM, 118o, 130u, 132u, 141o, 164o; **David Kirshner** 22urM, 36M, 39ro, 46–47M, 50uMl, 51M, 52lu, 53M, 54M, 65lu, 67ro, 84uM, 85M, 113lo, 126–127u, 133M, 137u; **Frank Knight** 14lu, 25ro, 27l, 42–43u, 48o, 48–49u, 68uMl, 75r, 104oM, 109lo, 111lo, 116oMr, 120Ml, 170u; **David McAllister** 72–73M; **James McKinnon** 1, 2–3, 4–5, 10–11, 16–17M, 17oMr, 18–19M, 24r, 26r, 32–33M, 34oMr, 36lu, 37u, 37o, 37ro, 40lM, 40M, 41l, 41ur, 44ro, 52uM, 58–59M, 60l, 62M, 63r, 64lu, 65M, 66–67M, 71M, 68lu, 69M, 74M, 86, 88–89, 90t, 90u, 91o, 93M, 94o, 94u, 95o, 97o, 98M, 100t, 102o, 102u, 103u, 110M, 112o, 114t, 116u, 117o, 117u, 118u, 119o, 119u, 120u, 121o, 122u, 123o, 123u, 124M, 126o, 127o, 128o, 128u, 129M, 131lo, 132ro, 133lo, 133oM, 134M, 135o, 135u, 136u, 137o, 138u, 139u, 140u, 142M, 143o, 145o, 145u, 156, 171, 175, 176, 177, 178u, 179u, 180lo, 181M; **James McKinnon and Peter Bull Art Studio** 20–21M; **Colin Newman/Bernard Thornton Artists UK** 15M, 24M, 24–25u, 139oM; **Nicola Oram** 17ro, 19oM, 21ro; **Pixelshack** 41lu, 50lu, 59o, 96oMr; **Mick Posen/The Art Agency** 29ro; **Tony Pyrzakowski** 84ru; **Luis Rey/The Art Agency** 45u, 53ro, 67lo, 70ro, 96u, 99o, 100u, 101M, 105u, 107M, 111M, 121u, 138o, 144o, 144u, 180Mur; **John Richards** 30uMl; **Andrew Robinson/Garden Studio** 63u; **Peter Schouten** 34M, 34u, 34–35M, 38M, 39M, 42l, 42oM, 43M, 44u, 50M, 54l, 54uMl, 55M, 64ro, 65u, 68u, 101Ml, 165; **Peter Scott/The Art Agency** 36l, 51o, 51ro, 56ru, 57ro, 57u, 91u, 101o 125M; **Marco Sparaciari** 83u; **Kevin Stead** 19ro, 21oMr, 25lo, 80–81u; **Anne Winterbotham** 14uMr